Zeitmanagement für Juristen

Jochen Theurer

Zeitmanagement für Juristen

Weniger Stress – mehr Effizienz – mehr freie Zeit

2. Auflage

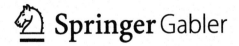 Springer Gabler

Jochen Theurer
Stuttgart
Deutschland

ISBN 978-3-658-14966-6   ISBN 978-3-658-14967-3   (eBook)
DOI 10.1007/978-3-658-14967-3

Die Deutsche Nationalbibliothek verzeichnet diese Publikation in der Deutschen Nationalbibliografie;
detaillierte bibliografische Daten sind im Internet über http://dnb.d-nb.de abrufbar.

Springer Gabler

Gedruckt auf säurefreiem und chlorfrei gebleichtem Papier

Springer Gabler ist Teil von Springer Nature
Die eingetragene Gesellschaft ist Springer Fachmedien Wiesbaden GmbH
Die Anschrift der Gesellschaft ist: Abraham-Lincoln-Str. 46, 65189 Wiesbaden, Germany

Inhaltsverzeichnis

In einem unbekannten Land – Zeitmanagement für Juristen

1.1 Auch Juristen haben Zeitprobleme

Stellen Sie sich vor, wie es wäre, wenn Sie Ihren Tag völlig selbstbestimmt gestalten können: Sie kommen gut gelaunt in die Kanzlei. Sie arbeiten konzentriert und effizient. Sie haben alles im Griff. Spontane neue Aufgaben bringen Sie nicht aus der Ruhe. Abends verlassen Sie die Kanzlei mit dem guten Gefühl, alle wichtigen Dinge erledigt zu haben. Jetzt haben Sie auch noch genügend Zeit für Ihre Familie, Freunde und Hobbys.

Doch die Realität sieht häufig anders aus: Wenn Sie morgens ins Büro kommen, wissen Sie oft nicht, wann der Tag enden wird. Die Mandanten erwarten, dass Sie ständig für sie erreichbar sind. Es kommen neue Anfragen per Telefon oder E-Mail. Knappe Zeitvorgaben erzeugen zusätzlichen Stress. Sie springen von einer Aufgabe zur nächsten. Abends fragen Sie sich, was Sie eigentlich den ganzen Tag gemacht haben. Manchmal können Sie nicht einmal mehr zu Hause richtig abschalten. Darunter leiden auch andere Lebensbereiche wie Gesundheit und Familie.

Aus meiner Tätigkeit als Coach und Rechtsanwalt weiß ich, dass viele Menschen die Art und Weise, wie sie ihren Kanzleialltag organisieren, gerne ändern würden. Doch die bislang existierenden Zeitmanagement-Ratgeber helfen dabei nur bedingt. Denn in Kanzleien gelten besondere Regeln: Als „Organ der Rechtspflege" muss man bestimmte Berufspflichten und Standesregeln beachten. Manche Zeitmanagement-Techniken sind deshalb gar nicht ohne Weiteres anwendbar. Viele Fristen und Termine sind von außen vorgegeben und können nicht verändert werden. Hinzu kommt, dass es Rechtsanwälten, Steuerberatern und Wirtschaftsprüfern oft schwer fällt, gegenüber ihren Mandanten und deren zum Teil völlig überzogenen Erwartungen „Nein" zu sagen. Die Angst ist einfach zu groß, dass der Mandant abwandern oder ein neues, vielversprechendes Mandat verloren gehen könnte.

Zeitmanagement in der Kanzlei funktioniert deshalb nur dann, wenn die allgemeinen Zeitmanagement-Strategien auf die spezielle Situation von Rechtsanwälten,

© Springer Fachmedien Wiesbaden 2017
J. Theurer, *Zeitmanagement für Juristen*, DOI 10.1007/978-3-658-14967-3_1

Steuerberatern und Wirtschaftsprüfern angepasst werden. Allerdings nützt es nicht viel, eine Strategie nur zu kennen – man muss sie auch anwenden. Und das ist in der Praxis meistens der noch anspruchsvollere Part. Wie schafft man es, eine Zeitmanagement-Strategie im beruflichen Alltag tatsächlich umzusetzen? *Zeitmanagement für Juristen* ist deshalb sowohl Ideenkiste als auch Hilfe zur Selbsthilfe. Sie bekommen die Werkzeuge in die Hand, mit denen Sie Ihre Zeitprobleme in der Kanzlei selbstständig lösen können.

1.2　Was ist Zeitmanagement?

1.2.1　Die Methoden

Zeitmanagement ist der Oberbegriff für eine ganze Reihe von Strategien, die alle darauf abzielen, Zeitprobleme zu lösen. Diese Methoden unterstützen Sie dabei, effizienter zu werden, weniger gestresst zu sein und mehr freie Zeit zu haben. Allerdings ist Zeitmanagement kein in sich abgeschlossenes, logisches System. Die einzelnen Strategien bauen nicht aufeinander auf, sondern können jeweils unabhängig eingesetzt werden. Sie lassen sich in folgende Kategorien einteilen:

Effiziente Arbeitstechniken Viele der Zeitmanagement-Strategien befassen sich damit, wie man bestimmte Aufgaben und Tätigkeiten schneller erledigen kann (Schriftsätze erstellen, Gespräche führen, Telefonieren, Recherchieren, E-Mail usw.). Man kann praktisch für jede Tätigkeit, die in einer Kanzlei regelmäßig anfällt, Optimierungsmöglichkeiten finden.

Die „klassischen" Zeitmanagement-Methoden Dann gibt es eine Reihe von Methoden, die traditionell zum Kernbestand des Zeitmanagements gehören. Diese Techniken können Sie grundsätzlich in jedem Lebensbereich anwenden. Sie sind jedoch insbesondere auch für die Lösung von Zeitproblemen sehr nützlich. Dazu gehören zum Beispiel die Strategien „Ziele definieren", „Prioritäten setzen", „Zeitplanung" und „Delegieren".

Hilfstechniken Schließlich gibt es Hilfstechniken, die Sie dabei unterstützen, die Strategien für effizientes Arbeiten und die klassischen Zeitmanagement-Methoden erfolgreich anzuwenden. Das betrifft zum Beispiel die „Integration von inneren Einwänden", die „Erhöhung der Konzentrationsfähigkeit", eine „bessere Stressresistenz" oder Techniken zur „Selbstmotivation".

1.2.2　Wie funktioniert Zeitmanagement?

Manchmal wird behauptet, Zeitmanagement funktioniere nicht. Der Vorwurf: Man könne damit möglicherweise seine Zeit besser kontrollieren, aber auf Dauer verbessere sich weder die Arbeitsleistung noch die Zufriedenheit am Arbeitsplatz oder der empfundene Stress. Die meisten Zeitmanagement-Techniken würden zu sehr den gewohnten

Verhaltensweisen der Menschen widersprechen oder seien im beruflichen Alltag schlicht nicht praktikabel. Das ist insoweit richtig, als die Menschen unterschiedlich sind. Ob eine Zeitmanagement-Strategie funktioniert, hängt deshalb immer von der individuellen Situation ab. Während sich ein freiberuflicher Einzelanwalt relativ leicht jeden Tag eine „stille Stunde" einrichten kann, in der er ohne Unterbrechungen an seinen wichtigen Aufgaben arbeitet, wird das für einen Associate in einer Wirtschaftskanzlei kaum möglich sein. Es gibt folglich keine Zeitmanagement-Strategie, die für jeden Menschen immer passt. Im Prinzip braucht daher jeder Mensch ein individuelles Zeitmanagement und Strategien, die genau auf seine konkrete Situation abgestimmt sind.

Doch auch dann hat Zeitmanagement Grenzen. Man kann an einem Tag nicht unendlich viele Aufgaben bewältigen. Und manche Dinge brauchen einfach ihre Zeit. Kein Pianist würde auf die Idee kommen, ein langsames Stück im doppelten Tempo zu spielen, um Zeit sparen. Wenn Sie sich zum ersten Mal mit einem potenziellen neuen Mandanten treffen, können Sie zwar versuchen, das Gespräch möglichst kurz zu halten, aber ob dann eine gute vertrauensvolle Basis geschaffen wird?

Im Zeitmanagement ist deshalb ein „Alles oder Nichts"-Denken wenig sinnvoll. Fakt ist: Man kann nicht alle Wünsche erfüllen, aber es gibt für jede zeitsensible Situation in der Kanzlei mindestens eine Handvoll individuell angepasster Zeitmanagement-Strategien, mit der Sie subjektiv besser stehen als wenn Sie nichts machen. Sie haben niemanden zum Delegieren? Dann fällt diese Möglichkeit weg. Aber dann gibt es mit großer Wahrscheinlichkeit andere Strategien, die Ihnen weiterhelfen.

1.2.3 Zeitmanagement als Lernprozess

Zeitmanagement ist kein kurzfristiger, einmaliger Prozess. Sie können nicht einfach einen Hebel umschalten und dann klappt in Zukunft alles. Beim Zeitmanagement gibt es immer unterschiedliche Punkte, an denen Sie ansetzen können und die Sie jeweils ein bisschen weiterbringen. Sie werden ein gutes Zeitmanagement nicht durch den einen großen „Trick" bekommen, sondern nach und nach durch das Zusammenspiel von vielen kleineren Veränderungen. Jede dieser Veränderungen scheint für sich genommen vielleicht nicht bedeutend zu sein. Aber in der Summe wirken sie sich auf lange Sicht dann doch spürbar aus. Wenn Sie es schaffen, durch eine kleine Veränderung regelmäßig fünf Minuten am Tag zu gewinnen, dann macht das in der Woche 30 Minuten – und auf das Jahr hochgerechnet mehr als 20 Stunden.

Machen Sie sich klar: Mit Ihrer Zeit bewusst umzugehen, ist ein Lernprozess. Wenn Sie sich noch am Anfang befinden, erscheint vieles schwierig oder unmöglich. Doch wenn Sie die ersten Schritte gemacht haben und merken, dass es funktioniert, werden Sie mit der Zeit mutiger. Dann probieren Sie auch Strategien aus, an die Sie jetzt noch nicht einmal denken. Wichtig ist auch: Was heute nicht geht, funktioniert vielleicht in ein paar Jahren. Als Berufsanfänger bekommen Sie viele Vorgaben von außen. Was der Chef sagt, muss gemacht werden. Zum Delegieren haben Sie niemanden. Doch in fünf oder sechs Jahren sind Sie selbst Partner. Dann sieht die Sache schon ganz anders aus. Verwerfen Sie deshalb eine bestimmte Strategie nicht nur deshalb, weil Sie sie im Moment noch nicht anwenden können.

1.3   So nutzen Sie das Buch am besten

In diesem Buch lernen Sie sowohl die „klassischen" Zeitmanagement-Strategien kennen als auch solche, die ich im Rahmen meiner Coachings und Seminare speziell mit meinen Kunden entwickelt habe. Im Sinne einer effizienten und effektiven Zeitnutzung erfahren Sie auf jeweils ca. zehn Seiten, welche Idee hinter einer Strategie steckt und in welchen Variationen Sie diese Strategie anwenden können.

Die einzelnen Kapitel gliedern sich in je zwei Teile. Zunächst wird die grundlegende Idee vorgestellt, um die es in dem Kapitel geht. Dann werden verschiedene Möglichkeiten gezeigt, wie man diese Idee praktisch umsetzen kann. Innerhalb eines Kapitels sind die Strategien im Schwierigkeitsgrad aufsteigend angeordnet.

Wenn Sie das Buch zunächst komplett durchlesen, erhalten Sie einen guten Überblick über das, was in einer Kanzlei mithilfe von Zeitmanagement möglich ist. Das ist die Voraussetzung, um effektiv selbstständig Ihre eigenen Zeitprobleme zu lösen. Sie können das Buch aber auch erst einmal durchblättern und nur die Kapitel lesen, die Sie besonders interessieren. Dadurch bekommen Sie schnell Ideen und Anregungen, welches Vorgehen bei bestimmten Zeitproblemen helfen kann.

Den größten Nutzen werden Sie haben, wenn Sie mit diesem Buch spielerisch arbeiten. Lesen Sie es zunächst von Anfang bis Ende durch. Beantworten Sie die Fragen. Schon dadurch, dass Sie bewusst über Ihre zeitliche Situation nachdenken, wird sich einiges verändern. Probieren Sie dann die Zeitmanagement-Strategien aus, die Ihnen spontan zusagen. Sie können jede einzelne Zeitmanagement-Strategie unabhängig von den anderen anwenden. Wählen Sie selbst aus, was für Sie am besten passt. Es gibt kein richtig oder falsch – entscheidend ist das Ergebnis! Reflektieren Sie ab und zu, was sich schon verändert hat. Was könnte noch besser werden? Experimentieren Sie. Lesen Sie das Buch nochmals. Variieren Sie die beschriebenen Strategien. Mit der Zeit werden Ihre Zeitmanagement-Fähigkeiten steigen. Plötzlich wenden Sie auch die Dinge an, die Ihnen beim ersten Lesen noch unmöglich erschienen.

Zur Vereinfachung wird in diesem Buch ausschließlich die männliche Form verwendet. Rechtsanwältinnen, Steuerberaterinnen und Wirtschaftsprüferinnen sind aber selbstverständlich stets mit angesprochen.

Wenn Sie ein besonders schwieriges Zeitproblem haben oder gleich ihr ganzes Team effizienter und effektiver machen wollen, können Sie gerne wegen eines persönlichen Coachings oder eines Seminars auf mich zukommen. Und dann, wenn Ihnen dieses Buch hilft oder Sie Anmerkungen, Anregungen, Kritik oder einen neuen Zeitspartipp haben, freue ich mich über eine Nachricht von Ihnen.
Schreiben Sie an:

kontakt@coach-after-work.de

Herzliche Grüße
Jochen Theurer

P. S.: Damit Sie sich später noch daran erinnern, welche Zeitprobleme Sie einst hatten, überlegen Sie jetzt für sich: …

Fragen

Wie zufrieden sind Sie im Moment damit, wie Sie Ihre Zeit verbringen? (0 = absolut unzufrieden, 10 = besser geht's nicht)

_____

Was sind derzeit Ihre größten Zeitprobleme?

_____

_____

_____

Was sind Ihre wichtigsten Motive, sich mit Zeitmanagement zu beschäftigen?

_____

_____

_____

Was würden Sie tun, wenn Sie ab sofort mehr Zeit hätten?

_____

_____

_____

Ort und Datum:

_____

Do It Yourself – Zeitprobleme selbstständig lösen

2.1 Die Idee

Allein durch das Lesen dieses Buches werden Ihre Zeitprobleme nicht verschwinden. Die Kenntnis der verschiedenen Techniken ist zwar eine notwendige Bedingung, aber noch nicht hinreichend. Entscheidend ist, dass Sie die für Ihre individuelle Situation passende Zeitmanagement-Strategie finden und in Ihrem beruflichen Alltag erfolgreich umsetzen.

2.2 Strategien

2.2.1 Ein Zeitproblem mithilfe einer Zeitmanagement-Strategie lösen

Um ein Zeitproblem mithilfe einer Zeitmanagement-Strategie zu lösen, machen Sie Folgendes
- *Schritt 1:* Überlegen Sie sich, was Ihr Ziel ist. Was möchten Sie erreichen?
- *Schritt 2:* Wählen Sie eine Strategie aus, mit der Sie Ihr Ziel erreichen.
- *Schritt 3:* Setzen Sie die Strategie um.
- *Schritt 4:* Justieren Sie ggf. nach.

Schritt 1: Das Ziel Bestimmen Sie zunächst, welches Zeitproblem Sie lösen möchten. Wie soll der Zielzustand sein? (Wie Sie Ziele effektiv definieren, ist Gegenstand von Kap. 3.)

© Springer Fachmedien Wiesbaden 2017
J. Theurer, *Zeitmanagement für Juristen,* DOI 10.1007/978-3-658-14967-3_2

___

Beispiel

- „Ich gehe jeden Abend um 20 Uhr aus dem Büro."
- „In Besprechungen komme ich nach spätestens 5 Minuten Smalltalk zum eigentlichen Thema."
- „Ich organisiere meine Arbeit so, dass ich jeden Mittwochnachmittag zum Golfen gehen kann."
- „Ich schreibe den Aufsatz bis übermorgen fertig."

Schritt 2: Die Strategie Wählen Sie eine Zeitmanagement-Strategie aus, mit der Sie Ihr Ziel erreichen können. Möglichkeiten dafür gibt es viele. Allein in diesem Buch finden Sie mehr als 100 unterschiedliche Strategien mit vielen weiteren Tipps und Hinweisen. Damit können Sie schon sehr viele Zeitprobleme abdecken, die im Rahmen Ihrer Tätigkeit als Rechtsanwalt, Steuerberater oder Wirtschaftsprüfer auftreten.

Aufgrund des begrenzten Umfangs dieses Buches konnte ich jedoch nicht jede effektive Zeitmanagement-Strategie aufnehmen. Weitere Bereiche, die im Zusammenhang mit Zeitmanagement eine Rolle spielen können, sind zum Beispiel Lesetechniken („Speed Reading"), Gedächtnistraining, fortgeschrittene mentale Strategien und gesundheitliche Aspekte wie Ernährung, Elektrosmog usw. Falls Sie glauben, dass die Ursache Ihres Zeitproblems in diesen Bereichen zu suchen ist, können Sie selbst nach einer passenden Strategie recherchieren (oder Sie lassen sich coachen oder besuchen eines meiner Seminare).

Wenn die von Ihnen favorisierte Strategie aufgrund äußerer Bedingungen nicht unmittelbar anwendbar ist, passen Sie sie auf Ihre individuelle Situation an. Dazu gibt es verschiedene Ansätze: Sie können eine Strategie quantitativ verändern, indem Sie

- die Strategie nur in bestimmten Situationen anwenden,
- Ausnahmen definieren, bei denen Sie die Strategie nicht anwenden,
- mit kleinen Schritten beginnen.

Sie können eine Strategie aber auch qualitativ verändern, indem Sie die Grundidee auf andere Anwendungsbereiche übertragen.

___

Beispiel

Herr Schneider ist alleiniger Inhaber einer Kanzlei für Familienrecht. Er würde gerne die Strategie „an einen Mitarbeiter delegieren" anwenden – aber er hat keinen. Allerdings kann er die Grundidee (= eine Aufgabe von jemand anderem erledigen zu lassen) nutzen, indem er für die Erstellung von Aufsätzen in Fachzeitschriften einen Ghostwriter beauftragt.

Sie finden unter den existierenden Strategien nichts Passendes? Dann werden Sie kreativ und entwickeln Sie Ihre eigene Zeitmanagement-Strategie.

So entwickeln Sie eine eigene Zeitmanagement-Strategie
- Wählen Sie den Bereich oder Prozess aus, den Sie optimieren möchten.
- Unterteilen Sie ihn ggf. in Einzelschritte.
- Suchen Sie nach Optimierungsmöglichkeiten: Wie kann man das noch besser, schneller oder effektiver lösen?

Je individueller eine Strategie ist, desto leichter können Sie sie in der Regel umsetzen. Alles was hilft, ist gut. Sie haben ein Stofftier, das Sie in einen kreativen Flow-Zustand versetzt, sobald Sie es anschauen? Dann ist es in Ihrem Fall eine hervorragende Zeitmanagement-Strategie, diesen Glücksbringer auf Ihren Schreibtisch zu stellen, während Sie einen schwierigen Schriftsatz bearbeiten.

Schritt 3: Die Umsetzung Die Umsetzung der gewählten Zeitmanagement-Strategie ist für den Erfolg entscheidend. Denn nur, wenn Sie konkret etwas verändern, können Sie Ihre Zeitprobleme lösen und Ihre Ziele erreichen. Häufig scheitert die Umsetzung jedoch an (unbewussten) inneren Einwänden:

- „Was werden die anderen dazu sagen?"
- „Das akzeptieren die Mandanten nicht!"
- „Das ist völlig unpraktikabel."

Zudem gibt es auch Fälle, in denen man einfach noch nicht genügend motiviert ist, um eine Zeitmanagement-Strategie umzusetzen. Das kommt vor allem dann vor, wenn eine Verhaltensänderung erforderlich ist, die am Anfang einige Überwindung kostet. Wer morgens eine Stunde früher ins Büro kommen möchte, um ungestört zu arbeiten, muss eben dementsprechend früher aufstehen. Wie Sie es in diesen Fällen schaffen, die Zeitmanagement-Strategie dennoch erfolgreich umzusetzen, erfahren Sie in Kap. 7 (innere Einwände) und Kap. 8 (Selbstmotivation).

Schritt 4: Nachjustieren Sie haben die gewählte Strategie umgesetzt, aber Ihr Ziel trotzdem nicht (ganz) erreicht? Dann finden Sie heraus, woran es liegt und „justieren" Sie nach. Manchmal stellt sich heraus, dass die gewählte Zeitmanagement-Strategie doch nicht so richtig passt. Wenn derjenige, an den delegiert wird, nicht in der Lage ist, die übertragene Aufgabe so zu lösen, wie der Auftraggeber das möchte, ist Delegieren keine clevere Strategie, um Zeit zu sparen. Dann sollte man die gewählte Strategie anpassen oder durch eine andere ersetzen.

Manchmal scheitert eine Strategie schlicht an den äußeren Umständen. Dann stellt sich die Frage, ob man die äußeren Umstände so verändern kann, dass es möglich wird, die Zeitmanagement-Strategie doch noch umzusetzen.

Beispiel

Frau Brenner möchte jeden Tag zwei Stunden ungestört arbeiten und weist ihre Sekretärin deshalb an, allen Anrufern zu sagen, dass sie gerade nicht da ist. Als die Chefin von Frau Brenner das erfährt, ist sie verärgert und verbietet Frau Brenner diese Zeitmanagement-Strategie („Wir sind für unsere Mandanten immer erreichbar!"). Frau Brenner hat jetzt die Wahl: Entweder sie fügt sich – oder sie schafft es, ihre Chefin davon zu überzeugen, dass es viele Vorteile hat, wenn sie zwei Stunden am Tag ungestört arbeitet. (Oder sie legt einfach jeden Tag zwei Stunden den Telefonhörer neben den Apparat, sodass die anderen glauben, sie würde gerade telefonieren.)

Falls man es auch nach (mehrmaligem) Nachjustieren nicht schafft, sein Ziel zu erreichen, sollte man das ab einem gewissen Punkt akzeptieren. Anstatt sich zu verrennen, überlegt man besser, an welcher Stelle man sonst noch etwas optimieren kann. Denn in der Regel gibt es mehr als einen Ansatzpunkt. Wenn Sie zunächst etwas anderes verbessern, ist Ihr ursprüngliches Zeitproblem vielleicht schon gar nicht mehr so wild. Und selbst wenn etwas im Moment nicht klappt, kann es durchaus in der Zukunft noch funktionieren. Nehmen Sie es also spielerisch.

2.2.2   Mit den Erwartungen von Mandanten angemessen umgehen

Mandanten stellen an die Tätigkeit von Rechtsanwälten, Steuerberatern und Wirtschaftsprüfern hohe Anforderungen. Das betrifft sowohl die Qualität der Arbeit als auch die Zeit, in der eine Aufgabe erledigt wird. Zudem möchten viele Mandanten – gerade im Unternehmensbereich – extrem zuvorkommend behandelt werden. Sie bezahlen hohe Stundensätze und erwarten, dementsprechend behandelt zu werden. Dazu gehört es, dass „ihr" Rechtsanwalt, Steuerberater oder Wirtschaftsprüfer jederzeit für sie zu erreichen ist und Anfragen möglichst sofort beantwortet. Das kann aufseiten des Beraters leicht zu Zeitproblemen führen.

Wenn Sie glauben, dass Ihr Zeitproblem mit den Erwartungen der Mandanten zusammenhängt, dann machen Sie Folgendes:

So können Sie mit den Erwartungen von Mandanten angemessen umgehen
- *Schritt 1:* Klären Sie, welche konkreten Erwartungen Ihre Mandanten tatsächlich haben.
- *Schritt 2:* Wählen Sie eine Zeitmanagement-Strategie, mit der Sie die Erwartungen erfüllen können und setzen Sie diese um. Justieren Sie ggf. nach.
- *Schritt 3:* Verändern Sie ggf. die Erwartungen Ihrer Mandanten.
- *Schritt 4:* Falls das nicht klappt, treffen Sie eine Entscheidung: Möchten Sie weiterhin versuchen, die Erwartungen ihrer Mandanten zu erfüllen oder nicht?

Schritt 1: Die Erwartungen abklären Finden Sie zunächst heraus, was Ihr Mandant tatsächlich erwartet. Es kann durchaus vorkommen, dass bestimmte Erwartungen nur in Ihrem Kopfkino existieren. Klären Sie deshalb, ob das, was Sie glauben, was der Mandant erwartet, von diesem tatsächlich erwartet wird. Wie können Sie das machen? Ganz einfach: Fragen Sie ihn. Am besten ganz direkt. Oder Sie erstellen einen „neutralen" Fragebogen, den Sie von Ihrem Mandanten ausfüllen lassen. Sagen Sie, dass es sich um eine Maßnahme zur Steigerung der Mandantenzufriedenheit handelt.

Schritt 2: Eine Zeitmanagement-Strategie finden und umsetzen Wenn Sie die Erwartungen Ihres Mandanten kennen, finden Sie eine Zeitmanagement-Strategie, mit der Sie diese Erwartungen erfüllen können. Dazu gehen Sie analog der unter 2.2.1 erläuterten Strategie vor. Aus den Erwartungen des Mandanten ergibt sich Ihr Ziel für Schritt 1. Wählen Sie eine passende Strategie aus und setzen Sie sie um. Justieren Sie ggf. nach.

Schritt 3: Die Erwartungen verändern Falls es Ihnen nicht gelingt, mithilfe einer Zeitmanagement-Strategie die Erwartungen des Mandanten vollständig zu erfüllen, können Sie versuchen, diese Erwartungen zu verändern. Bringen Sie Ihren Mandanten dazu, von seinen ursprünglichen Erwartungen abzurücken. Eine Möglichkeit ist es, herauszufinden, was hinter der Erwartung steckt. Was bezweckt der Mandant damit für sich Positives? Versuchen Sie, dieses Bedürfnis auf eine andere Weise sicherzustellen. Ein Beispiel dafür finden Sie in Abschn. 9.2.2.

Eine andere Möglichkeit ist es, Ihrem Mandanten die Schwierigkeiten offenzulegen und mit ihm neue „Spielregeln" auszuhandeln.

> **Beispiel**
>
> Sagen Sie Ihrem Mandanten, dass Sie so viel zu tun haben, dass es Ihnen nicht möglich ist, jederzeit ans Telefon zu gehen, wenn er anruft. Bieten Sie ihm an, dass Sie ihn stattdessen innerhalb von drei Stunden zurückrufen.

Falls Sie die Erwartungen des Mandanten theoretisch zwar erfüllen könnten, aber dies aus irgendeinem Grund nicht tun möchten, müssen Sie ebenfalls versuchen, die Erwartungen zu verändern. Das betrifft vor allem die Fälle, in denen Sie eine Erwartung nicht „generalisieren" (= in allen Fällen erfüllen) können.

> **Beispiel**
>
> Sie könnten den Vertragsentwurf zwar in zwei Tagen fertig machen – aber dann blieben alle anderen Mandate auf der Strecke und Sie müssten dafür am Wochenende arbeiten.

Schritt 4: Eine Entscheidung treffen Falls es Ihnen nicht gelingt, die Erwartungen Ihres Mandanten zu verändern, müssen Sie eine Entscheidung treffen: Entweder Sie versuchen weiterhin die Erwartungen zu erfüllen. Oder Sie sagen Ihrem Mandanten, dass es so nicht geht und ziehen notfalls die entsprechenden Konsequenzen.

Das ist keine leichte Entscheidung. Doch wenn Sie sie nicht treffen, werden Sie sich auf Dauer auch nicht besser fühlen. Seien Sie souverän und selbstbewusst. Strategien zum Umgang mit den beiden häufigsten „unangemessenen" Erwartungen von Mandanten – „jederzeitige Erreichbarkeit" und „knappe Zeitvorgaben" – finden Sie in den Kap. 5, 7 und 9.

2.2.3   Eine befriedigende Work-Life-Balance erreichen

Bei Rechtsanwälten, Steuerberatern und Wirtschaftsprüfern kommt es leicht dazu, dass der berufliche Bereich das gesamte Leben dominiert. Doch wenn die anderen Lebensbereiche dauerhaft auf der Strecke bleiben, kann das unschöne Konsequenzen haben: Die Gefahr steigt, dass eine Partnerschaft oder Ehe in die Brüche geht. Freunde trifft man immer seltener. Wer sich nicht um seine Gesundheit kümmert, hat irgendwann Rückenschmerzen, Verdauungsprobleme oder bekommt einen Herzinfarkt. Dann stellt sich unvermittelt die Frage nach dem Sinn des Lebens. War das etwa schon alles? Ehe Sie sich versehen, stecken Sie in einer Sinnkrise – und dann sinkt auch die Motivation.

Der iranische Arzt Nossrat Peseschkian hat Menschen aus unterschiedlichen Kulturkreisen daraufhin befragt, was sie glücklich macht. Dabei hat er herausgefunden, dass es letztlich nur auf den befriedigenden Ausgleich von vier Lebensbereichen ankommt:

- Beruf (= Leistung, Arbeit, Geld, Erfolg, Karriere, Wohlstand, Vermögen)
- Gesundheit (= Ernährung, Erholung, Entspannung, Fitness, Lebenserwartung, Körper)
- Familie/Freunde (= Kontakt, Zuwendung, Anerkennung)
- Lebenssinn (= Selbstverwirklichung, Erfüllung, Philosophie, Zukunftsfragen, Religion, Liebe)

Um das zu erreichen, gehen Sie wie folgt vor:

> **So erreichen Sie eine befriedigende Work-Life-Balance**
> - *Schritt 1:* Klären Sie Ihre Ziele für jeden Lebensbereich, der Ihnen wichtig ist.
> - *Schritt 2:* Bringen Sie die verschiedenen Lebensbereiche in einen befriedigenden Ausgleich.

Schritt 1: Ziele klären Finden Sie für jeden Lebensbereich heraus, was Ihnen dabei wichtig ist. Was genau ist Ihr Ziel in diesem Bereich? Berücksichtigen Sie dabei auch verschiedene zeitliche Perspektiven: Was möchten Sie in den Bereichen Beruf, Gesundheit, Familie, Freunde und Lebenssinn in einem Jahr erreichen? Was in fünf Jahren? Was in den nächsten zehn bis fünfzehn Jahren? Was sind Ihre Lebensziele?

Schritt 2: Einen befriedigenden Ausgleich herstellen Um Ihre Lebensbereiche in einen befriedigenden Ausgleich zu bringen, kommt es nicht darauf an, dass jeder Bereich exakt gleich viel Zeit bekommt. Wie viel Zeit jeder Bereich benötigt, hängt immer von Ihrer individuellen Situation ab. Entscheidend ist, dass auf Dauer kein Bereich die anderen dominiert.

Beispiel

Am Anfang der Karriere steht für viele der Beruf im Zentrum des Lebens. Man will zeigen, was man kann. Man will lernen. Man will Karriere machen. In dieser Phase ist es völlig o.k., wenn man dem Beruf relativ viel Zeit widmet. Nach einigen Jahren rückt dann vielleicht das Thema Familienplanung mehr in den Vordergrund. Dann reduziert man seine Arbeitszeit. Je älter man wird, desto mehr wird man sich in der Regel mit dem Bereich Gesundheit beschäftigen.

Berücksichtigen Sie bei der Entscheidung, wofür Sie Ihre Zeit verwenden, sooft wie möglich die Ziele aus allen Lebensbereichen. Setzen Sie bewusst Prioritäten. Wenn Sie zweimal pro Woche Joggen oder Radfahren gehen möchten, um gesund zu bleiben – dann nehmen Sie das ausdrücklich in Ihre Wochenplanung auf. Nutzen Sie insbesondere auch die in Kap. 7 (Einwände integrieren) und Kap. 8 (Selbstmotivation) erläuterten Strategien. Sie sind auf dem richtigen Weg, wenn Sie jeden Tag etwas machen, das mit Ihren langfristigen Zielen zu tun hat.

Zusammenfassung

Allein durch das Lesen dieses Buches werden Ihre Zeitprobleme nicht verschwinden. Die Kenntnis der verschiedenen Techniken ist zwar eine notwendige Bedingung, aber noch nicht hinreichend. Entscheidend ist, dass Sie die für Ihre individuelle Situation passende Zeitmanagement-Strategie finden und in Ihrem beruflichen Alltag erfolgreich umsetzen. Wie Sie dabei vorgehen, hängt von der Art Ihres Zeitproblems ab. Möchten Sie

- ein Zeitproblem mithilfe einer Zeitmanagement-Strategie lösen?
- mit den Erwartungen von Mandanten angemessen umgehen?
- eine befriedigende Work-Life-Balance erreichen?

Wer den Hafen nicht kennt – Ziele setzen und erreichen

3

3.1 Die Idee

Ob Mahatma Gandhi, Nelson Mandela oder Thomas Edison – fast alle Menschen, die große Dinge im Leben erreicht haben, hatten eine genaue Vorstellung von dem, was sie wollten. Das gilt auch für den Bereich Zeitmanagement. Man erhöht die Wahrscheinlichkeit, effizienter zu arbeiten, weniger gestresst zu sein und mehr freie Zeit zu haben deutlich, indem man sich bewusst entsprechende Ziele setzt:

- „Diesen Schriftsatz mache ich in maximal drei Stunden fertig."
- „Heute organisiere ich meine Arbeit so, dass ich um 19 Uhr zum Sport gehen kann."
- „Den Vertrag für die X-GmbH mache ich bis Freitagabend fertig."
- „Ab morgen komme ich jeden Tag schon um 8 Uhr ins Büro. Dann kann ich mindestens eine Stunde ungestört arbeiten."
- „Im April nächsten Jahres bestehe ich das Steuerberaterexamen."

Doch warum haben Ziele diesen positiven Effekt?

Ziele werden bei unbewussten Entscheidungen berücksichtigt Wie alle Lebewesen streben auch wir Menschen immer danach, einen noch besseren Zustand zu erreichen als den, in dem wir uns momentan befinden. Das hat sich im Laufe der Evolution als Vorteil erwiesen. Unser Gehirn wägt deshalb in jedem Moment unbewusst ab, welche Aktivität uns wahrscheinlich die größte Belohnung bringen wird. Das ist sehr praktisch, denn dadurch müssen wir nicht immer in jedem Augenblick bewusst darüber nachdenken, was wir als nächstes tun sollen. Bis zu 90 % der Entscheidungen treffen wir unbewusst – und meistens fahren wir damit auch ganz gut.

© Springer Fachmedien Wiesbaden 2017
J. Theurer, *Zeitmanagement für Juristen*, DOI 10.1007/978-3-658-14967-3_3

Allerdings gibt es dabei einen Haken. Das Gehirn entscheidet immer nur danach, was aktuell den größten Lustgewinn verspricht. Bei längerfristigen Zielen erhalten wir die Belohnung jedoch erst später. Im Zweifel wird sich das Gehirn deshalb für die Tätigkeit entscheiden, die schnell positive Folgen verspricht. Deshalb besteht die Gefahr, dass längerfristige Ziele auf der Strecke bleiben.

Beispiel

Sie möchten einen wichtigen Schriftsatz fertig machen. Die Frist läuft heute ab. Während Sie daran arbeiten, ertönt das Signal Ihres E-Mail-Programms: „Sie haben Post!" Was machen Sie jetzt? Weiter an dem Schriftsatz schreiben? Das verspricht in diesem Moment keinen größeren Lustgewinn. Anders dagegen die E-Mail: Noch wissen Sie nicht, wer Ihnen geschrieben hat und was er Ihnen mitteilen möchte. Vielleicht ist es eine wichtige Nachricht von Ihrem Hauptmandanten? Vielleicht ist Ihr bester Schulfreund nach Jahren wieder einmal in der Stadt und möchte Sie zum Mittagessen treffen? Oder vielleicht haben Sie bei dem Online-Gewinnspiel gewonnen? Wie auch immer – es besteht die Chance, dass Sie etwas Neues erfahren und sich gut fühlen. Für Ihr Gehirn ist die Sache deshalb klar: Die E-Mail muss gelesen werden. Jetzt sofort. Der Schriftsatz läuft ja nicht weg. Solange das nur einmal passiert, ist das nicht weiter schlimm. Wenn Sie aber an diesem Tag 30 E-Mails bekommen, sieht die Sache schon anders aus. Dann kann es nämlich sein, dass Sie mit dem Schriftsatz nicht rechtzeitig fertig werden.

Aufgrund dieses Mechanismus vernachlässigen wir häufig auch langfristige Ziele aus anderen wichtigen Lebensbereichen wie Familie, Freunde oder Gesundheit.

Beispiel

Sie möchten einmal die Woche zum Sport gehen, um Ihren Rücken zu stärken. Der Kurs beginnt um 19 Uhr. Um 18.30 Uhr stehen Sie vor der Wahl: Entweder Sie machen den Schriftsatz noch fertig und haben die Sache dann erledigt. Das dauert allerdings mindestens noch eine Stunde. Oder Sie gehen jetzt zum Sport und kommen morgen ein bisschen früher und machen dann den Rest. Für Ihr Gehirn stellt sich das Ganze so dar: Wenn Sie den Schriftsatz jetzt erledigen, haben Sie ein gutes (Erfolgs-) Gefühl. Dann müssen Sie morgen nicht früher aufstehen. Und außerdem ist der Sportkurs meistens doch ziemlich anstrengend. Kurzfristig verspricht es deshalb mehr Lustgewinn, den Schriftsatz zu machen und den Sportkurs zu lassen. Kommt das einmal vor, ist es nicht weiter tragisch. Allerdings besteht die Gefahr, dass der Sport jede Woche gegenüber einer anderen Aufgabe den Kürzeren zieht. Und dann kann es auf lange Sicht problematisch werden. Denn bei den kurzfristigen Abwägungen bleiben die langfristigen Folgen außen vor. Solange Sie gesund sind, wird Ihr Gehirn einfach nicht berücksichtigen, dass Sie dann in fünf Jahren möglicherweise unter heftigen Rückenschmerzen leiden werden.

Das kann man vermeiden, indem man in diesen Situationen bewusst überlegt und entscheidet. Oder man setzt sich entsprechende Ziele – denn die berücksichtigt unser Gehirn bei der (unbewussten) Abwägung.

Ziele richten die Wahrnehmung aus Auf dem Weg zum Ziel durchläuft man verschiedene Phasen. In der „Abwägungsphase" geht es zunächst darum, ob man einen bestimmten künftigen Zustand anstreben will und wie dieser konkret aussehen soll. Dazu wägt man die Vor- und Nachteile ab, die damit verbunden sind. Sinnvoll ist es auch, die Wahrscheinlichkeit zu berücksichtigen, mit der man das Ziel erreichen wird. Irgendwann kommt dieser Prozess zu seinem Ende und man trifft eine Entscheidung: Entweder man beschließt, den ursprünglich angedachten künftigen Zustand (vorerst) nicht anzustreben. Oder man entscheidet sich dafür, diesen Zustand erreichen zu wollen. Dann hat man ein Ziel. Anschließend geht es in der „Planungsphase" darum, eine Strategie zu erstellen, mit der man das Ziel am besten erreicht. In der „Umsetzungsphase" wird man aktiv und setzt die Strategie in die Tat um.

Wissenschaftliche Studien haben gezeigt, dass sich unsere Wahrnehmung in den verschiedenen Phasen verändert. Während man noch überlegt, ob man einen bestimmten Zustand erreichen möchte (Abwägungsphase), nimmt man bevorzugt Informationen wahr, die sich auf die Vor- und Nachteile des Ziels beziehen und auf die Wahrscheinlichkeit, es zu erreichen. Diese Informationen werden auch relativ sachlich und realistisch bewertet. Sobald man sich aber entschieden hat, ein bestimmtes Ziel zu erreichen, verändert sich die Wahrnehmung. Jetzt nehmen wir vor allem solche Informationen wahr, die uns dem Ziel näher bringen. Wir beschäftigen uns vor allem damit, wann, wo und wie wir handeln können, um das Ziel zu erreichen. In dieser Phase nehmen wir vor allem die positiven Aspekte des Ziels wahr. Zudem schätzen wir die Wahrscheinlichkeit, das Ziel zu erreichen, höher ein als sie möglicherweise (realistisch) ist. Das hilft uns bei Rückschlägen und verhindert, dass wir vorzeitig aufgeben.

Wenn man ein konkretes Ziel hat, nimmt man verstärkt das wahr, was einen dabei unterstützt, das Ziel zu erreichen. Man „scannt" seine Umgebung nach Dingen ab, die dafür nützlich sind. Wer kein Ziel hat, nimmt zwar tendenziell mehr Informationen wahr und bewertet diese realistischer. Das bringt einen aber nicht unbedingt dem angestrebten künftigen Zustand näher. Sobald man sich für ein Ziel entschieden hat, ist es sinnvoller, die Wahrnehmung verstärkt auf das zu richten, was der Zielerreichung dient. Dann befasst man sich nur noch mit solchen Informationen, die einem helfen, das Ziel zu erreichen. Es geht nicht mehr um die Frage „ob", sondern nur noch um das „wie". (Um zu verhindern, dass Sie sich blindlings unrealistische Ziele setzen und in diese verrennen, durchlaufen Sie zunächst die Abwägungsphase.)

Ziele motivieren Ziele motivieren Sie schon deshalb, weil Sie sich dadurch besser fühlen. Das wurde in diversen Untersuchungen empirisch belegt. Damit dieser Effekt eintritt, müssen jedoch folgende Bedingungen erfüllt sein:

- Sie wollen das Ziel erreichen.
- Sie sind überzeugt, es zu schaffen.
- Sie machen Fortschritte und kommen dem Ziel tatsächlich näher.
- Das Ziel entspricht Ihren eigenen Werten und Überzeugungen.

Die Motivation und die positiven Gefühle, die mit Zielen verbunden sind, führen dazu, dass man an dem Ziel dran bleibt – auch dann, wenn es schwierige Phasen gibt, wenn es anstrengend ist oder wenn andere Aktivitäten kurzfristig mehr Lustgewinn versprechen. Im Jahr 1953 wurden die Absolventen einer amerikanischen Elite-Universität danach befragt, ob sie konkrete, schriftlich festgehaltene Lebensziele haben und einen Plan, wie sie diese Ziele erreichen wollen. 3 % bejahten das. Diese 3 % besaßen nach 20 Jahren mehr Vermögen als die restlichen 97 % zusammen.

Wie stark ein Ziel motiviert, hängt vom Wert der Belohnung und von der Erfolgs-wahrscheinlichkeit ab. In der Regel motivieren große Ziele (= hoher Wert der Beloh-nung) stärker als kleine Ziele. Allerdings steigt mit dem Wert der Belohnung meistens auch die Schwierigkeit der Aufgabe. Große Ziele erfordern deshalb in der Regel einen größeren Aufwand als kleine Ziele und haben eine geringere Erfolgswahrscheinlich-keit. Und beachten Sie: Es beeinträchtigt Ihr subjektives Wohlbefinden, wenn Sie sich stark an ein Ziel gebunden fühlen, obwohl die Wahrscheinlichkeit gering ist, dass Sie es erreichen.

3.2 Strategien

3.2.1 Wünschen

Die einfachste Variante ist es, sich einen bestimmten künftigen Zustand einfach zu „wün-schen". Schwelgen Sie in positiven Vorstellungen und Fantasien: Wie schön wäre es, mehr freie Zeit zu haben … bei der Arbeit nicht so häufig unterbrochen zu werden … den Winter im Süden zu verbringen usw.

Das Charakteristische an einem Wunsch ist, dass er unverbindlich ist. Es wäre zwar schön, wenn man diesen Zustand erreichen würde, aber man hat nicht wirklich vor, aktiv Maßnahmen zu ergreifen. Man ist nicht entschlossen, den angestrebten Zustand selbst herbeizuführen, sondern man hofft, dass es einfach passiert. Der Vorteil von Wünschen ist, dass es sehr leicht geht. Man verpflichtet sich zu nichts, alles ist unverbindlich – und trotzdem hat man ein gutes Gefühl. Der Nachteil der Unverbindlichkeit ist, dass Wün-sche bei der Abwägung, was man als nächstes tun soll, kein sonderlich großes Gewicht haben. Deshalb wird die Wahrscheinlichkeit, den erhofften Zustand tatsächlich zu errei-chen, durch einen bloßen Wunsch nicht besonders stark erhöht. Aber natürlich ist Wün-schen immer noch besser als sich gar keine Gedanken darüber zu machen, was man will.

3.2.2 Ein Ziel SMART definieren

Mit der SMART-Methode lassen sich effektive Ziele definieren. Formulieren Sie Ihr Ziel

- Spezifisch
- Messbar
- Attraktiv
- Realistisch
- Terminiert

Spezifisch/Messbar Ein Ziel ist spezifisch und messbar, wenn es so formuliert ist, dass klar ist, welcher Endzustand angestrebt wird. Geben Sie konkrete Zahlen an: „Ich möchte den Schriftsatz bald fertigstellen" ist noch sehr vage. Spezifischer ist: „Ich stelle den Schriftsatz bis 14 Uhr fertig". „Ich möchte weniger arbeiten" geht eher in Richtung Wunsch. Als Ziel formuliert klingt das so: „Ich mache jeden Tag um 19 Uhr Feierabend." Das hat den Vorteil, dass Sie nur mit spezifischen und messbaren Angaben feststellen können, wie nahe Sie Ihrem Ziel schon gekommen sind. Und das ist wichtig für die Motivation. Wenn Sie sehen, dass Sie auf einem guten Weg sind, wird Sie das weiter beflügeln.

Zudem haben Untersuchungen gezeigt, dass man bei vagen Zielen („Gib dein Bestes!") häufig weit unter seinem Leistungspotenzial bleibt. Damit Ziele eine leistungssteigernde Wirkung haben, müssen jedoch folgende Voraussetzungen erfüllt sein:

- Sie verfügen über die nötigen Fertigkeiten und Mittel, um das Ziel zu erreichen.
- Sie erachten das Ziel für sich als verbindlich.
- Sie erleben die Aufgabenstellung als sinnvoll.
- Sie trauen sich die Aufgabe zu.
- Sie erhalten Rückmeldung über den Zielfortschritt.

Der leistungssteigernde Effekt von spezifischen und messbaren Zielen tritt deshalb bei einfachen Aufgaben oder Routinetätigkeiten stärker auf als bei komplexen Aufgaben. Als Rechtsanwalt, Steuerberater oder Wirtschaftsprüfer können Sie das zum Beispiel im Bereich der effizienten Arbeitstechniken nutzen. Nehmen Sie sich nicht mehr nur vor, eine Fachzeitschrift irgendwann einmal zu lesen, sondern legen Sie klare Zeitpunkte fest: „Ich lese heute um 19 Uhr in maximal einer Stunde alle relevanten Beiträge in der NJW."

Attraktiv Formulieren Sie Ihr Ziel so, dass es für Sie möglichst attraktiv ist. Stellen Sie sich vor, welche positiven Konsequenzen es hat, wenn Sie das Ziel erreichen. Das ist der Schlüssel zur Motivation! In der Regel streben wir einen bestimmten künftigen Zustand ja gerade deshalb an, weil wir uns davon Glücksgefühle oder andere Vorteile versprechen:

- „Ich arbeite jeden Tag nur noch bis 19 Uhr. Anschließend gehe ich zum Sport".
- „Ich mache den Schriftsatz in zwei Stunden fertig. Dann gehe ich nach Hause."

Wenn wir können, machen wir nur das, was uns ein gutes Gefühl gibt. Unser Gehirn (genauer: das limbische System) teilt alle Informationen in die Kategorien wichtig/unwichtig, angenehm/unangenehm bzw. wünschenswert/nicht wünschenswert ein. Um ein größeres Ziel zu erreichen, muss es in der Regel längerfristig in unserem Bewusstsein präsent sein. Dafür muss es vom limbischen System eine positive Bewertung erhalten. Verbinden Sie Ihr Ziel deshalb mit Vorstellungen, die bei Ihnen positive Gefühle auslösen (z. B. sympathische Personen, angenehme Situationen, positive Konsequenzen):

- „Ich arbeite jeden Tag nur noch bis 19 Uhr. Anschließend treffe ich mich mit meinen Freunden."
- „Ich delegiere mehr Aufgaben. Dann habe ich mehr Zeit für Akquise und mache mehr Umsatz."

Gerade bei größeren, längerfristigen Zielen ist es wichtig, auch den Weg zum Ziel so angenehm wie möglich zu machen. Verbinden Sie die Tätigkeiten auf dem Weg zum Ziel mit guten Gefühlen („Sobald ich die Hälfte des Schriftsatzes fertig habe, mache ich eine Kaffeepause"). Wenn Sie jedes Mal ein schlechtes Gefühl haben, wenn Sie an Ihr Ziel oder den anstrengenden Weg dorthin denken, werden Sie bald aufgeben.

Realistisch Wählen Sie Ihr Ziel so, dass Sie es realistischerweise erreichen können – aber machen Sie es nicht zu klein. Ein Ziel sollte so formuliert sein, dass Sie es zwar als anspruchsvoll empfinden, aber dennoch eine große Wahrscheinlichkeit besteht, dass Sie es erreichen können. Das hat folgenden Hintergrund: Menschen folgen einem Aufwandsminimierungsprinzip. Wir investieren nur so viel Anstrengung, wie für das jeweilige Ziel nötig und gerechtfertigt erscheint. Folglich strengt man sich bei einfachen Zielen weniger an als bei anspruchsvollen Zielen. Ist das Ziel jedoch unrealistisch, investieren wir deutlich weniger Ressourcen. Dadurch sinkt die Wahrscheinlichkeit weiter, das Ziel zu erreichen. Größere Ziele untergliedert man deshalb am besten in Teilziele, um den subjektiven Schwierigkeitsgrad zu reduzieren. Zudem hat man frühzeitig Erfolgserlebnisse und das Ziel wird spezifischer.

Beispiel

„Ich arbeite jeden Tag nur noch acht Stunden." → „Ab sofort arbeite ich an einem Tag in der Woche nicht mehr als acht Stunden. Nächstes Jahr arbeite ich an zwei Tagen pro Woche nicht mehr als acht Stunden. Übernächstes Jahr arbeite ich an drei Tagen pro Woche nicht mehr als acht Stunden usw."

Berücksichtigen Sie die Ressourcen, die Sie brauchen, um das Ziel zu erreichen. Wenn Sie nicht über die Ressourcen verfügen, die nötig sind, um einen bestimmten erwünschten Zustand zu erreichen, ist Ihr Ziel unrealistisch und Sie werden (unbewusst) weniger Energie in die Realisierung stecken.

Terminiert Bestimmen Sie einen eindeutigen Anfangs- bzw. Endtermin für Ihr Ziel und definieren Sie gegebenenfalls zeitlich festgelegte Zwischenschritte:

- „Ich möchte weniger arbeiten." → „Ab morgen arbeite ich jeden Tag nur noch neun Stunden."

3.2.3 Weitere Tipps

Es gibt noch weitere Punkte, die die Wahrscheinlichkeit erhöhen, dass Sie den angestrebten Zustand tatsächlich erreichen.

Positiv, ohne Vergleich und in der Gegenwart Formulieren Sie Ihr Ziel positiv, ohne Vergleich und in der Gegenwart. Das Wort „nicht" kann sinnlich nicht dargestellt werden. Bei Verneinungen muss sich Ihr Gehirn zunächst mit dem beschäftigen, was Sie nicht wollen. Dadurch wird Energie und Aufmerksamkeit auf das gelenkt, was Sie nicht erreichen wollen. Machen Sie es sich selbst leichter und formulieren Sie Ihre Ziele positiv:

- „Ich möchte nicht mehr so oft unterbrochen werden." → „Ich möchte jeden Tag zwei Stunden am Stück in Ruhe und konzentriert arbeiten."
- „Ich möchte nicht mehr so viel Zeit verschwenden." → "Ich möchte meine Zeit besser nutzen."

Auch wenn Sie Vergleiche verwenden, lenken Sie Ihre Aufmerksamkeit zunächst auf etwas anderes und nicht auf Ihr eigentliches Ziel. Vermeiden Sie diesen unnötigen Umweg:

- „Ich möchte weniger arbeiten als bisher." → „Ich möchte jeden Tag nur noch neun Stunden arbeiten."

Wenn Sie Ihr Ziel in der Gegenwart formulieren, ist es für Ihr Gehirn so, als hätten Sie das Ziel bereits erreicht.

- „Ich möchte den Aufsatz bis Freitag fertigstellen." → „Ich stelle den Aufsatz bis Freitag fertig."

Selbst erreichbar Formulieren Sie Ihr Ziel so, dass Sie es aus eigener Kraft erreichen können. Sie können nur das konkret beeinflussen, was Sie selbst betrifft:

- „Ich möchte, dass Herr X mich nicht mehr so oft unterbricht." → „Ich sage Herrn X, dass er mich nicht mehr so oft unterbrechen soll."

Angemessener Kontext Stellen Sie jedes Ihrer Ziele in einen angemessenen Kontext. In der Regel gibt es kein Verhalten, das Sie immer und überall zeigen möchten. Nur weil Sie Ihr Zeitmanagement in der Kanzlei verbessern möchten, indem Sie effizienter Besprechungen durchführen, heißt das noch lange nicht, dass Sie auch zu Hause am Frühstückstisch oder beim Abendessen Gespräche beenden, sobald die wesentlichen Informationen ausgetauscht sind. Berücksichtigen Sie deshalb immer den Kontext, in den Sie Ihr Ziel stellen:

- „Ich möchte Gespräche effizienter führen." → „Ich führe Gespräche im beruflichen Kontext effizienter."
- „Ich arbeite jeden Tag nur noch neun Stunden." → „Außerhalb der ‚busy season' arbeite ich jeden Tag nur noch neun Stunden."

Ökologisch Beachten Sie die möglichen Folgen Ihres Ziels („Ökologie"). Wie wirkt es sich aus, wenn Sie das Ziel erreichen? Für Sie? Für Ihre Familie? Für Ihre Mitarbeiter? Für Ihre Mandanten? Für Ihre Partner? Für Ihre anderen Ziele? Gibt es „unerwünschte Nebenwirkungen"? Müssten Sie etwas Wichtiges dafür aufgeben? Ist das der Fall, dann formulieren Sie Ihr Ziel so um, dass es für Sie ökologisch ist.

Beispiel

Sie möchten jeden Tag von 9 bis 11 Uhr ungestört arbeiten. Allerdings kann das dazu führen, dass Sie für Ihre Mandanten in Notfällen nicht sofort erreichbar sind. Definieren Sie Ihr Ziel deshalb um: „Zwischen 9 und 11 Uhr werden Telefonate nur dann durchgestellt, wenn es sich um Notfälle handelt." Was genau ein Notfall ist, müssen Sie dann noch mit Ihrer Sekretärin abklären.

Visualisieren Sie Ihr Ziel Wie sieht es aus, wenn Sie Ihr Ziel erreichen? Stellen Sie es sich in allen Einzelheiten vor! Nutzen Sie alle Sinne: Was hören Sie? Was fühlen Sie?

Visualisieren ist deshalb so hilfreich, weil Bilder wichtige Teile in unserem Gehirn aktivieren, die für die Zielorientierung entscheidend sind. Dadurch werden wir für Wahrnehmungen sensibilisiert, die für die Zielerreichung relevant sind. Zudem beeinflussen uns Bilder auch auf einer unbewussten emotionalen Ebene. Dadurch wirken Ziele, wenn wir sie uns als Bilder vorstellen, auch dann weiter, wenn wir nicht mehr bewusst an sie denken.

3.2.4 Der Weg zum Ziel

Das praktische Vorgehen Um ein Ziel zu definieren, überlegen Sie sich zunächst, wie der künftige Zustand ungefähr beschaffen sein soll. Beschreiben Sie, was Ihnen vorschwebt (z. B. *„Ich möchte weniger arbeiten"*) und formulieren Sie ein mögliches Ziel mithilfe der beschriebenen Kriterien (*„Ich arbeite ab sofort jeden Tag statt zehn Stunden nur noch zwei Stunden"*).

Wägen Sie dann die Vor- und Nachteile dieses Zieles ab. Berücksichtigen Sie auch die Wahrscheinlichkeit, mit der Sie dieses Ziel erreichen werden:

- Für das Ziel spricht: *Ich habe sehr viel mehr Zeit für meine Hobbys.*
- Gegen das Ziel spricht: *Ich mache sehr viel weniger Umsatz.*
- Die Wahrscheinlichkeit, das Ziel zu erreichen, ist *hoch, weil ich als Inhaber der Kanzlei selbst bestimmen kann, wie lange ich arbeite.*

Falls Sie Bedenken oder Einwände haben, ändern Sie die Zieldefinition und wägen Sie erneut ab. Wie bei der Auslegung eines Gesetzes springt der Blick immer wieder zwischen der Zieldefinition und den Vor- bzw. Nachteilen hin und her. Wenn Sie befürchten, die Kanzlei mit zwei Stunden am Tag nicht so führen zu können, dass die Mandanten zufrieden sind und Sie genügend Umsatz machen, dann formulieren Sie Ihr Ziel um: *„Ich arbeite ab sofort jeden Tag statt zehn Stunden nur noch acht Stunden."* Anschließend wägen Sie nochmals ab:

- Für das Ziel spricht: *Ich habe mehr Zeit für meine Hobbys.*
- Gegen das Ziel spricht: *Ich mache ein bisschen weniger Umsatz.*
- Die Wahrscheinlichkeit, das Ziel zu erreichen, ist *hoch, weil ich als Inhaber der Kanzlei selbst bestimmen kann, wie lange ich arbeite.*

Spielen Sie so lange mit verschiedenen Varianten, bis Sie das Gefühl haben, dass Sie sich nun entscheiden können. Möchten Sie den künftigen Zustand erreichen? Dann entscheiden Sie sich bewusst dafür, diesen Zustand als Ihr persönliches Ziel zu übernehmen. Sind die Vorteile gegenüber den Nachteilen doch nicht so groß, dass Sie letztere in Kauf nehmen möchten? Dann entscheiden Sie sich bewusst dafür, den bisherigen Zustand so zu lassen.

Definieren Sie Ihr Ziel Überlegen Sie für sich: Was möchten Sie künftig erreichen? Welche Tätigkeiten möchten Sie effizienter ausführen? Wofür möchten Sie mehr Zeit haben? Oder mit anderen Worten:

Fragen

Was ist Ihr Ziel?

_____

Für dieses Ziel spricht:

_____

Gegen dieses Ziel spricht:

_____

Die Wahrscheinlichkeit, dieses Ziel zu erreichen, ist

_____

Gibt es Einwände oder Bedenken gegen dieses Ziel?

_____

Falls ja: Mein neues Ziel ist:

_____

Für dieses Ziel spricht:

_____

Gegen dieses Ziel spricht:

_____

Die Wahrscheinlichkeit, dieses Ziel zu erreichen, ist

_____

Will ich dieses Ziel wirklich erreichen?

_____

Zusammenfassung

Wer sich Ziele setzt, erhöht die Wahrscheinlichkeit, effizienter zu arbeiten, weniger gestresst zu sein und mehr freie Zeit zu haben deutlich. Denn: Ziele werden von unserem Gehirn bei unbewussten Entscheidungen berücksichtigt. Ziele richten die Wahrnehmung aus. Und Ziele motivieren. Effektive Ziele sind SMART:

- Spezifisch
- Messbar
- Attraktiv
- Realistisch
- Terminiert

Die Chance, ein Ziel tatsächlich zu erreichen, steigt noch weiter, wenn man es in einen bestimmten Kontext stellt, die Ökologie beachtet und es immer wieder visualisiert.

1, 2 oder 3 – Prioritäten setzen

4

4.1 Die Idee

Prioritäten zu setzen bedeutet, dass man sich für eine von mehreren zur Auswahl stehenden Alternativen entscheidet. Im Zeitmanagement betrifft das insbesondere folgende Situationen:

- Sie haben mehr Aufgaben als Sie in der zur Verfügung stehenden Zeit bearbeiten können. Welche Aufgaben machen Sie? Welche Aufgaben machen Sie nicht?
- Sie haben mehrere Aufgaben und müssen mit einer beginnen. Welche Aufgabe machen Sie zuerst?
- Sie müssen entscheiden, wie viel Aufwand Sie für die Erledigung einer Aufgabe investieren. Möchten Sie die Aufgabe mit wenig Zeitaufwand erledigen? Oder soll das Ergebnis möglichst perfekt sein?

Haben Sie nur eine einzige Aufgabe oder genügend Zeit, brauchen Sie keine Prioritäten zu setzen. Dann können Sie einfach beginnen. Meistens ist das jedoch nicht der Fall. Denn die menschliche Lebenszeit ist begrenzt. Wir können deshalb nur eine endliche Zahl von Aufgaben bearbeiten. Daran ändert auch Multitasking nichts – obwohl die Idee sehr verlockend ist: Wenn man mehrere Dinge gleichzeitig tut, kann man in derselben Zeit doppelt soviel erledigen. Versuchen Sie das auch ab und zu? Telefonieren und nebenher E-Mails lesen? Eine SMS versenden, während Sie in einer Besprechung sitzen? Leider klappt das in den meisten Fällen nicht. Denn unser Gehirn ist nicht so konstruiert, dass es zwei Dinge gleichzeitig bewusst verfolgen kann. Wir können unsere Aufmerksamkeit immer nur auf eine Tätigkeit richten. Wenn wir scheinbar mehrere Dinge gleichzeitig tun, springt die Aufmerksamkeit tatsächlich immer hin und her. Das ist auf Dauer ziemlich anstrengend. Mehrere Dinge kann man nur dann gleichzeitig

© Springer Fachmedien Wiesbaden 2017
J. Theurer, *Zeitmanagement für Juristen*, DOI 10.1007/978-3-658-14967-3_4

erledigen, wenn die einzelnen Aufgaben nicht viel Konzentration erfordern. Sind die gleichzeitig ausgeführten Tätigkeiten anspruchsvoller, funktioniert Multitasking nicht. Dann kommt es zu Fehlern. Man übersieht oder überhört bestimmte Dinge. Man vergisst wichtige Informationen. Im Ergebnis kostet Sie solches Pseudo-Multitasking mehr Zeit und Konzentration als wenn Sie die Aufgaben von Anfang an nacheinander bearbeitet hätten. Verfolgen Sie mehrere Ziele gleichzeitig, die jeweils anspruchsvolle Tätigkeiten erfordern, sollten Sie sich deshalb bewusst entscheiden, womit Sie beginnen.

Manchmal kommt es vor, dass bestimmte Ziele miteinander kollidieren. Dann können Sie nur eines von beiden erreichen. Auch dann müssen Sie entscheiden, welchem Sie den Vorzug geben.

Beispiel

Es ist 18 Uhr. Wenn Sie den Schriftsatz heute noch fertig machen wollen, sind Sie erst um 22 Uhr zu Hause. Dann können Sie aber nicht mit Ihrer Frau um 20 Uhr ins Konzert gehen.

Doch auch wenn die Zeit reicht, ist es meistens sinnvoll, Prioritäten zu setzen. Dann geht es um die Frage, was man in welcher Reihenfolge macht. Erledigt man zuerst alle Tätigkeiten für Ziel 1 und macht sich dann an Ziel 2? Oder arbeitet man abwechselnd an den verschiedenen Zielen? Oft kann man Dinge schneller erledigen, wenn man eine geschickte Reihenfolge wählt.

Beispiel

Es ist 11.30 Uhr. Sie stehen vor der Wahl, ob Sie vor dem Mittagessen noch einen Artikel lesen sollen (Dauer: 30 min).

- *Alternative 1:* Sie gehen gleich in die Kantine. Dann sind Sie um 12 Uhr wieder zurück und haben den Artikel bis um 12.30 Uhr gelesen.
- *Alternative 2:* Sie kümmern sich zuerst um den Artikel. Dann stehen Sie um 12 Uhr mindestens 15 min länger an der Essensausgabe an und sind erst um 12.45 Uhr fertig.

Prioritäten zu setzen ist auch dann sinnvoll, wenn Sie den Aufwand für eine bestimmte Tätigkeit festlegen. Eine Aufgabe möglichst perfekt zu erledigen dauert in der Regel länger als sich mit einem nur guten Ergebnis zu begnügen.

Beispiel

Sie möchten den Richter in einem Schriftsatz von einer bestimmten rechtlichen Position überzeugen. Sie könnten hierfür zwei Wochen lang unzählige Aufsätze, Kommentare, Dissertationen, Habilitationen und Gerichtsentscheidungen zu dem Meinungsstreit durchforsten. Ihr Schriftsatz enthielte dann viele Argumente und Gesichtspunkte und könnte als Grundlage für eine Doktorarbeit dienen.

Berücksichtigen Sie nur die aktuelle BGH-Rechtsprechung, wird es deutlich knapper. Aber dann brauchen Sie für diese Sache auch nur zwei Stunden. Also: Was ist Ihnen wichtiger? Mit welchem Ergebnis können Sie (noch) leben?

Gibt es Alternativen zum Setzen von Prioritäten? Im Ergebnis geht es nur darum, eine von mehreren Möglichkeiten auszuwählen. Natürlich könnte man das auch anders machen. Sie könnten die anstehenden Aufgaben einfach in der Reihenfolge abarbeiten, in der sie hereinkommen. Doch das ist meistens nicht besonders effizient und effektiv. Denn dann erledigen Sie viele Dinge, die Sie Ihren wichtigen Zielen nicht näher bringen. Sie sind zwar ständig beschäftigt, aber die Gefahr ist groß, dass Sie am Ende des Tages nicht wirklich viel erreicht haben. Eine andere Strategie wäre, dass Sie den Zufall darüber entscheiden lassen, welche Aufgabe Sie als nächstes bearbeiten. Das Ergebnis wäre sehr wahrscheinlich jedoch wieder nicht optimal für Sie.

Und wenn man einfach anfängt? Dann passiert Folgendes: Unser Gehirn sorgt im Normalfall automatisch dafür, dass uns in jedem Augenblick die aktuell wichtigste Aufgabe bewusst ist. Dazu macht es ständig kleine Kosten-Nutzen-Rechnungen. Dabei überschlägt unser Gehirn blitzschnell, was wir alles tun könnten und welche Belohnung wir mit welcher Wahrscheinlichkeit erhalten werden, wenn wir uns für diese oder jene Tätigkeit entscheiden. Meistens funktioniert das ganz gut.

Beispiel

Wenn Sie sich nach dem Aufwachen zuerst duschen, dann anziehen und anschließend frühstücken, hat Ihr Gehirn zum ersten Mal an diesem Tag Prioritäten gesetzt. Denn natürlich hätten Sie auch nach dem Aufwachen ungewaschen und noch im Pyjama ins Büro fahren können, um dort sofort an einem Schriftsatz zu arbeiten. Allerdings dürfte die dadurch gewonnene Arbeitszeit den Imageverlust bei ihren Kollegen nicht aufwiegen.

Die Fähigkeit unseres Gehirns, Prioritäten zu setzen, beruht auf dem Arbeitsgedächtnis. Im Arbeitsgedächtnis ist gespeichert, welche Ziele wir verfolgen, was wir dafür tun müssen und was die nächsten Schritte sind. Allerdings kann das Arbeitsgedächtnis nicht sehr viele Informationen gleichzeitig aufnehmen (maximal 7 ± 2). Sobald weitere Informationen kommen, verlieren wir die ursprünglich vorhandenen wieder. Mit anderen Worten: Sobald neue Reize kommen, kann es sein, dass wir unser ursprüngliches Ziel „vergessen". Da unser Gehirn Tätigkeiten bevorzugt, die kurzfristig mehr Lustgewinn versprechen (mit den Kollegen plaudern), bleiben wichtige, längerfristige Ziele leicht auf der Strecke (den Berufungsschriftsatz rechtzeitig fertig zu machen).

Unser Gehirn ist auch sehr anfällig für neue Reize. Denn jeder neue Reiz könnte zu einer noch größeren Belohnung führen. Wir können neue Reize auch nur schwer willentlich missachten. Denn sobald unser Gehirn ein möglicherweise vielversprechendes neues Ziel entdeckt hat, wird Dopamin freigesetzt. Das fühlt sich gut an. Gleichzeitig richtet sich dadurch die Aufmerksamkeit auf den neuen, vielversprechenden Reiz und das neue

Ziel rückt in der Reihenfolge unserer Absicht nach vorne. Doch die meisten neuen Reize bringen uns unseren wichtigen Zielen nicht näher. Sie kosten nur Zeit und Aufmerksamkeit und lenken uns von unserem bisherigen Ziel ab.

Die dritte Schwachstelle unseres Gehirns ist Stress. Bei Stress werden im Extremfall ganze Regionen im vorderen Gehirnbereich einfach abgeschaltet. Davon ist insbesondere auch der Teil des Gehirns betroffen, der für die Setzung von Prioritäten zuständig ist. Wir entscheiden dann nicht mehr bewusst, sondern reagieren instinktiv. Hinzu kommt, dass bei Stress durch das Hormon Noradrenalin die Aufmerksamkeit für neue Reize erhöht wird. Dadurch fällt es uns noch schwerer, den Überblick zu bewahren und Unwichtiges auszublenden. Dann handeln wir konfus, sprunghaft und unüberlegt. Die Tätigkeiten, die wir machen, dauern länger. Wir machen Fehler, deren Behebung Zeit kostet. Wir lassen uns hetzen.

Unser Gehirn ist somit zwar in vielen Fällen sehr gut in der Lage, unbewusst für uns zu entscheiden, welche Aufgabe oder Tätigkeit wir als nächstes erledigen – aber eben nicht immer. Viele unserer wichtigen, längerfristigen Ziele erreichen wir nur, wenn wir bewusst Prioritäten setzen.

Beispiel

Angenommen, Sie haben sich die Ziele gesetzt, Anfragen von Mandanten zeitnah zu beantworten und gesund zu bleiben, indem Sie regelmäßig Sport machen. Wenn Sie abends um 18 Uhr vor der Frage stehen, ob Sie in den nächsten zwei Stunden noch die Anfrage eines Mandanten bearbeiten oder um 19 Uhr in Ihren Sportkurs gehen, besteht eine gewisse Wahrscheinlichkeit, dass sich Ihr Gehirn in diesem Fall unbewusst für die Anfrage des Mandanten entscheidet. Denn wenn Sie diese nicht rechtzeitig beantworten, werden Sie vermutlich bald negatives Feedback erhalten. Das möchten Sie nicht. Dagegen hat es zunächst keine negativen Auswirkungen, wenn Sie nicht zum Sport gehen. Vielleicht beruhigen Sie sich damit, dass Sie ja nächstes Mal hingehen können. Manchmal ist das die richtige Entscheidung. Doch was passiert am nächsten Tag? Um 18 Uhr stehen Sie wieder vor der Frage: Die nächste Mandantenanfrage beantworten oder zum Sport gehen? Und sehr wahrscheinlich wird sich Ihr Gehirn unbewusst wieder für die Mandantenanfrage entscheiden. Das macht aus der kleinen Perspektive (wenn man nur die konkrete Situation betrachtet) durchaus Sinn. Doch auf Dauer gesehen führt das dazu, dass Sie sich jeden Tag für die Mandantenanfrage und gegen den Sport entscheiden. Dadurch bleibt das Ziel „Gesundheit" dauerhaft auf der Strecke. Und nach einigen Jahren erhalten Sie dann die Quittung in Form von diversen körperlichen Beschwerden (Rückenprobleme, Verfettung, Verdauungsstörungen usw.).

Falls Sie sich durch die Vorgabe, Prioritäten zu setzen, eingeengt oder gestresst fühlen, machen Sie sich Folgendes klar: Prioritäten zu setzen ist ein Werkzeug, das Ihnen dabei helfen soll, möglichst viele Ihrer Ziele tatsächlich zu erreichen. Sie können es nutzen, müssen das aber nicht. Manchmal ist es gar nicht erforderlich, Prioritäten zu setzen. Dann können Sie einfach alles umsetzen. Doch wenn das nicht geht, erhöhen Sie die Wahrschein-lichkeit, ein bestimmtes Ziel zu erreichen, indem Sie Prioritäten setzen. Denn wenn Sie sich nicht selbst für eine Option entscheiden, wird das Ihr Gehirn unbewusst für Sie tun.

4.2 Strategien

Wenn Sie bewusst Prioritäten setzen, können Sie das auf unterschiedliche Weise machen. Sinnvoll ist meistens folgendes Vorgehen: Überlegen Sie, wie wichtig eine Entscheidung für Sie wirklich ist. Welche Folgen können daraus entstehen? Falls die Entscheidung wichtig ist, dann nehmen Sie sich genügend Zeit und Aufmerksamkeit dafür. Ist die Entscheidung nicht so wichtig, dann treffen Sie sie zügig und ohne viel Aufwand. Ist die Entscheidung völlig unwichtig, dann lassen Sie es oder wählen Sie einfach eine der Alternativen.

4.2.1 Folgen-Matrix

Eine einfache Möglichkeit, sich zwischen mehreren Alternativen zu entscheiden, ist die Folgen-Matrix:

- *Schritt 1:* Erstellen Sie eine Matrix. In die eine Spalte schreiben Sie die zur Auswahl stehenden Alternativen, in die andere Spalte die positiven und negativen Folgen, die sich daraus ergeben. (Sie können auch „Pro" und „Contra" schreiben, wenn Ihnen das besser gefällt.)
- *Schritt 2:* Füllen Sie die Matrix aus.
- *Schritt 3:* Wägen Sie dann das Ergebnis ab. Welche Alternative ist für Sie am besten?

Beispiel

In Tab. 4.1 geht es um die Frage, welche von zwei Aufgaben sinnvollerweise zuerst bearbeitet wird.

In Tab. 4.2 geht es um die Entscheidung, ob man eine Aufgabe möglichst perfekt machen soll oder „nur" gut.

4.2.2 Entscheidungstricks

Wenn Sie sich nicht sicher sind, welche Alternative besser ist, dann nutzen Sie einen der folgenden Entscheidungstricks:

- Suchen Sie sich eine Person, die Sie bewundern und fragen Sie sich: Wie würde sie in dieser Situation entscheiden?

Tab. 4.1 Beispiel Folgenmatrix – welche Aufgabe zuerst?

	Aufgabe 1	Aufgabe 2
Folgen bei nicht rechtzeitiger Erledigung	Haftungsfall!	Der Chef hat keine Powerpoint-Folien für seine Präsentation
Folgen bei rechtzeitiger Erledigung	Chef und Mandant sind zufrieden	Der Chef ist zufrieden

Tab. 4.2 Beispiel Folgenmatrix – gut oder perfekt?

	Perfekt	Gut
Pro	Der Mandant ist beeindruckt	Der Mandant hat den Bericht morgen
Contra	Der Mandant will es schon morgen haben, nicht erst in drei Tagen	Ich kann nicht alle juristischen Feinheiten bis ins letzte Detail darstellen

- Werfen Sie eine Münze. Falls Sie sich mit dem geworfenen Ergebnis nicht wirklich wohlfühlen, entscheiden Sie sich für die Alternative.
- Erzählen Sie jemandem von Ihrem Entscheidungsproblem. Meistens werden Sie schon beim Erzählen spüren, welche Entscheidung für Sie stimmig ist.

4.2.3 Pareto-Prinzip

Prioritäten zu setzen beruht auf dem Pareto-Prinzip. Danach leisten in einer vorgegebenen Menge die einzelnen Elemente einen unterschiedlichen Beitrag zum Gesamterfolg. Der italienische Ökonom Vilfredo Pareto hatte im 19. Jahrhundert entdeckt, dass 20 % der Bevölkerung 80 % des Vermögens besitzen. Da dieses „20 zu 80"-Verhältnis bei verschiedenen Gelegenheiten bestätigt wurde, wird das Pareto-Prinzip häufig auch „80 zu 20-Regel" genannt. Natürlich ist das kein absolut fester Wert. (Denn sonst würde sich folgende Konsequenz ergeben: Auf die 20 % der Elemente, die zusammen 80 % des Erfolgs herbeiführen, lässt sich das Pareto-Prinzip ebenfalls anwenden. Folglich würden 4 % der Elemente 64 % des Erfolgs herbeiführen und 0,8 % der Elemente 51,2 % des Erfolgs.) Dennoch dürfte die Grundaussage des Pareto-Prinzips prinzipiell richtig sein.

Überlegen Sie sich deshalb einmal:
- Welche Mandate bringen Ihnen viel Umsatz, obwohl sie relativ wenig Zeit in Anspruch nehmen?
- Was erfordert relativ wenig Aufwand und beeindruckt Ihren Chef trotzdem?
- Welche Tätigkeiten bei der Erstellung eines Schriftsatzes dauern relativ lange, ohne sich groß auf das Ergebnis auszuwirken?

Tab. 4.3 Eisenhower-Prinzip

	Nicht wichtig	Wichtig
Dringend	Delegieren	Sofort selbst erledigen
Nicht dringend	Eliminieren	Terminieren

4.2.4 Eisenhower-Prinzip

Beim Eisenhower-Prinzip wird die Priorität der anstehenden Aufgaben nach den Kriterien „Dringlichkeit" und „Wichtigkeit" bestimmt. Welche Priorität eine Aufgabe hat, ergibt sich aus der in Tab. 4.3 dargestellten Matrix:

Beispiele

- *wichtig/dringend*: Die Frist für einen Schriftsatz läuft heute ab. → Kümmern Sie sich sofort darum.
- *wichtig/nicht dringend*: Die Frist für einen Schriftsatz läuft in vier Wochen ab. → Legen Sie fest, wann Sie den Schriftsatz bearbeiten.
- *nicht wichtig/dringend*: Im Kopierer ist ein Papierstau. → Delegieren Sie das an Ihre Sekretärin.
- *nicht wichtig/nicht dringend*: Sie erhalten den Werbebrief einer Versicherung. → Werfen Sie ihn ungelesen in den Papierkorb.

Wie findet man heraus, was „wichtig" und was „dringend" ist? Beim Aspekt der Dringlichkeit geht es um die zeitliche Komponente. Dringend ist alles, was jetzt sofort (oder möglichst bald) erledigt werden sollte. Dabei kommt es nicht darauf an, ob das für Sie persönlich wichtig ist. Dringend bedeutet nur, dass Sie sich jetzt sofort (oder möglichst bald) mit einer Angelegenheit beschäftigen müssen, weil es danach unmöglich oder sinnlos ist.

Beispiel

- Die Frist für einen Schriftsatz läuft heute ab.
- Der Mandant ist gerade in der Telefonleitung.

Was wichtig ist, hängt von Ihrer individuellen Situation ab. In der Regel sind dafür folgende Kriterien ausschlaggebend:

- Gibt es eine feste Frist oder zeitliche Vorgaben?
- Wer ist der Auftraggeber?
- Wie wichtig ist der Mandant?
- Wie interessant ist die Aufgabe?
- Welche Folgen hat es, wenn die Aufgabe nicht rechtzeitig erledigt wird?

- Welche Folgen hat es, wenn die Aufgabe rechtzeitig erledigt wird?
- Was möchten Sie leisten? Möchten Sie Mandantenanfragen innerhalb von zwei Stunden beantworten? Möchten Sie Ihren Chef glücklich machen?
- Was ist Ihnen sonst noch wichtig? Ihre Gesundheit? Ihre Familie? Ein gutes Arbeitsklima?

Lassen Sie sich jedoch nicht von dem beeinflussen, was allgemein als „wichtig" angesehen wird. Wenn Sie nur wenig Mandantenkontakt haben, kann es für Sie sehr wichtig sein, jeden Tag mit Ihren Kollegen zu reden. Das Gleiche gilt auch für die Frage, wie Sie mit den einzelnen Aufgaben umgehen. Es gibt auch die Ansicht, dass man „wichtige/nicht dringende" Ziele liegen lassen und sich stattdessen vor allem um die „nicht wichtigen/dringenden" Aufgaben kümmern sollte. Denn mit letzteren könne man seine schnelle Problemlösungskompetenz unter Beweis stellen, indem man diese Aufgaben mit großem Getöse sofort selbst erledigt. Dafür gibt es keine objektiv richtige Lösung. Insoweit müssen Sie also selbst Prioritäten setzen! Finden Sie heraus, welche Strategie besser zu Ihnen passt. Beides hat Vor- und Nachteile. Wenn Sie die wichtigen, aber nicht dringenden Aufgaben liegen lassen, kann es sein, dass sich diese von selbst erledigen. Andererseits können diese Aufgaben irgendwann dann so dringend werden, dass Sie erheblich in Stress geraten.

„Alle meine Aufgaben sind wichtig!" Gerade Associates sind oft der Ansicht, dass sie keine Prioritäten setzen können, weil alle ihre Aufgaben wichtig und dringend sind. Verschieben geht nicht, weil der Chef gesagt hat, dass es sofort oder jedenfalls in einem relativ knapp bemessenen Zeitraum erledigt werden muss. Delegieren geht meistens auch nicht, und die Aufgabe zu ignorieren, ist völlig außerhalb der denkbaren Möglichkeiten. Was kann man dann tun? In diesem Fall gibt es folgende Optionen:

- Man arbeitet länger.
- Man arbeitet schneller.
- Man senkt die Qualitätsanforderungen an das Ergebnis („quick and dirty").

Welche der Möglichkeiten man wählt, hängt davon ab, was einem persönlich am wichtigsten ist. Wenn man mit dem Eisenhower-Prinzip nicht weiterkommt, hilft möglicherweise die Folgen-Matrix. Im Ergebnis kommt man aber auch hier nicht darum herum, Prioritäten zu setzen.

„Ich kann mich nicht entscheiden!" Möglicherweise fällt es Ihnen aber auch aus anderen Gründen schwer, zu entscheiden, welche Ihrer Aufgaben und Tätigkeiten wichtig sind und welche weniger. Sie könnten stundenlang darüber nachdenken und sich trotzdem nicht entscheiden. Vielleicht wenden Sie auch ein, dass man jede Aufgabe aus verschiedenen Blickwinkeln betrachten kann und sich die Prioritäten dadurch verschieben. Oder dass sich die Prioritäten schnell ändern können. Vielleicht haben Sie die

Erfahrung gemacht, dass es Ihnen hilft, sich scheinbar unwichtigen Aufgaben und Tätigkeiten zu widmen. Vielleicht gewinnen Sie dadurch Energie. Vielleicht kommt Ihnen dabei aber dann auch eine geniale Idee für eine wichtige Aufgabe. Jedoch: Beim Prioritäten-Setzen geht es nicht darum, stur eine der Strategien abzuarbeiten. Entscheidend ist, dass Sie für sich herausfinden, welche Option für Ihre Ziele am besten ist. Dabei müssen Sie überhaupt keine Regeln beachten. Die vorgeschlagenen Strategien sind nur unterschiedliche Möglichkeiten, wie Sie eine optimale Entscheidung treffen können.

„Ich will auch unwichtige Aufgaben machen!" Manche Rechtsanwälte, Steuerberater und Wirtschaftsprüfer möchten keine Prioritäten setzen, weil sie glauben, dass sie dadurch auf für sie wichtige oder angenehme Tätigkeiten verzichten müssen. Aber: Bei der Einteilung in wichtig/unwichtig kommt es ausschließlich auf Ihre subjektiven Vorstellungen, Werte und Ziele an. Wenn andere Menschen behaupten, dass bestimmte Dinge unwichtig sind, kann das für Sie ganz anders sein. Das betrifft zum Beispiel Tätigkeiten wie im Internet surfen, Artikel lesen, die mit der aktuellen Aufgabe nichts zu tun haben, mit Kollegen sprechen oder eine kleine Pause machen. Lassen Sie sich davon nicht beeinflussen. Wenn Ihnen diese Tätigkeiten gut tun oder Spaß machen, dann sind diese Dinge für Sie eben wichtig.

„Ich will lieber dringende Aufgaben machen!" Falls Sie sich durch bestimmte Empfehlungen von Zeitmanagement-Ratgebern eingeengt fühlen, machen Sie sich Folgendes klar: Wenn Sie lieber unwichtige, dringende Aufgaben erledigen als wichtige, nicht dringende Aufgaben – dann machen Sie das! Sie haben zwei Stunden gelesen und können erst wieder effektiv weiterarbeiten, wenn Sie sich kurz bei einem Gespräch mit Kollegen erholt haben? Dann ist dieses Gespräch für Sie wichtig und dringend! Es kommt nicht darauf an, was allgemein als wichtig oder dringend gilt. Maßgeblich ist allein Ihre subjektive Einschätzung.

4.2.5 ABC-Analyse

Die ABC-Analyse geht auf das Pareto-Prinzip zurück und beruht auf der Idee, dass die Anteile der wichtigen und weniger wichtigen Aufgaben in der Menge aller Aufgaben relativ konstant sind:

- Die wichtigen A-Aufgaben machen etwa 15 % der Menge aller Aufgaben und Tätigkeiten aus. Ihr subjektiver Wert beträgt jedoch 65 %
- Die mittleren B-Aufgaben machen etwa 20 % der Menge aus und haben einen Wert von ebenfalls 20 %.
- Die relativ unwichtigen C-Aufgaben machen etwa 65 % der Menge aus, haben jedoch nur einen Wert von 15 %.

Wenn Sie Ihre persönlichen A-, B- und C-Aufgaben kennen, können Sie Ihre Zeit entsprechend dem Wert der Aufgaben verteilen – also 65 % der zur Verfügung stehenden Zeit für A-Aufgaben, 20 % für B-Aufgaben und 15 % für C-Aufgaben.

Um Ihre A-Aufgaben herauszufinden, fragen Sie sich:
- Durch die Erfüllung welcher Aufgabe komme ich meinem Ziel am meisten näher? Wodurch habe ich (kurz- oder langfristig) den größten Vorteil? Mit welcher Tätigkeit kann ich zugleich eine oder mehrere andere Aufgaben erledigen?
- Durch die Nichterfüllung welcher Aufgabe drohen mir die größten Nachteile?
- Gibt es Aufgaben, die für meinen Erfolg als Rechtsanwalt, Steuerberater oder Wirtschaftsprüfer einen überproportionalen Beitrag leisten?
- Gibt es Mandanten, mit denen ich einen Großteil meines Umsatzes mache?

Beachten Sie wieder, dass Sie sich nicht von allgemeinen Annahmen beeinflussen lassen. Nur weil viele denken, dass eine bestimmte Aufgabe nicht wichtig ist (z. B. Smalltalk mit den Kollegen), muss das auf Sie nicht zwingend auch zutreffen. Vielleicht hilft Ihnen ein morgendlicher Plausch mit Ihren Kollegen, energiegeladen in den Tag zu starten. Oder Sie wissen aus Erfahrung, dass Sie nach einem Spaziergang viele gute Ideen haben. Berücksichtigen Sie bei der Einordnung einer Aufgabe in „wichtig" oder „unwichtig" stets Ihren ganz persönlichen Maßstab.

4.2.6   Wertehierarchie

„Werte" sind die inneren Motive, die Menschen antreiben, etwas zu tun (oder zu lassen). Wir wissen intuitiv, ob ein für uns wichtiger Wert in einer bestimmten Situation verletzt oder erfüllt ist, denn das fühlt sich eindeutig gut oder schlecht an.

Beispiel
- Ihnen ist es wichtig, schlank und fit zu sein oder keine Rückenschmerzen zu haben? Dann ist wahrscheinlich „Gesundheit" ein wichtiger Wert für Sie.
- Ihnen ist es wichtig, Ihre Prozesse zu gewinnen, Partner zu werden oder viel Umsatz zu machen? Dann stehen Sie wahrscheinlich auf „Erfolg".
- Ihnen ist es wichtig, 500.000 € im Jahr zu verdienen und von Ihren Mandanten gelobt zu werden? Dann spricht das für „Reichtum" und „Anerkennung".

Mit der folgenden Übung können Sie Ihre wichtigsten Werte erkennen:

- *Schritt 1:* Schreiben Sie alle Werte auf, die Ihnen in einer bestimmten Situation oder in einem bestimmten Kontext wichtig sind. Schreiben Sie jeden Wert auf eine einzelne Karte.

- *Schritt 2:* Nehmen Sie zwei Werte und vergleichen Sie diese miteinander. Welcher Wert ist Ihnen wichtiger? Wenn Sie nur einen der Werte verwirklichen könnten, welcher wäre das? Auf welchen der beiden Werte würden sie ggf. verzichten?
- *Schritt 3:* Nehmen Sie den wichtigeren Wert und vergleichen Sie ihn mit einem weiteren Wert.
- *Schritt 4:* Machen Sie das mit allen Werten, die Sie aufgeschrieben haben. Dann haben Sie Ihren wichtigsten Wert gefunden.
- *Schritt 5:* Nun nehmen Sie zwei der noch verbleibenden Werte und vergleichen diese. Dadurch bestimmen Sie ihren zweitwichtigsten Wert usw.

Ihre Werte können Ihnen dabei helfen, sich zwischen verschiedenen Zielen zu entscheiden: „Gehe ich heute Abend zum Sport (Gesundheit)? Oder mache ich den Schriftsatz fertig (Reichtum/Anerkennung)?"

Fragen

Welche Werte sind Ihnen im beruflichen Kontext am wichtigsten? Erstellen Sie Ihre Wertehierarchie.

_____

_____

_____

_____

_____

4.2.7 Gut oder perfekt?

Wenn Sie vor der Wahl stehen, wie gut Sie eine bestimmte Tätigkeit ausführen, machen Sie sich Folgendes klar: Je höher Ihr Qualitätsanspruch ist, desto länger wird es dauern, bis die Aufgabe erledigt ist. Lohnt sich dieser zeitliche Mehraufwand? Letztlich werden Sie immer einen Kompromiss zwischen Qualität und Zeit eingehen müssen. Finden Sie heraus, was im Einzelfall tatsächlich erforderlich ist, damit Sie Ihr Ziel erreichen. Fragen Sie sich:

- Warum möchte ich diese Aufgabe möglichst perfekt erledigen? Ist diese Qualität wirklich erforderlich? Oder möchte ich dadurch vermeiden, mich anderen, weniger spannenden, schwierigeren oder unangenehmen Aufgaben zu widmen?
- Welchen Vorteil habe ich, wenn ich es so perfekt mache? Wer würdigt das?
- Welche Auswirkungen hätte es, wenn ich es „gut" mache, aber nicht „perfekt"? Was könnte ich in der dadurch eingesparten Zeit sonst noch erledigen?
- Was erwartet mein Chef oder mein Mandant von mir? Ist ihnen der zusätzliche Aufwand wirklich wichtig?

Fragen

In welchen Situationen möchten Sie perfekt sein?

_____

_____

_____

Was steckt jeweils dahinter?

_____

_____

_____

4.2.8   Ihr wichtigstes Entscheidungskriterium

Mithilfe Ihres wichtigsten Entscheidungskriteriums können Sie schnell und kongruent herausfinden, welche Aufgabe Sie zuerst erledigen sollten:

- *Schritt 1:* Stellen Sie sich vor, Sie haben zwei Aufgaben. Was ist das erste Kriterium, nach dem Sie die Wichtigkeit beurteilen? Schreiben Sie dieses Kriterium auf eine Karte.
- *Schritt 2:* Bestimmen Sie, welche Aufgabe nach diesen Kriterien wichtiger ist.

- *Schritt 3:* Fragen Sie sich dann: Unter welchen Umständen würde ich trotzdem die andere Aufgabe zuerst bearbeiten? Schreiben Sie das dahinter stehende Kriterium ebenfalls auf.
- *Schritt 4:* Fragen Sie sich als nächstes: Gibt es Umstände, unter denen ich trotz des zweiten Kriteriums doch die andere Aufgabe zuerst machen würde? Wiederholen Sie das solange, bis Ihnen kein weiteres Kriterium mehr einfällt.
- *Schritt 5:* Das letzte Kriterium, das Sie auf diese Weise gefunden haben, ist Ihr wichtigstes Entscheidungskriterium.

Beispiel

Rechtsanwalt A steht vor der Wahl, ob er zuerst Aufgabe 1 bearbeiten soll oder Aufgabe 2. Beide sind wichtig. Coach B stellt ihm die Fragen.

- B: Nach welchem Kriterium würden Sie als erstes die Wichtigkeit der Aufgaben beurteilen?
- A: Danach, welche Aufgabe früher fertig sein muss. (→ 1. Kriterium)
- B: Aufgabe 1 muss früher fertig sein.
- A: Dann mache ich zuerst Aufgabe 1.
- B: Unter welchen Umständen würden Sie trotzdem Aufgabe 2 zuerst bearbeiten?
- A: Wenn Sie unseren Hauptmandanten betrifft. (→ 2. Kriterium)
- B: Angenommen, (nur) Aufgabe 2 betrifft Ihren Hauptmandanten. Unter welchen Umständen würden Sie trotzdem Aufgabe 1 zuerst bearbeiten?
- A: Wenn sonst ein Haftungsfall eintreten würde. (→ 3. Kriterium)
- B: Angenommen, es würde (nur dann) ein Haftungsfall eintreten, wenn Sie Aufgabe 1 nicht zuerst bearbeiten. Unter welchen Umständen würden Sie trotzdem Aufgabe 2 zuerst bearbeiten?
- A: Unter keinen Umständen. Ein Haftungsfall ist nicht akzeptabel. Da geht es schließlich um meinen Ruf und letztlich auch um meine Zulassung.
  → Das wichtigste Entscheidungskriterium für A ist: „Kommt es zu einem Haftungsfall?“

Jetzt könnte man noch weitermachen und fragen: Welche Aufgabe würde A zuerst bearbeiten, wenn die Zeit so knapp ist, dass es auf jeden Fall zu einem Haftungsfall kommt? Daraus würde sich dann eine weitere Konkretisierung des wichtigsten Entscheidungskriteriums ergeben. Wenn Sie sich auf diese Weise einmal klar gemacht haben, welche Kriterien für Sie relevant sind, können Sie in Zukunft schneller Prioritäten setzen. Und Sie haben die Sicherheit, dass die Entscheidung mit dem übereinstimmt, was Ihnen wichtig ist.

Zusammenfassung

Beim Prioritäten-Setzen geht es darum, eine von mehreren Möglichkeiten auszuwählen. Wenn Sie die anstehenden Aufgaben einfach in der Reihenfolge abarbeiten, in der sie hereinkommen, ist das meistens nicht besonders effizient und effektiv. Um sinnvoll Prioritäten zu setzen, helfen Ihnen folgende Strategien:

- Folgen-Matrix
- Entscheidungstricks
- Pareto-Prinzip
- Eisenhower-Prinzip
- ABC-Analyse
- Wertehierarchie
- Gut oder perfekt?
- Ihr wichtigstes Entscheidungskriterium

Weniger Ablenkung – wer konzentriert ist, arbeitet besser

5

5.1 Die Idee

Konzentriert zu sein bedeutet, seine Aufmerksamkeit jeweils nur auf ein einziges Ziel zu richten. Wenn man nicht ständig mit seinen Gedanken abschweift oder dauernd unterbrochen wird, macht man weniger Fehler. Die Folge: Man erledigt Aufgaben schneller und erreicht seine Ziele früher.

Unterbrechungen kosten Zeit Unser Arbeitsgedächtnis kann nur wenige Informationen gleichzeitig aufnehmen (nämlich 7 ± 2). In der Regel reicht das gerade einmal für die Aufgabe, an der man aktuell arbeitet. Alles, was darüber hinausgeht, wird vergessen oder durcheinander gebracht. Deshalb kosten Störungen auf Dauer viel Zeit. Denn sobald wir eine Aufgabe unterbrechen und uns etwas anderem zuwenden, gehen die aktuell im Arbeitsgedächtnis gespeicherten Informationen verloren. Wird man beim Verfassen eines Schriftsatzes durch einen Anruf unterbrochen, ist der Arbeitsspeicher in der Regel schon nach einer Minute komplett mit neuen Daten besetzt. Nach der Unterbrechung muss man sich die alten Informationen dann wieder aus dem Langzeitgedächtnis oder der Umwelt zusammensuchen. Das dauert immer eine gewisse Zeit.

Fragen
In welchen Situationen werden Sie regelmäßig unterbrochen?

_____

_____

_____

© Springer Fachmedien Wiesbaden 2017
J. Theurer, _Zeitmanagement für Juristen_, DOI 10.1007/978-3-658-14967-3_5

Durch wen oder was werden Sie unterbrochen?

_____

_____

_____

Unser Gehirn benötigt zudem eine gewisse Aufwärmphase. Wenn man etwas Neues beginnt, ist man in den ersten Minuten häufig noch für sehr viele kleine Ablenkungen empfänglich. Erst danach kann man sich so konzentrieren, wie es für viele anspruchsvolle Aufgaben erforderlich ist.

Unterbrechungen senken die Konzentrationsfähigkeit Unterbrechungen kosten Zeit. Zudem haben sie den Effekt, dass es uns nach jeder Unterbrechung schwerer fällt, uns wieder auf die aktuelle Aufgabe zu konzentrieren. Unser Gehirn entstand nämlich in einer Zeit, in der es nur relativ wenig neue Reize gab. Allerdings konnte jeder dieser neuen Reize eine lebenswichtige Bedeutung haben (Stichwort Säbelzahntiger). Für das Überleben unserer Vorfahren war es daher mehr als nützlich, dass Veränderungen in der Umgebung sofort ins Zentrum der Aufmerksamkeit rückten. Seit damals hat sich das menschliche Gehirn kaum verändert. Deshalb können wir neue Reize nur schwer ignorieren. Sobald wir einen interessanten neuen Reiz wahrnehmen, steigt die Wachsamkeit. Dann geht die Wahrnehmung ganz zu dem Reiz hin. Und schließlich rückt der neue Reiz völlig ins Zentrum unseres Bewusstseins. Andere Signale werden von unserem Gehirn ausgeblendet. Wir konzentrieren uns dann ganz auf diesen neuen Reiz.

Ein interessanter neuer Reiz löst noch eine andere Reaktion aus: Das Gehirn setzt Noradrenalin frei. Dadurch steigt der Blutdruck und der Pulsschlag wird schneller. Die Wahrnehmung und das Denken beschleunigen sich. Man fühlt sich lebendig. Wenn der neue Reiz gefährlich ist, wird viel Noradrenalin freigesetzt. Dann entstehen Stress und Furcht („Kämpfen oder Fliehen!"). Ist der Reiz dagegen ungefährlich, wird nur wenig Noradrenalin freigesetzt. Dann breitet sich eine wohlige Anregung aus und es entsteht ein leichtes Kribbeln. Man will wissen, wie es weitergeht. Da die wenigsten neuen Reize heutzutage gefährlich sind, kommt es jedes Mal zu einem kleinen Flash. Neue Reize verschaffen uns gute Gefühle. Zudem steigt mit jedem neuen Reiz, der in unser Bewusstsein dringt, das allgemeine Erregungsniveau. Jedes Klingeln des Telefons, jedes „Sie haben Post!" wirkt leicht elektrisierend. Die vielen neuen Reize führen dazu, dass wir ständig stimuliert werden. Sie bewirken, dass wir uns lebendig fühlen. Deshalb lässt man sich auch so gerne unterbrechen. Allerdings führt diese Erregung dazu, dass die höheren Funktionen der Aufmerksamkeit in unserem Gehirn gehemmt werden. Dadurch können wir Störungen nicht mehr ausblenden und nur noch schlecht zwischen Wichtigem und Unwichtigem unterscheiden. Unser Bewusstsein springt dann wahllos zu jedem neuen Reiz hin.

Wie gesagt: Diese Blockade war in der Vergangenheit sehr sinnvoll. Wer in der Savanne ein unbekanntes bedrohliches Geräusch hörte, hatte auf Dauer nur geringe Überlebenschancen, wenn dieses Geräusch nicht sofort in sein Bewusstsein drang. Allerdings hat diese Eigenschaft des Gehirns für uns moderne Menschen in einem hochtechnisierten Land nicht nur Vorteile. Denn die Gehirnbereiche, die für die Aufmerksamkeit zuständig sind, brechen als Erste zusammen. Dadurch erreichen immer mehr neue Reize unser Bewusstsein und die Aufmerksamkeit springt immer öfter zum nächsten Reiz. Die Erregung steigt weiter und die für die Filterung zuständigen Gehirnbereiche werden erneut geschwächt. In der Folge verlieren wir die Fähigkeit, unseren selbstgewählten Vorhaben zu folgen. Wir bleiben dann nicht konsequent bei der Sache, sondern lassen uns ablenken und beschäftigen uns mit anderen Dingen. Solange man trotzdem alle Aufgaben erledigt, ist das nicht weiter tragisch. Häufig ist man jedoch den ganzen Tag über mit vielen kleinen Dingen beschäftigt und fragt sich dann abends, was man eigentlich erreicht hat. Oder man bemerkt, dass man zwar an vielen verschiedenen Aufgaben gearbeitet, aber keine fertig gemacht hat.

Diesem Phänomen ist man jedoch nicht hilflos ausgeliefert. Wir können neuen Reizen und spontanen Impulsen durchaus widerstehen und bei dem ursprünglich gewählten Ziel bleiben. Dafür sorgen bestimmte Gehirnbereiche, die als „Filterfunktion der Aufmerksamkeit" bezeichnet werden. Diese schätzen ständig ab, was wir jetzt tun könnten und welche Folgen das für uns hätte. Sobald uns ein neuer Reiz erreicht, stellt das Gehirn eine (unbewusste) Kosten-Nutzen-Rechnung an. Ist der neue Reiz verlockender, werden wir wahrscheinlich unser ursprüngliches Ziel aufgeben und uns dem neuen Reiz zuwenden. Die Chance, dass wir bei der aktuellen Aufgabe bleiben, ist deshalb umso größer, je attraktiver die Aufgabe und das damit verbundene Ziel sind.

Beispiel

Donnerstag, am Nachmittag. Sie bearbeiten schon seit Stunden eine Akte mit über 1.000 Seiten Anlagen. Die Sache ist nicht sonderlich interessant, muss aber bis morgen erledigt werden. Sie möchten sie heute noch abschließen. Ihnen raucht der Kopf. Um 18 Uhr kommt Ihr Kollege zur Tür herein und lädt Sie zu einem Feierabendbier ein. Was jetzt? Wahrscheinlich werden Sie Ihren ursprünglichen Plan aufgeben und die Sache doch erst morgen abschließen. Anders jedoch, wenn Sie sich für morgen frei genommen haben, weil Sie für drei Tage zum Karneval nach Venedig möchten. Dann ist es für Sie wesentlich attraktiver, das Bier sausen zu lassen und die Akte heute noch fertig zu machen. In diesem Fall werden Sie sehr wahrscheinlich bei Ihrem ursprünglichen Plan bleiben.

Die an der Filterfunktion der Aufmerksamkeit beteiligten Gehirnbereiche sind sehr störanfällig, besonders bei Stress. Allerdings kann man ihre Leistungsfähigkeit durch gezieltes Training steigern (vgl. Kap. 22).

Konsequenzen Aus der Funktionsweise unseres Gehirns lassen sich einige Konsequenzen für das Zeitmanagement ableiten. Um konzentriert zu sein und effizient zu arbeiten, sollte man

- immer nur eine Sache auf einmal tun,
- sich von neuen Reizen abschirmen,
- Unterbrechungen vermeiden,
- die aktuelle Aufgabe mit einem möglichst attraktiven Ziel verbinden,
- die entsprechenden Gehirnbereiche trainieren.

Doch wie sieht es in vielen Kanzleien aus? Rechtsanwälten, Steuerberatern und Wirtschaftsprüfern fällt es häufig schwer, sich auf eine Sache zu konzentrieren. Es gibt einfach zu viele innere und äußere Ablenkungen. Sobald man sich hinsetzt, wird man auch schon wieder aus seinen Gedanken gerissen. Mandanten rufen an. Ständig kommen neue E-Mails. Und die Kollegen haben auch Gesprächsbedarf. Nicht selten schweifen wir aber auch von selbst mit unseren Gedanken ab. Statt an dem Vertrag zu arbeiten, denken wir darüber nach, wie wohl die Gerichtsverhandlung morgen laufen wird. Dann fällt uns ein, dass wir uns heute noch gar nicht über die neuesten Nachrichten informiert haben – und schon unterbrechen wir die aktuelle Tätigkeit und surfen für 15 Minuten im Internet.

Das ist eigentlich ziemlich unklug. Denn die Tätigkeit von Rechtsanwälten, Steuerberatern und Wirtschaftsprüfern ist ja meistens geistig anspruchsvoll. Man muss neue Ideen haben, abstrakte Regeln beachten und komplexe Verträge prüfen. Das kann man eigentlich nur mit einer sehr guten Konzentration auf die jeweilige Aufgabe optimal erledigen. Und trotzdem lassen sich viele Rechtsanwälte, Steuerberater und Wirtschaftsprüfer bei ihrer Arbeit ständig unterbrechen. Dadurch brauchen sie für die unterbrochenen Aufgaben länger als eigentlich nötig. Zudem sinkt die Qualität der Arbeit tendenziell mit der zunehmenden Zahl von Unterbrechungen.

Warum stellen wir diese Unterbrechungen dann nicht einfach ab? Zunächst liegt es wohl daran, dass uns diese Ablenkungen meistens gar nicht wirklich stören. Wir sind froh, wenn Kollegen vorbeischauen. Es macht Spaß, im Internet zu surfen. Und wenn so richtig viel auf einmal kommt, sind wir mit Feuereifer bei der Sache und fühlen uns lebendig. Außerdem gehört es in vielen Kanzleien zum guten Ton, für Mandanten ständig erreichbar zu sein. Jeder Mandant kann daher anrufen und wird sofort verbunden – ganz egal, an welcher wichtigen Aufgabe man gerade arbeitet. Das gleiche gilt für Sekretärinnen, Mitarbeiter, Partner und Kollegen. Natürlich hat man immer eine offene Tür – und wenn ein Kollege etwas besprechen möchte, ist er jederzeit herzlich eingeladen, ins Büro zu kommen und loszulegen. Auch wenn dahinter stets eine gute Absicht steckt: Dieses Verhalten führt dazu, dass man für seine Aufgaben mehr Zeit braucht als eigentlich erforderlich.

Fragen
In welchen Situationen lassen Sie sich gerne ablenken?

_____

_____

_____

5.2   Strategien

Je konzentrierter Sie arbeiten, desto schneller werden Sie Ihre Aufgaben erledigen und Ihre Ziele erreichen.

5.2.1   Ein klares Ziel haben

Unsere Aufmerksamkeit ist immer auf etwas gerichtet. Stellen Sie sich deshalb bei jeder Tätigkeit die Frage: Wozu mache ich das? Was will ich mit diesem Schriftsatz/Anruf konkret erreichen? Wenn Sie Ihr Ziel kennen, richtet sich die Aufmerksamkeit ganz von selbst darauf.

5.2.2   Reize reduzieren

Sie arbeiten konzentrierter an einer Aufgabe, wenn Sie die Reizflut minimieren, der Sie ausgesetzt sind. Dadurch entlasten Sie Ihr Arbeitsgedächtnis. Sie können sich dann leichter auf die wichtigen Aspekte konzentrieren und Unwichtiges ausblenden. Störend wirken sowohl äußere Reize (z. B. Lärm) als auch gefühlter Stress. Gehen Sie die Sache deshalb ganzheitlich an:

Sorgen Sie für Ruhe
- Schalten Sie Ihr Telefon/Handy aus.
- Schalten Sie die automatische Benachrichtigung Ihres E-Mail-Programms aus.
- Schließen Sie die Tür zu Ihrem Büro.
- Falls Sie Ihren Nachbarn trotzdem noch beim Telefonieren hören: Bauen Sie Schallschutztüren ein oder gehen Sie in einen ruhigen Besprechungsraum.

Sorgen Sie dafür, dass Sie sich in Ihrem Büro wohlfühlen

- Stellen Sie die Temperatur so ein, dass es für Sie angenehm ist.
- Achten Sie auf genügend Helligkeit.
- Sorgen Sie dafür, dass es sauber ist und angenehm riecht.
- Besorgen Sie sich einen Schreibtisch, der so groß ist, dass Sie gerne daran arbeiten.
- Besorgen Sie sich Stifte, die Sie gerne anfassen und die gut schreiben.
- Besorgen Sie sich einen optisch ansprechenden, stabilen Bürostuhl, in dem Sie sich wohlfühlen und der nicht quietscht.
- Positionieren Sie Ihren Computer, Ihr Telefon und alles andere auf Ihrem Schreibtisch so, dass Sie gut arbeiten können.

Entfernen Sie alles von Ihrem Schreibtisch, was Sie von Ihrer aktuellen Aufgabe ablenken kann.

Fragen

Was können Sie als erstes tun, um Ihre Reizflut zu minimieren?

_____

_____

5.2.3 Ihre persönliche Leistungskurve

Die Leistungsfähigkeit jedes Menschen ist bestimmten natürlichen Schwankungen unterworfen. Wenn ich um 17 Uhr zum Krafttraining gehe, kann ich mehr Gewichte stemmen als um 21 Uhr. Wenn Sie um 9 Uhr an einem Vertrag arbeiten, wird das wahrscheinlich leichter und schneller gehen als um 3 Uhr nachts. Der genaue Zeitpunkt der Leistungshochs und Leistungstiefs ist individuell verschieden. Viele Menschen haben vormittags ein erstes, absolutes Leistungshoch und am späten Nachmittag ein zweites, das aber nicht mehr ganz so hoch ist. Am geringsten ist die Leistungsfähigkeit in der Regel nachts zwischen 2 und 4 Uhr.

Versuchen Sie nicht, gegen Ihren natürlichen Tagesrhythmus zu arbeiten (z. B. mithilfe von Tabletten, Kaffee oder Alkohol). Finden Sie stattdessen heraus, wann Ihre Leistungsfähigkeit am höchsten ist und nutzen Sie dieses Wissen für Ihre Tagesplanung. Wie können Sie dabei vorgehen?

- Probieren Sie aus, wie es sich anfühlt, wenn Sie schwierige Arbeiten zu unterschiedlichen Zeiten ausführen. Notieren Sie Ihre Erkenntnisse.

- Lassen Sie für ein paar Tage einen Timer laufen, der Sie jede Stunde alarmiert. Dann schreiben Sie ganz spontan auf, wie Sie sich jetzt gerade fühlen und wie groß Sie Ihre Leistungsbereitschaft in diesem Moment einschätzen (z. B. auf einer Skala von 1 bis 10).
- Beachten Sie die physischen Voraussetzungen für Ihr Gehirn:
  - Machen Sie rechtzeitig Pause (auch in Besprechungen).
  - Trinken Sie genügend Wasser.
  - Sorgen Sie für genügend Sauerstoff.

Fragen

Wann geht Ihnen die Arbeit am leichtesten von der Hand?

_____

Wann dauert es meistens etwas länger?

_____

5.2.4   Blockweise arbeiten

Als Rechtsanwalt, Steuerberater oder Wirtschaftsprüfer erledigen Sie häufig Aufgaben, die sich ähnlich sind:

- E-Mails
- Telefonate
- Zeitschriften lesen
- Besprechungen mit Mitarbeitern und Kollegen

Jede dieser Aufgaben bedarf einer gewissen Vorbereitung. Sie müssen Ihr E-Mail-Programm öffnen, Sie müssen sich mit Ihrer Sekretärin treffen usw. Wenn Sie diese kleineren, ähnlichen Aufgaben zu Arbeitsblöcken zusammenfassen, müssen Sie diese Vorbereitungstätigkeiten nur einmal ausführen und sparen dadurch Zeit. Zudem ist Ihr Gehirn dann in dem Arbeitsmodus für die jeweilige Aufgabenart, sodass die Konzentration leichter fällt.

5.2.5   „Lose Enden" sammeln

Unerledigte Aufgaben, die man mit sich herumschleppt, belasten das Arbeitsgedächtnis. Selbst wenn man nicht permanent daran denkt, setzt man sich doch immer wieder in

Gedanken damit auseinander und investiert Energie, die dann an anderer Stelle fehlt. Sie können Ihre Konzentrationsfähigkeit deshalb durch folgende Übung steigern:

- *Schritt 1*: Schreiben Sie alles auf, was an unerledigten Projekten, Ideen und Aufgaben in Ihrem Gehirn herumschwirrt.
- *Schritt 2*: Entscheiden Sie dann anschließend für jeden einzelnen Punkt, was Sie damit tun werden: terminieren, tun oder streichen.

▶ **Beispiel**
- Gartenschlauch kaufen → Samstag im Baumarkt besorgen
- Schriftsatz X-GmbH fertig machen → heute 14 Uhr
- Kino am Freitag → streichen
- In die Kantine gehen → 12.15 Uhr

Das Aufschreiben der einzelnen Punkte kann beim ersten Mal durchaus eine Stunde oder länger dauern. Wahrscheinlich werden Ihnen die Dinge eher zufällig in den Sinn kommen. Schreiben Sie alles auf, was Ihnen einfällt: Berufliches und Privates, Wichtiges und Unwichtiges. Diese Übung können (sollten) Sie in regelmäßigen Abständen wiederholen.

Fragen

Welche losen Enden fallen Ihnen spontan ein? Was werden Sie damit tun?

_____

_____

_____

_____

_____

_____

Tipp: Besorgen Sie sich ein kleines Notizbuch (DIN A7), das Sie immer dabei haben. Dann können Sie spontane Ideen und Gedanken, die Ihnen unterwegs kommen, gleich aufschreiben. Das entlastet Ihren Kopf. Und außerdem gehen dann nicht mehr so viele gute Einfälle einfach verloren.

5.2.6 Die Harvard-Übung

Jedes Mal, wenn Sie gedanklich abschweifen, verlieren Sie Zeit und Informationen. Sie können deshalb viel Zeit sparen, wenn es Ihnen gelingt, Ihre Konzentrationsfähigkeit zu schulen, dass Sie sich nicht mehr so oft ablenken lassen. Wissenschaftler der Harvard-Universität haben dazu folgende Übung entwickelt:

- *Schritt 1*: Schreiben Sie alle Ihre Aufgaben auf.
- *Schritt 2*: Teilen Sie die Aufgaben in Zwischenschritte auf. Jeder Abschnitt sollte nur solang sein, wie Sie ohne Mühe bei der Sache bleiben können (auch wenn es zunächst nur wenige Minuten sind).
- *Schritt 3*: Falls Sie abschweifen und einen Einfall haben, der mit der aktuellen Aufgabe nichts zu tun hat, schreiben Sie ihn auf. Dann machen Sie sofort mit der ursprünglichen Aufgabe weiter. Um die spontane Idee kümmern Sie sich, sobald Sie die aktuelle (Teil-)Aufgabe beendet haben.

Beispiel

Sie möchten einen größeren Schriftsatz erstellen. Diese Aufgabe unterteilen Sie in folgende Zwischenschritte:
- eine Gliederung erstellen
- Rechtsproblem 1 recherchieren
- Rechtsproblem 2 recherchieren
- den Entwurf diktieren
- den Entwurf korrigieren.

Dann beginnen Sie damit, die Gliederung zu erstellen. Dabei kommt Ihnen der Gedanke, was es wohl heute in der Kantine gibt. Deshalb notieren Sie auf einem Zettel „Essensplan". Anschließend widmen Sie sich sofort wieder Ihrer Gliederung. Sobald die Gliederung fertig ist, schauen Sie im Internet nach dem Essensplan. Danach widmen Sie sich dem zweiten Teilschritt und recherchieren Rechtsproblem 1 usw.

Sie können Ihr Arbeitsgedächtnis auch mit anderen Methoden trainieren (z. B. Schach, Lesen, Meditieren, Musizieren). Was Sie konkret machen, ist letztlich egal. Entscheidend ist, dass Sie Ihr Gehirn wirklich bis an seine Belastungsgrenze fordern. In Kap. 22 erfahren Sie, wie man mithilfe von spielerischen Bewegungsübungen die Konzentrationsfähigkeit effektiv trainieren kann.

5.2.7 Stille Stunde

Viele ungewollte Unterbrechungen von außen kann man durch die Einrichtung einer täglichen „stillen Stunde" vermeiden. Innerhalb dieses Zeitraums sind Sie für niemanden zu sprechen (außer in Notfällen).

- Blocken Sie diese Zeit in Ihrem Kalender.
- Schließen Sie die Tür zu Ihrem Büro.
- Setzen Sie sich in einen Besprechungsraum.
- Lassen Sie Anrufern durch Ihre Sekretärin ausrichten, dass Sie gerade in einer Besprechung sind und später zurückrufen.
- Legen Sie den Hörer neben das Telefon (oder drücken Sie die entsprechende Taste).

Das Prinzip ist ziemlich einfach und sehr effektiv. Viele Rechtsanwälte, Steuerberater und Wirtschaftsprüfer haben gegen diese Strategie jedoch zunächst erhebliche Bedenken:

„Das akzeptieren die Mandanten nicht!" Das ist der häufigste Einwand gegen die stille Stunde. Aber: Machen Sie sich klar, dass Mandanten und Kollegen es ja bislang auch schon akzeptieren, dass Sie während einer (Gerichts-)Verhandlung oder während eines anderen wichtigen Termins stundenlang nicht erreichbar sind. Und wenn Ihre wichtigen Aufgaben wenigstens einmal am Tag Vorrang haben, kommt das schließlich auch Ihren Mandanten zugute. Wenn Sie Ihre Mandanten gleich zu Beginn der Zusammenarbeit darüber informieren, wie und warum Sie so arbeiten, werden diese das in den allermeisten Fällen ohne Weiteres akzeptieren. Trauen Sie sich, Ihre Mandanten zu „erziehen".

„Das kann ich nicht machen!" Vor allem Associates in größeren Wirtschaftskanzleien halten die Möglichkeit, eine stille Stunde einzuführen, häufig für „nicht praktikabel". Man kann doch seinem Chef oder den Mandanten nicht vorschreiben, wann Sie anrufen oder vorbeikommen dürfen! Doch darum geht es gar nicht. Wenn Sie glauben, dass das eigenmächtige Einführen einer stillen Stunde zu Problemen führt – dann besprechen Sie die Vorteile dieser Methode mit Ihrem Vorgesetzten oder Ihren Partnern. Ich kenne keine Kanzlei, die verlangt, dass ein Rechtsanwalt, Steuerberater oder Wirtschaftsprüfer jederzeit für Mandanten oder Kollegen erreichbar sein muss. Schließlich tauchen Sie nicht für vier Wochen unter, sondern jeweils nur für ein bis zwei Stunden. Sind die inneren oder äußeren Widerstände in Ihrem Fall zu groß, dann ist die Strategie der stillen Stunde im Moment eben nichts für Sie. Doch keine Sorge: Sie können immer noch die anderen Zeitmanagement-Methoden anwenden (insbesondere die effizienten Arbeitstechniken). Und wer weiß, vielleicht gelingt es Ihnen später, die stille Stunde doch noch auszuprobieren.

„Das macht keiner so!" Dann seien Sie der Erste, der damit anfängt!

„Das schaffe ich nicht jeden Tag!" Dann steigen Sie langsam ein. Probieren Sie die stille Stunde an einem oder zwei Tagen in der Woche aus. Beginnen Sie mit nur einer

Stunde. Vergleichen Sie dann, wie effizient und effektiv Sie an Tagen mit stiller Stunde sind und an Tagen ohne.

„Dann leidet unser Betriebsklima!" Ist das wirklich so? In vielen Kanzleien gehört es zum guten Ton, dass jeder jeden jederzeit ansprechen darf. Das erzeugt angeblich ein gutes kollegiales Klima. Aber im Ernst: Wären Sie wirklich auf Ihre Kollegen sauer, wenn Sie diese während einer oder zwei Stunden pro Tag nicht erreichen können? Natürlich kann es dann vorkommen, dass jemand, der eine Frage hat, zunächst warten muss und nicht an seiner aktuellen Aufgaben weiterarbeiten kann. Andererseits kann derjenige, der angesprochen wird, in dieser Zeit ebenfalls nicht an seiner Aufgabe arbeiten. Letztlich ist das eine Optimierungsaufgabe: Bringt es die Kanzlei insgesamt weiter, wenn jeder jederzeit angesprochen werden kann? Oder ist es im Ergebnis besser, wenn sich jeder Rechtsanwalt, Steuerberater und Wirtschaftsprüfer einmal am Tag einen Freiraum von ein bis zwei Stunden schafft, in dem er konzentriert und ungestört arbeiten kann?

Zusammenfassung

Unterbrechungen kosten viel Zeit. Zudem haben sie den Effekt, dass es uns nach jeder Unterbrechung schwerer fällt, uns wieder auf die aktuelle Aufgabe zu konzentrieren. Um konzentriert zu sein und effizient zu arbeiten, sollte man deshalb immer nur eine Sache auf einmal tun, sich von neuen Reizen abschirmen, Unterbrechungen vermeiden, die aktuelle Aufgabe mit einem möglichst attraktiven Ziel verbinden und die entsprechenden Gehirnbereiche trainieren. Dabei helfen Ihnen folgende Strategien:
- Ein klares Ziel haben
- Die Reizflut minimieren
- Ihre persönliche Leistungskurve
- Blockweise arbeiten
- „Lose Enden" sammeln
- Die Harvard-Übung
- Stille Stunde

Das Navi durch den Tag – Zeitplanung

6

6.1 Die Idee

Planen bedeutet, sich zu überlegen, wie man ein bestimmtes Ziel am besten erreicht. Im Rahmen der Zeitplanung legt man daher fest, was man wann bzw. in welcher Reihenfolge macht. Das hat Vorteile: Mit einer geschickten Zeitplanung erledigen Sie Aufgaben meist schneller als wenn Sie den Zufall entscheiden lassen.

Beispiel

- Wenn Sie eine komplizierte Aufgabe während Ihres persönlichen Leistungshochs bearbeiten, werden Sie wahrscheinlich weniger Zeit dafür benötigen.
- Wenn Sie Telefonate nicht über den ganzen Tag verstreut führen, sondern im Rahmen eines Telefonblocks hintereinander erledigen, wird das wahrscheinlich schneller gehen.

Mit einer geschickten Zeitplanung erledigt man tendenziell mehr Aufgaben fristgerecht. Denn durch Planung sinkt die Gefahr, etwas zu vergessen. Wer plant, erkennt zudem rechtzeitig, dass sich manche Aufgaben oder Ziele gegenseitig ausschließen. Dann kann man anhand seiner Prioritäten bewusst entscheiden, was wichtiger ist.

Beispiel

- Um 14.00 Uhr will sich ein Referendar in Ihrem Büro in Stuttgart vorstellen. Um 14.30 Uhr haben Sie einen Termin mit Ihrem wichtigsten Mandanten in München.
- Es ist 23.50 Uhr. Sie müssen vor Mitternacht je einen Schriftsatz in den Briefkasten des Landgerichts und des Arbeitsgerichts einwerfen. Die Zeit reicht jedoch nur noch für die Fahrt zu einem der beiden Gerichte.

© Springer Fachmedien Wiesbaden 2017
J. Theurer, *Zeitmanagement für Juristen*, DOI 10.1007/978-3-658-14967-3_6

Wenn Sie geschickt planen, erkennen Sie bereits im Vorfeld, dass Sie wahrscheinlich alle anstehenden Aufgaben rechtzeitig erledigen werden. Dadurch fühlen Sie sich selbstbestimmt und haben deutlich weniger Stress. Und schließlich: Wenn Sie nicht planen, entscheidet Ihr Gehirn unbewusst, welche Aufgabe oder Tätigkeit im Moment den höchsten Lustgewinn verspricht. Dann beschäftigen Sie sich sehr wahrscheinlich den ganzen Tag mit unvorhergesehenen, spontanen, dringenden Angelegenheiten (v. a. Telefonate und E-Mails). Am Abend stellen Sie fest, dass Sie vielen wichtigen Zielen kein bisschen näher gekommen sind.

Generell gilt: Sie können umso besser planen, je selbstbestimmter Sie sind. Als Partner oder selbstständiger Rechtsanwalt, Steuerberater oder Wirtschaftsprüfer können Sie sich Ihre Zeit in der Regel frei einteilen. Es erleichtert Ihre Planung, wenn Sie alle spontanen Aufgaben (z. B. Telefonate) jeden Tag nur in einem bestimmten Zeitraum bearbeiten (Telefonblock) und sich den Rest des Tages abschirmen. Dann können Sie das Werkzeug Zeitplanung sehr effektiv einsetzen. Wenn Sie dagegen als Associate angestellt sind, werden Sie zumindest am Anfang viele Vorgaben von Ihrem Chef bekommen, wann Sie was erledigen müssen. Dann sind Sie eher fremdbestimmt und können Ihren Tagesablauf im Voraus häufig nicht nach Belieben gestalten. Doch keine Sorge: Im Laufe der Zeit ändert sich das. Und bis dahin nutzen Sie eben vor allem die anderen Zeitmanagement-Strategien (z. B. effiziente Arbeitstechniken).

Manchmal verhindern auch selbst gesetzte Ziele eine effektive Zeitplanung. Wenn Sie das Ziel haben, jede eingehende E-Mail innerhalb von zwei Stunden zu beantworten, können Sie Ihren Tagesablauf nur schwer im Voraus planen. Denn Sie wissen ja nicht, wann Sie eine Anfrage erhalten werden und wie lange Sie zu deren Beantwortung brauchen. Dann müssen Sie abwägen: Möchten Sie dieses Ziel unbedingt beibehalten? Oder können Sie es so modifizieren, dass eine bessere Zeitplanung möglich wird (z. B. indem Sie jede Anfrage innerhalb eines Tages beantworten)?

„Ich will mich nicht verplanen!" Einige Rechtsanwälte, Steuerberater und Wirtschaftsprüfer sträuben sich zunächst dagegen, Ihre Aufgaben und Tätigkeiten zu planen. Dahinter steckt meistens die Angst, dass man durch Zeitpläne in seiner persönlichen Freiheit eingeschränkt wird. Man möchte einfach nicht das Gefühl haben, seinen ganzen Tagesablauf sklavisch an einem Plan ausrichten zu müssen. Aber das müssen und sollen Sie auch gar nicht. Ein Plan ist kein Selbstzweck, sondern ein Werkzeug, das Ihnen dabei hilft, Ihre Ziele zu erreichen. Wenn sich herausstellt, dass ein Plan für Sie nicht optimal ist – dann ändern Sie ihn! Sie sind Herr Ihrer Pläne und können sie selbstverständlich ergänzen, verändern oder in den Papierkorb werfen. Vergessen Sie die Stundenpläne, die Sie aus der Schule kennen! Zeitplanung bedeutet nicht, dass Sie für einen bestimmten Zeitraum genau aufschreiben müssen, was Sie um welche Uhrzeit machen. Ihre Pläne können Sie selbst erstellen – und zwar nach Ihren individuellen Vorlieben.

Planen an sich ist ein Teil der menschlichen Natur. Bereits jetzt erstellen Sie jeden Tag viele Pläne – wenn auch häufig nur ganz kurz im Kopf. Sobald Sie ein neues Mandat übernehmen, planen Sie, wie Sie dabei vorgehen: Zuerst finden Sie heraus, was der

Mandant will. Dann prüfen Sie die Rechtslage unter diesem Aspekt (Ziel des Mandanten). Dann besprechen Sie das weitere Vorgehen mit dem Mandanten. Dann entwerfen Sie die erforderlichen Schriftsätze, Verträge, Testate oder Steuererklärungen. Dann holen Sie die Freigabe des Mandanten ein und schicken das Ganze an den Gegner, das Gericht oder das Finanzamt. Stellen Sie sich vor, Sie würden dabei planlos vorgehen und die Rechtslage prüfen, ohne zu wissen, was der Mandant eigentlich möchte. Natürlich könnten Sie das auch nachträglich noch klären. Aber dann hätten Sie wahrscheinlich viele Dinge umsonst geprüft und Zeit verschwendet.

Sind Sie ein „kreativer Chaot" und glauben, dass Sie einfach nicht planen können? Dann überlegen Sie sich wenigstens, welche Aufgaben und Tätigkeiten Sie in einem bestimmten Zeitraum angehen möchten, um die grobe Richtung festzulegen. Der Rest kommt dann meistens ganz von selbst.

6.2 Strategien

Wie der Plan umgesetzt wird, ist eigentlich egal. Sie können versuchen, alles im Kopf zu behalten, gehen dann aber das Risiko ein, einzelne Punkte zu vergessen. Schreiben Sie Ihre Pläne deshalb lieber auf.

6.2.1 To-Do-Liste

Die einfachste Form eines Zeitplans ist die To-Do-Liste. Auf dieser stehen alle Aufgaben und Tätigkeiten, die man erledigen möchte. Selbstverständlich können Sie die Punkte auf Ihrer To-Do-Liste nach Prioritäten sortieren.

Beispiel

- *Schriftsatz X-GmbH erstellen*
- *Vertrag Y-AG entwerfen*
- *Termin vor dem Landgericht um 14.00 Uhr*
- *mit Herrn Müller telefonieren*
- *NJW lesen*

Sie müssen nicht einmal eine Liste erstellen. Genauso gut können Sie jede Ihrer Aufgaben und Tätigkeiten auf einen Post-it-Zettel schreiben und auf Ihren Schreibtisch kleben. Falls dann etwas Neues dazukommt, das wichtiger ist, können Sie die Zettel einfach umkleben. Machen Sie alles möglichst leicht und spielerisch, sodass Sie gerne damit arbeiten.

Der Vorteil einer To-Do-Liste ist, dass Sie sie sehr schnell und einfach erstellen können. Allerdings ist nicht absehbar, wie lange die Aufgaben jeweils dauern. Wenn Sie alle Ihre anstehenden Aufgaben aufschreiben, werden Sie diese zudem wahrscheinlich nicht an einem Tag fertig machen. Dann entgeht Ihnen jedoch das gute Gefühl, am Ende des Tages alle Ihre Aufgaben erledigt zu haben.

6.2.2 Tagesplan erstellen

Eine komplexere Form der Zeitplanung ist es, einen Tagesplan zu erstellen. Dabei wird auch die Länge der einzelnen Aufgaben und Tätigkeiten berücksichtigt. Und wenn Sie außerdem noch das Ziel haben, nur eine bestimmte Zeit zu arbeiten (z. B. neun Stunden), ergeben sich daraus weitere Anforderungen an Ihren Plan.

Einen Tagesplan können Sie in fünf Schritten erstellen:

- *Schritt 1:* Alle Aufgaben zusammenstellen
- *Schritt 2:* Die Länge der einzelnen Tätigkeiten schätzen
- *Schritt 3:* Einen Zeitpuffer für Unvorhergesehenes reservieren
- *Schritt 4:* Notwendige Entscheidungen treffen
- *Schritt 5:* Nachkontrolle

Aufgaben zusammenstellen Schreiben Sie alles auf, was Sie am nächsten Tag erledigen wollen oder müssen. Nehmen Sie dazu auch Ihre To-Do-Liste und Ihren Terminkalender zur Hand. Legen Sie konkrete Ziele fest, nicht nur Tätigkeiten.

- Statt „Klageschrift X-AG bearbeiten" formulieren Sie: „Einen Entwurf der Klageschrift erstellen, der die ausformulierten Anträge enthält."
- Statt „Herrn Meyer anrufen" formulieren Sie: „Mit Herrn Meyer die Beweismittel der Klageschrift klären".

Fragen Sie sich stets: Was will ich mit dieser Tätigkeit oder diesem Gespräch erreichen?

Beispiel

Tagesplan 13.07.

- *Vertrag für Mandat X entwerfen*
- *Schriftsatz für Mandat Y fertigstellen*
- *Telefonat mit Mandant Z (Beweismittel klären)*
- *NJW lesen*

Tipp: Planen Sie den nächsten Tag bereits am Vorabend. Dann kann Ihr Unterbewusstsein schon über Nacht mögliche Lösungen entwickeln.

Länge der Tätigkeiten schätzen Bestimmen oder schätzen Sie für jede Aufgabe, wie lange Sie für deren Erledigung ungefähr brauchen werden. Machen Sie dabei möglichst genaue Zeitvorgaben. Denn in der Regel dauert eine Aufgabe, Besprechung oder Tätigkeit genau solange, wie Zeit dafür zur Verfügung steht. Addieren Sie dann alles zur Gesamtzeit.

Beispiel

Tagesplan 13.07.

Vertrag für Mandat X entwerfen:	4 h
Schriftsatz für Mandat Y fertig stellen:	3 h
Telefonat mit Mandant Z (Beweismittel klären):	1 h
NJW lesen:	1 h
Gesamt:	9 h

Zeitpuffer für Unvorhergesehenes reservieren Verplanen Sie nicht Ihre gesamte verfügbare Arbeitszeit, sondern lassen Sie einen Zeitpuffer (ca. 40 bis 50 %). Gerade bei Rechtsanwälten, Steuerberatern und Wirtschaftsprüfern kommt es jeden Tag zu spontanen, unvorhergesehenen Ereignissen. Diese nehmen jeweils einen Teil Ihrer Zeit in Anspruch. Wenn Sie Ihre gesamte zur Verfügung stehende Arbeitszeit verplant haben, genügt schon eines dieser spontanen Ereignisse und Sie können Ihren Plan nicht mehr einhalten. Das erzeugt Stress und ungute Gefühle. Planen Sie deshalb immer einen bestimmten Zeitpuffer für diese spontanen, unvorhergesehenen Ereignisse ein. Wie groß dieser Puffer sein sollte, hängt von Ihren individuellen Umständen ab. Als guter Erfahrungswert hat sich jedoch erwiesen, nicht mehr als 60 % der verfügbaren Zeit zu verplanen. Mit etwas Übung können Sie diesen Wert dann auf Ihre individuelle Situation anpassen.

Beispiel

Ihr Ziel ist es, täglich maximal neun Stunden zu arbeiten. Aus Erfahrung wissen Sie, dass Sie jeden Tag ca. drei Stunden für spontane, unvorhergesehene Dinge benötigen. Folglich sollten Sie maximal sechs Stunden im Voraus verplanen.

Entscheidungen treffen Falls Sie mehr als 50 bis 60 % Ihrer Zeit verplant haben, müssen Sie die notierten Aufgaben zusammenstreichen, indem Sie:

- Rationalisieren (= den Zeitbedarf realistisch kürzen)
- Reduzieren (= Aufgaben streichen)
- Delegieren (= jemand anderes erledigt bestimmte Aufgaben)
- Verschieben (= Sie erledigen bestimmte Aufgaben an einem anderen Tag)
- Länger arbeiten (= Sie bleiben länger im Büro)

Im obigen Beispiel haben Sie neun Stunden verplant. Da Sie jeden Tag ca. drei Stunden für spontane, unvorhergesehene Dinge benötigen und maximal neun Stunden arbeiten möchten, sollten Sie jetzt für drei Stunden eine Entscheidung treffen. Wie Sie dabei vorgehen, also an welche Aufgabe oder Tätigkeit Sie „Hand anlegen", hängt immer von Ihrer konkreten Situation ab. Insoweit gibt es keine logisch zwingende oder objektiv richtige Strategie. Behalten Sie stets alle Ihre anstehenden Aufgaben und Ihre aktuellen und langfristigen Ziele im Blick und wägen Sie dann ab (Prioritäten setzen!). Wenn der Entwurf für den Y-Schriftsatz unbedingt heute fertig werden muss, der Vertragsentwurf für das Mandat X aber erst morgen, wird es sinnvoller sein, heute nur zwei Stunden an dem Vertrag zu arbeiten und das Lesen der NJW auf morgen zu verschieben.

Beispiel

Ihr fertiger *Tagesplan für den 13.07.* könnte dann so aussehen:

Schriftsatz für Mandat Y fertig stellen:	3 h
Vertrag für Mandant X entwerfen:	2 h
Telefonat mit Mandant Z (Beweismittel klären):	1 h
Unvorhergesehenes:	3 h
Gesamt:	9 h

Nachkontrolle Überprüfen Sie am Ende des Tages, ob und wie Sie Ihren Plan eingehalten haben. Was können Sie daraus für Ihre künftige Zeitplanung lernen? Entscheiden Sie auch, wie Sie mit unerledigten Aufgaben umgehen: Delegieren, streichen oder auf einen anderen Tag übertragen?

Passen Sie die einzelnen Schritte zur Erstellung eines Tagesplans an Ihre individuellen Vorlieben an. Wenn es Ihnen hilft, nicht nur die Dauer der einzelnen Aufgaben und Tätigkeiten festzulegen, sondern auch die genaue Uhrzeit, könnte Ihr Tagesplan wie folgt aussehen:

Beispiel

Tagesplan 13.07.
  08.30–10.00: Schriftsatz für Mandat Y fertig stellen
  10.00–10.30: Zeitpuffer
  10.30–11.30: Telefonat mit Mandant Z (Beweismittel klären)
  11.30–12.00: Zeitpuffer
  12.00-13.00: Mittagspause
  13.00–13.30: Zeitpuffer
  13.30–15.00: Schriftsatz für Mandat Y fertig stellen
  15.00–15.30: Zeitpuffer
  15.30–17.30: Vertrag für Mandant X entwerfen
  17.30–18.30: Zeitpuffer

Im Prinzip ist das ganz einfach. Allerdings gibt es bei Rechtsanwälten, Steuerberatern und Wirtschaftsprüfern einige Umstände, welche die Arbeit mit (Tages-)Plänen in der Praxis erschweren. Oft werde ich gefragt: Kann man auch dann planen, wenn

- im Laufe des Tages zusätzliche Aufgaben dazu kommen?
- die Aufgaben länger dauern als ursprünglich geplant?
- die Dauer einer Aufgabe im Voraus nicht absehbar ist?
- man nicht die Möglichkeit hat, Aufgaben zu delegieren, zu verschieben oder zu streichen?

Die Antwort ist: Es kommt darauf an. Grundsätzlich können Ihnen Zeitpläne auch in diesen Fällen helfen, effizienter und effektiver zu arbeiten. Allerdings können Sie dann nicht ganz so frei und im Voraus planen wie sonst. Sie müssen dann Ihren Tagesplan unter Umständen immer wieder anpassen. Dazu gibt es folgende Strategien:

Es kommen zusätzliche Aufgaben dazu Wenn während eines Tages spontan eine neue Aufgabe dazukommt, mit der Sie nicht gerechnet haben, machen Sie Folgendes:

- Schätzen Sie ab, wie lange Sie für die neue Aufgabe brauchen werden.
- Ist Ihr Zeitpuffer noch groß genug? Dann integrieren Sie die Aufgabe in Ihren Plan.
- Andernfalls müssen Sie jetzt entscheiden, was Sie machen: Rationalisieren? Reduzieren? Delegieren? Verschieben? Länger arbeiten?

Beispiel

Ihr Tagesplan für den 13.07. entspricht den letzten beiden Beispielen. Nachdem Sie um 9 Uhr in Ihrem Büro angekommen sind, erhalten Sie von Ihrem Chef den Auftrag, einen Bericht für Mandant M zu erstellen. Sie schätzen, dass Sie dafür ungefähr eine Stunde brauchen. Da Sie einen Zeitpuffer von drei Stunden eingeplant haben, ist noch alles im grünen Bereich. Um 13 Uhr erhalten Sie von Ihrem Chef einen weiteren Auftrag. Sie sollen eine Powerpoint-Präsentation für seinen Vortrag erstellen. Dafür brauchen Sie mindestens vier Stunden. Sie haben jetzt aber nur noch zwei Stunden für Unvorhergesehenes zur Verfügung. Folglich müssen Sie Ihren Tagesplan anpassen. Insofern gibt es verschiedene Möglichkeiten:
- Sie verschieben einen Teil der noch offenen Aufgaben im Umfang von zwei Stunden auf morgen. Das kann bedeuten, dass Sie heute nur die halbe Powerpoint-Präsentation erstellen oder den Vertrag für Mandant X erst morgen entwerfen.
- Sie arbeiten schneller und kürzen bei den heute noch offenen Aufgaben die ursprünglich eingeplante Zeit im Umfang von insgesamt zwei Stunden.
- Sie arbeiten zwei Stunden länger.

Sie sehen: Man kann auch dann planen, wenn im Laufe des Tages zusätzliche Aufgaben dazu kommen. Das Werkzeug Zeitplanung kann dann zwar möglicherweise nicht verhindern, dass Sie länger arbeiten müssen als ursprünglich geplant. Vielleicht schaffen Sie es trotz eines Plans nicht, alle für diesen Tag ursprünglich vorgesehenen Aufgaben zu erledigen. Aber Sie wissen dann zu jeder Zeit, wo Sie gerade stehen und welche Aufgaben noch offen sind. Dann können Sie eine selbstbestimmte Entscheidung treffen, was Sie wann machen. Sie entscheiden anhand Ihrer Prioritäten, welche Aufgabe Sie zuerst angehen und was Sie ggf. verschieben. Das gibt Ihnen das Gefühl, alles im Griff zu haben. Dadurch fühlen Sie sich deutlich weniger gestresst – und schon das spart Zeit.

Die Aufgaben dauern länger als ursprünglich geplant Wenn Sie während des Tages feststellen, dass Sie für eine Aufgabe länger brauchen als geplant, stehen Sie vor demselben Problem als wenn eine zusätzliche Aufgabe dazukommt. Das Vorgehen ist deshalb identisch:

- Schätzen Sie ab, wie viel Zeit Sie für die Erledigung der Aufgabe zusätzlich brauchen werden.
- Falls Sie noch genügend Zeitpuffer haben, nutzen Sie diesen.
- Andernfalls müssen Sie entscheiden: Rationalisieren? Reduzieren? Delegieren? Verschieben? Länger arbeiten?

Beispiel

Ihr ursprünglicher Tagesplan ist wie oben. Sie beginnen mit dem Vertragsentwurf für Mandant X. Statt der eingeplanten zwei Stunden dauert das aber vier Stunden. Zum Glück hatten Sie einen Zeitpuffer von drei Stunden eingeplant. Später arbeiten Sie am Schriftsatz für Mandant Y. Nach drei Stunden sind Sie jedoch nur zur Hälfte fertig. Sie brauchen mindestens noch weitere drei Stunden. Folglich müssen Sie jetzt Ihren Tagesplan anpassen und für zwei Stunden eine Entscheidung treffen. Sie könnten zum Beispiel beschließen, einen Teil des Schriftsatzes für Mandant Y erst morgen fertigzustellen.

Die Dauer einer Aufgabe ist im Voraus nicht absehbar Wenn Sie bei der Erstellung Ihres Zeitplans bei einer Aufgabe im Voraus nicht abschätzen können, wie lange Sie dafür brauchen werden, machen Sie Folgendes:

- Unterteilen Sie die Aufgabe in Zwischenschritte. Schätzen Sie die Zeit für die einzelnen Zwischenschritte. Falls Ihnen das gelingt, können Sie Ihren Tagesplan in gewohnter Weise erstellen.
- Andernfalls legen Sie den ersten Schritt für diese Aufgabe fest, den Sie zeitlich ungefähr abschätzen können. Planen Sie für diese Aufgabe dann mindestens die Dauer für diesen ersten Schritt und einen angemessenen Zeitpuffer für die Erledigung des Restes ein.

- Wenn Sie den Rest während der Bearbeitung der Aufgabe zeitlich abschätzen können, passen Sie Ihren Plan entsprechend an.
- Falls sich herausstellt, dass die Aufgabe nicht in der eingeplanten Zeit erledigt werden kann, treffen Sie die notwendigen Entscheidungen: Rationalisieren? Reduzieren? Delegieren? Verschieben? Länger arbeiten?

Beispiel

Sie sollen einen fünfseitigen Vertrag prüfen. Dazu gehören Anlagen im Umfang von 100 Seiten. Sie wissen nicht, welche rechtlichen und tatsächlichen Fragen sich stellen werden. Deshalb legen Sie zunächst Zwischenschritte fest:
- einen Überblick verschaffen (Zeitaufwand: ca. zwei Stunden)
- die rechtlichen Probleme klären (Zeitaufwand: noch nicht absehbar)
- einen Bericht schreiben (Zeitaufwand: mindestens eine Stunde)

Vorsichtshalber planen Sie für diese Aufgabe vier Stunden ein. Nachdem Sie sich einen Überblick verschafft haben, wissen Sie, dass es mindestens zwei größere rechtliche Probleme gibt. Für jedes werden Sie ca. drei Stunden benötigen. Da die Angelegenheit erst nächste Woche fertig werden muss, beschließen Sie, an dieser Aufgabe heute nur die eingeplanten vier Stunden zu arbeiten. Die restlichen (mindestens) fünf Stunden planen Sie für die nächsten Tage ein.

Dieses Vorgehen hat den Vorteil, dass Sie immer im Blick behalten, wie viel Zeit Sie für die Aufgabe wahrscheinlich noch benötigen werden. Selbst wenn Sie bei Erstellung des Tagesplans noch nicht wissen, wie umfangreich die Aufgabe ist – irgendwann im Laufe der Ausführung kommen Sie an den Punkt, an dem Sie die Angelegenheit überblicken und die restliche Dauer abschätzen können. Dann müssen Sie Ihren ursprünglichen Plan unter Umständen zwar anpassen, aber Sie arbeiten weiterhin selbstbestimmt.

Man hat nicht die Möglichkeit, Aufgaben zu delegieren, zu verschieben oder zu streichen Bislang habe ich immer unterstellt, dass Sie rationalisieren, delegieren, verschieben oder Aufgaben ganz streichen können, wenn sich herausstellt, dass die Zeit für Ihren ursprünglichen Plan nicht ausreicht. Doch was ist, wenn Sie glauben, dass das gar nicht möglich ist? Als Associate macht Ihnen der Vorgesetzte meist konkrete Vorgaben, was Sie bis wann erledigen sollen. Streichen ist dann schwierig. Delegieren geht in der Regel auch nicht. Steht der Termin fest, können Sie auch nicht verschieben. Dann haben Sie in der Tat nur zwei Möglichkeiten: Entweder Sie verhandeln mit Ihrem Chef und vereinbaren eine neue Deadline – oder Sie arbeiten länger. Dann müssen Sie in den sauren Apfel beißen und Überstunden machen. Das ist dann eine Frage Ihrer Prioritäten.

Allerdings helfen Ihnen Zeitpläne auch in diesem Fall. Denn Sie können dann wenigstens im Voraus abschätzen, wie lange Sie an einem Tag arbeiten werden. Schwieriger ist es, wenn die neuen Aufgaben erst spontan im Laufe des Tages kommen und zunächst noch nicht absehbar ist, wie lange Sie dafür brauchen. Dann sollten Sie jedoch versuchen, die Aufgaben mithilfe der anderen Zeitmanagement-Methoden (z. B.

effizientere Arbeitstechniken) möglichst schnell zu erledigen, sodass Sie nicht regelmäßig bis um Mitternacht in der Kanzlei sitzen. Kommt es doch dauerhaft dazu, müssen Sie abwägen, ob es Ihnen das wert ist. Das ist dann wieder eine Frage Ihrer Prioritäten.

Dennoch: Sie können grundsätzlich auch dann Tagespläne erstellen, wenn Sie nicht im Voraus wissen, welche Aufgaben noch dazu kommen und wie viel Zeit Sie dafür benötigen werden. Diese Pläne müssen Sie dann ggf. im Laufe des Tages anpassen. Trotzdem werden Sie sich dadurch selbstbestimmter und weniger gestresst fühlen.

6.2.3 Längerfristige Pläne

Tagespläne sind der ideale Einstieg in die Zeitplanung. Sie erhalten schnell eine Rückmeldung, ob Ihr Plan „funktioniert" – und das motiviert (wenn Sie Erfolg haben). Zudem steigt Ihre Lernkurve schnell an. Wenn es mit der Tagesplanung klappt, können Sie auch längerfristige Zeitpläne erstellen:

- Wochenplan
- Monatsplan
- Quartalsplan
- Jahresplan
- Mehrjahresplan
- Lebensplan

Dabei gehen Sie prinzipiell genauso vor wie bei der Erstellung von Tagesplänen.

Beispiel

Wochenplan 13.07.–19.07. (beruflich)
- *Schriftsatz für Mandat X fertig machen (bis Donnerstag)*
- *Schriftsatz für Mandat Y fertig machen (bis Dienstag)*
- *Schriftsatz für Mandat Z fertig machen (bis Freitag)*
- *Besprechungen mit den Mandanten A, B, C und D*
- *NJW lesen*
- *Termine vor dem Amtsgericht (Montag, 16.00 Uhr; Donnerstag, 9.30 Uhr)*
- *Termin vor dem Landgericht (Mittwoch, 14.00 Uhr)*
- *Kanzleibesprechung (Freitag, 18.00 Uhr)*
- *tägliche Arbeitszeit: 9 h*

Und wie setzen Sie Ihren Wochenplan um? Indem Sie ihn abends zur Hand nehmen und durchlesen, bevor Sie den Tagesplan für den nächsten Tag erstellen. Dann sehen Sie sofort, welche Aufgaben und Tätigkeiten Sie in dieser Woche noch erledigen möchten.

Tipp: Berücksichtigen Sie dabei auch Ihre Ziele aus den anderen Lebensbereichen (Familie/Freunde, Gesundheit, Lebenssinn).

Beispiel

Wenn Sie am Sonntagabend den Plan für Montag erstellen, überfliegen Sie Ihren Wochenplan und heraus kommt folgender Tagesplan:

Montag, 13.07.
- *Schriftsatz für Mandat Y überarbeiten (4 h)*
- *Gespräch mit Mandant A (11.30 Uhr)*
- *Termin vor dem Amtsgericht (16.00 Uhr)*
- *eine Stunde Schwimmen (19.00 Uhr)*

Am Ende der Woche machen Sie die Nachkontrolle für Ihren Wochenplan. Analysieren Sie, was funktioniert hat und wo Sie sich in Ihrer Einschätzung noch verbessern können. Auch bei der Erstellung von Wochenplänen wird Ihre Lernkurve steigen. Je größer der Zeitraum ist, desto schwieriger kann es allerdings werden, die konkreten Aufgaben vorherzusehen. Dann macht es mehr Sinn, nur die (Teil-)Ziele festzulegen, die Sie in diesem Zeitraum erreichen möchten. Die konkreten Tätigkeiten, die zur Erreichung dieser Ziele erforderlich sind, nehmen Sie dann nur in den Tages- und Wochenplan auf.

Beispiel

- *Monatsplan Juli (beruflich)*
  - *20.000 € Umsatz*
  - *einen Aufsatz schreiben*
  - *zwei Akquise-Vorträge halten*
- *Jahresplan (beruflich)*
  - *250.000 € Umsatz*
  - *fünf neue mittelständische Unternehmen als Mandanten gewinnen*
  - *einen Mitarbeiter anstellen*
- *Lebensplan (beruflich)*
  - *mit 60 Jahren die Kanzlei verkaufen und nach Hawaii ziehen*
  - *BGH-Anwalt werden*
  - *eine erfolgreiche Verfassungsbeschwerde führen*
  - *5.000.000 € Vermögen*

Berücksichtigen Sie den jeweils „übergeordneten" Zeitplan, wenn Sie einen kürzeren Zeitplan erstellen. Wenn Sie Ihren Wochenplan erstellen, dann nehmen Sie dazu auch den jeweils aktuellen Monatsplan zur Hand (sowie Ihre To-Do-Liste und Ihren Terminkalender). Wenn Sie den nächsten Quartalsplan erstellen, dann nehmen Sie auch den aktuellen Jahresplan dazu usw. Verwenden Sie jedoch nicht zu viel Zeit für das Planen. Als Faustregel bieten sich folgende Werte an:

- Tagesplan: fünf bis zehn Minuten
- Wochenplan: 30 Minuten
- Monatsplan: eine Stunde
- alle anderen Pläne: nach Bedarf

Fragen

Was möchten Sie in diesem Jahr beruflich noch erreichen?

_____

_____

_____

_____

_____

Was möchten Sie während Ihres Berufslebens noch alles erreichen?

_____

_____

_____

_____

_____

Zusammenfassung

Mit einer geschickten Zeitplanung erledigt man Aufgaben häufig schneller als wenn man zufällig vorgeht oder sein Gehirn (unbewusst) entscheiden lässt. Je selbstbestimmter Sie sind, desto besser können Sie planen.

- Die einfachste Form eines Zeitplans ist die To-Do-Liste.
- Eine komplexere Form der Zeitplanung ist es, einen Tagesplan zu erstellen.

- Man kann auch dann mit Tagesplänen arbeiten, wenn während des Tages spontan neue Aufgaben dazukommen oder wenn die Dauer einer Aufgabe im Voraus nicht absehbar ist.
- Nehmen Sie zur Erstellung Ihrer Tages- und Wochenpläne immer auch Ihre To-Do-Liste und Ihren Terminkalender zur Hand.
- Bei längerfristigen Zeitplänen (Wochen-, Monats-, Jahrespläne) geht es mehr um die Festlegung von Zielen als um konkrete Tätigkeiten.
- Berücksichtigen Sie immer auch Ihre Ziele aus den anderen Lebensbereichen (Familie/Freunde, Gesundheit, Lebenssinn).

„Aber das geht doch nicht…" – Einwände integrieren

7.1   Die Idee

Mit den in diesem Buch vorgestellten Techniken kann man die meisten Zeitprobleme lösen oder zumindest erheblich lindern. Allerdings passiert in der Praxis häufig Folgendes: Man erfährt von einer Methode, findet sie ganz sinnvoll und denkt sich: Das probiere ich aus! Aber am nächsten Tag im Büro klappt es dann doch nicht. Plötzlich kommen die Bedenken: Kann das wirklich funktionieren? Was werden die anderen dazu sagen? Wie reagieren die Mandanten? Man grübelt und zweifelt und lässt es schließlich. Viele Rechtsanwälte, Steuerberater und Wirtschaftsprüfer haben nur und gerade deshalb so wenig Zeit, weil sie gar nicht erst damit anfangen, eine für sie passende Zeitmanagement-Strategie umzusetzen.

Solche Bedenken begrenzen den Handlungsspielraum. Theoretisch könnten Sie jede Zeitmanagement-Strategie in die Tat umsetzen. Es ist für niemanden unmöglich, jeden Tag von 9 bis 11 Uhr das Telefon umzustellen, die Bürotür zu schließen und im Rahmen einer stillen Stunde konzentriert und ungestört zu arbeiten. Doch irgendwelche inneren Einwände verhindern das.

> **Beispiel**
>
> Herr Rustikus ist selbstständiger Rechtsanwalt für Zivilrecht. Die Arbeit macht ihm Spaß. Er kann gut mit Menschen umgehen und hat viele Mandanten, die er schon seit Jahren betreut. Allerdings kann er kaum länger als 20 Minuten ungestört an einer Sache arbeiten. Ständig rufen Mandanten an und möchten über ihren Fall sprechen. Herr Rustikus empfindet das mittlerweile als sehr anstrengend. Er findet die Idee, mit Mandanten Telefontermine zu vereinbaren, deshalb ganz gut. Allerdings hat er auch Bedenken: Wie werden die Mandanten reagieren, wenn sie plötzlich nicht mehr sofort durchgestellt werden? Werden sie sich einen anderen Rechtsanwalt suchen? Was ist, wenn es sich um einen Notfall handelt?

© Springer Fachmedien Wiesbaden 2017
J. Theurer, *Zeitmanagement für Juristen,* DOI 10.1007/978-3-658-14967-3_7

Innere Einwände können auch dafür sorgen, dass man bestimmte Ziele nicht einmal in Erwägung zieht.

Beispiel

Frau Schneider ist Associate in einer Wirtschaftskanzlei. Sie möchte nicht nur für die Arbeit leben, sondern auch etwas von ihrem Leben haben. Deshalb möchte sie eigentlich im Normalfall um 19 Uhr Feierabend machen. Allein durch das konkrete Ziel „Ich organisiere meine Arbeit so, dass ich um 19 Uhr Feierabend machen kann", wäre die Wahrscheinlichkeit, dass Frau Schneider das erreicht, wesentlich größer. Allerdings ist sie insgeheim davon überzeugt, dass das in einer Wirtschaftskanzlei nicht geht. Deshalb fängt sie gar nicht erst damit an, sich so ein „unrealistisches" Ziel zu setzen. Stattdessen kommt sie weiterhin jeden Morgen ins Büro, ohne genau zu wissen, wie lange sie heute arbeiten wird. Das entscheidet ihr Gehirn dann unbewusst. An den meisten Tagen sitzt sie deshalb auch noch nach 19 Uhr an Ihrem Schreibtisch.

Überlegen Sie für sich:

Fragen

Welche Ziele haben Sie sich bislang nicht gesetzt oder welche Zeitmanagement-Strategien haben Sie bislang nicht angewendet, weil Sie dagegen innere Bedenken hatten?

_____

_____

Welche Bedenken waren das?

_____

_____

Manchmal sind diese inneren Bedenken („Einwände") sehr sinnvoll. Denn sie verhindern, dass wir unüberlegt Dinge tun, die für uns negative Folgen haben.

Beispiel

Wenn Sie im Bereich M&A arbeiten, kann das Ziel „Ich gehe jeden Tag ohne Ausnahme um 19 Uhr nach Hause" problematisch sein. Denn während einer laufenden Transaktion wird es eine Zeit lang abends immer später werden. Wenn Sie dann konsequent trotzdem schon um 19 Uhr gehen, sind Ihre Mandanten wahrscheinlich nicht sonderlich begeistert.

Es kann aber auch sein, dass solche inneren Zweifel mehr schaden als nutzen. Das ist häufig dann der Fall, wenn die Bedenken auf einer Überzeugung beruhen, die sich „verselbstständigt" hat. Obwohl man gar nicht mehr weiß, aus welchem Anlass die Überzeugung einst entstanden ist, wendet man sie unbewusst immer wieder auch in solchen Situationen an, für die sie gar nicht (mehr) passt. Dadurch schränkt man grundlos seine Handlungsmöglichkeiten ein. Das kann natürlich auch im Bereich Zeitmanagement vorkommen. Vielleicht haben Sie irgendwann in Ihrem Leben (in einem ganz anderen Kontext) eine Erfahrung gemacht, die jetzt verhindert, dass Sie sich bestimmte Ziele setzen oder eine bestimmte Zeitmanagement-Technik anwenden.

Beispiel

Mit seiner ersten Hausarbeit wurde Herr Straub erst in der letzten Nacht vor der Abgabe fertig. Bevor er müde ins Bett fiel, bat er noch seinen Mitbewohner Ralf, die Hausarbeit für ihn am nächsten Morgen im Copyshop binden zu lassen und an der Uni abzugeben. Dummerweise vergaß Ralf diesen Auftrag. Herr Straub hatte deshalb sehr viel Stress, damit die Hausarbeit noch rechtzeitig am Lehrstuhl ankommt. Durch dieses Erlebnis hat sich bei ihm die unbewusste Überzeugung gebildet: „Man kann sich auf andere nicht verlassen. Wenn es klappen soll, muss ich es selbst machen." Das führt dazu, dass er heute große Schwierigkeiten hat, Aufgaben an andere zu delegieren – obwohl das in vielen Fällen sinnvoll wäre und ihn sehr entlasten würde.

Was kann man gegen solche inneren Einwände tun? Zunächst einmal: Sie sollten diese Bedenken auf keinen Fall einfach übergehen. Denn jeder Einwand und jeder Zweifel möchte verhindern, dass Ihnen etwas Schlimmes passiert. Allerdings hat es Sinn, zu untersuchen, ob ein bestimmter Einwand in Ihrer aktuellen Situation (noch) sinnvoll ist – oder ob dadurch Ihr Leben und Ihre Handlungsmöglichkeiten unnötigerweise eingeschränkt werden. In diesem Fall könnten Sie den Einwand integrieren und dadurch Ihre Verhaltensoptionen so erweitern, dass es für Sie möglich wird, eine bestimmte Zeitmanagement-Strategie umzusetzen.

7.2   Strategien

7.2.1   Den Einwand spezifizieren

Zunächst sollten Sie herausfinden, wie der Einwand genau lautet und welche Überzeugung dahinter steht:

- Was ist es konkret, dass Sie glauben lässt, dass es keinen Sinn hat, sich ein bestimmtes Ziel zu setzen?
- Warum genau glauben Sie, dass eine bestimmte Zeitmanagement-Strategie nicht funktionieren kann?

Beispiel

Wenn ich in einem Zeitmanagement-Seminar die Strategie der stillen Stunde vorstelle, lautet die erste Reaktion oft: „Das ist doch unpraktikabel!" Wenn ich dann nachfrage, warum die Teilnehmer denken, dass das unpraktikabel ist, kommt meistens einer der folgenden konkreteren Einwände:
- „Die Mandanten würden sich bedanken!"
- „Man weiß nie, ob nicht doch ein Notfall dazwischenkommt!"
- „Es ist gerade einer der Vorzüge in unserer Kanzlei, dass man jederzeit jemanden fragen kann."
- „Die anderen (Kollegen) könnten ohne meine Antwort häufig gar nicht weiterarbeiten."

Hinter jedem Einwand steckt eine bestimmte Überzeugung oder ein Wert, der Ihnen wichtig ist. Manchmal hilft es, wenn Sie noch etwas nachbohren und sich diese Überzeugung oder diesen Wert bewusst machen. Fragen Sie sich: Warum glaube ich, dass meine Bedenken berechtigt sind? Wie komme ich darauf? Je konkreter Sie die Überzeugung benennen können, die hinter Ihrem Einwand steckt, desto leichter fällt es Ihnen nachher, diesen Einwand zu integrieren.

Beispiel

Hinter dem Einwand „Die Mandanten würden sich bedanken!" steckt in der Regel die Überzeugung:
- „Ich bin sicher, dass die Mandanten erwarten, jederzeit mit ihrem Rechtsanwalt, Steuerberater oder Wirtschaftsprüfer sprechen zu können."
- „Ich glaube, dass man als guter Dienstleister jederzeit für seine Mandanten erreichbar sein muss."

7.2.2 Entscheiden: Ist der Einwand sinnvoll?

Wenn Sie Ihre Einwände hinreichend konkretisiert haben, stellt sich die Frage, ob dieser Einwand im konkreten Fall sinnvoll ist oder nicht. Das können Sie mithilfe folgender Fragen herausfinden:

- Was spricht dafür, die Zeitmanagement-Strategie anzuwenden?
- Was spricht dagegen?
- Was passiert, wenn Sie die Strategie anwenden?
- Was passiert, wenn Sie die Strategie nicht anwenden?
- Was passiert nicht, wenn Sie die Strategie anwenden?
- Was passiert nicht, wenn Sie die Strategie nicht anwenden?
- Ist es nach alldem sinnvoll, den Einwand für die konkret anstehende Situation zu berücksichtigen? Falls ja, sollten Sie diesen Einwand berücksichtigen. Finden Sie die hinter dem Einwand stehende positive Absicht heraus und stellen Sie diese auf eine andere Weise sicher. Falls der Einwand in Ihrem konkreten Fall nicht (mehr) sinnvoll ist, können Sie ihn verändern oder auflösen.

Beispiel

Herr Rustikus möchte mit seinen Mandanten Telefontermine vereinbaren. Allerdings befürchtet er, seine Mandanten dadurch zu verärgern.
- B (Coach): Was spricht dafür, mit Ihren Mandanten Telefontermine zu vereinbaren?
- A (Herr Rustikus): Ich kann dann länger ungestört und konzentriert an einem Fall arbeiten.
- B: Was spricht dagegen, diese Strategie anzuwenden?
- A: Es könnte sein, dass ein Mandant einen Notfall hat. Wenn ich dann nicht sofort erreichbar bin, wird er zu einem anderen Rechtsanwalt gehen. Ich habe auch viele langjährige Mandanten. Für die wäre es sehr ungewohnt, wenn sie mich nicht jederzeit erreichen.
- B: Was passiert, wenn Sie die Strategie anwenden?
- A: Ich arbeite länger ungestört und konzentriert an meinen Fällen. Dadurch werde ich schneller fertig. Außerdem kann ich mich gezielt auf die Anrufe vorbereiten und muss nicht immer spontan antworten. Manche Mandanten werden fragen, warum ich das jetzt so mache.
- B: Was passiert, wenn Sie diese Strategie nicht anwenden?
- A: Dann bleibt alles so wie bisher. Ich fühle mich dadurch genervt und es kostet mich viel Kraft. Vielleicht macht mir die Arbeit dann irgendwann keinen Spaß mehr.
- B: Was passiert nicht, wenn Sie die Strategie anwenden?
- A: Es werden auf keinen Fall alle Mandanten zu einem anderen Rechtsanwalt wechseln. Dafür ist die Zusammenarbeit einfach zu gut und vertrauensvoll.

- B: Was passiert nicht, wenn Sie die Strategie nicht anwenden?
- A: Dann werde ich mich nicht wirklich glücklich und zufrieden fühlen.
- B: Wenn Sie das alles miteinbeziehen: Ist es sinnvoll, den Einwand in Ihrer konkreten Situation zu berücksichtigen?
- A: Ja, ich finde schon. Gerade in Notfällen muss ich als Rechtsanwalt einfach sofort erreichbar sein.

Im weiteren Verlauf des Coachings geht es jetzt darum, verschiedene Möglichkeiten zu finden, wie Herr Rustikus Telefontermine so vereinbaren kann, dass er in Notfällen trotzdem für seine Mandanten erreichbar ist.

Überlegen Sie für sich:

Fragen

Gegen welche Zeitmanagement-Strategie haben Sie einen Einwand?

_____

Wie lautet der Einwand?

_____

Was spricht dafür, die Zeitmanagement-Strategie anzuwenden?

_____

Was spricht dagegen?

_____

Was passiert, wenn Sie die Strategie anwenden?

_____

Was passiert, wenn Sie die Strategie nicht anwenden?

_____

Was passiert nicht, wenn Sie die Strategie anwenden?

_____

Was passiert nicht, wenn Sie die Strategie nicht anwenden?

_____

Ist es nach alledem sinnvoll, den Einwand in Ihrer konkreten Situation zu berücksichtigen?

_____

7.2.3 Die positive Absicht auf andere Weise sicherstellen

Hinter jedem Einwand steckt eine positive Absicht. Ihr Unbewusstes möchte verhindern, dass Sie durch eine bestimmte Zeitmanagement-Strategie oder durch ein bestimmtes Ziel zu Schaden kommen. Worin die positive Absicht genau besteht, kommt auf Ihre individuelle Situation an. Häufig geht es darum, die Beziehungen zu anderen Menschen nicht zu belasten oder keine finanziellen Verluste zu machen. Wenn Sie den Einwand berücksichtigen möchten, können Sie nach Möglichkeiten suchen, die hinter dem Einwand stehende positive Absicht auf eine andere Weise sicherzustellen. Dann ist die Chance groß, dass Sie die Zeitmanagement-Strategie umsetzen oder das Ziel erreichen. Gehen Sie dazu wie folgt vor:

- *Schritt 1:* Identifizieren Sie das Thema: „Ich möchte die Zeitmanagement-Strategie X umsetzen, aber der Einwand Y hält mich davon ab."
- *Schritt 2:* Fragen Sie sich: Angenommen, der Einwand Y hätte eine positiven Nutzen oder eine positive Absicht – was könnte das sein?
- *Schritt 3:* Fragen Sie sich dann: Welche anderen Verhaltensweisen oder Möglichkeiten habe ich, um die positive Absicht zu verwirklichen, die hinter dem Einwand Y steht?
- *Schritt 4:* Wählen Sie (mindestens) eine dieser Möglichkeiten aus.
- *Schritt 5:* Entscheiden Sie sich dafür, diese Möglichkeit in der nächsten Zeit umzusetzen.
- *Schritt 6:* Machen Sie den Ökologie-Check: Gibt es etwas, das gegen diese Lösung spricht? Falls ja: Gehen Sie wieder zu Schritt 3 und wählen Sie dann eine andere Möglichkeit aus.

- *Schritt 7:* Stellen Sie sich vor, wie es ist, wenn Sie die Zeitmanagement-Strategie X umsetzen. Visualisieren Sie es.

Beispiel

Herr Kröll arbeitet seit vier Jahren als Associate im Bereich M&A. Er hat Bedenken dagegen, die stille Stunde einzuführen.

- B (Coach): Welche positive Absicht steckt hinter Ihrem Glaubenssatz „Als guter Dienstleister muss man für seine Mandanten jederzeit erreichbar sein"?
- A (Herr Kröll): Ich befürchte, dass sich meine Mandanten einen neuen Berater suchen, wenn ich nicht jederzeit für sie erreichbar bin. Dann mache ich weniger Umsatz und werde nie Partner. Vielleicht werde ich sogar entlassen. Schlimmstenfalls werde ich arbeitslos und muss von Hartz IV leben.
- B: Geht es Ihnen dabei mehr um die persönliche Beziehung zu Ihrem Mandanten? Oder geht es Ihnen eher um finanzielle Sicherheit?
- A: Um die finanzielle Sicherheit. Ich möchte Partner werden. Dann habe ich immer genug Geld. Und dafür ist es nun mal erforderlich, dass die Mandanten mit mir zufrieden sind.
- B: Können Sie sich eine Möglichkeit vorstellen, die stille Stunde so einzuführen, dass Ihre Mandanten mit Ihnen trotzdem zufrieden sind?
- A: Hm… Das ist schwierig. Wenn ich jeden Tag von 9 bis 11 Uhr für die Mandanten nicht erreichbar bin, werden sie nicht sehr begeistert sein.
- B: Wie könnten Sie die Strategie der stillen Stunde so anpassen, dass Ihre Mandanten trotzdem mit Ihnen zufrieden sind?
- A: (überlegt) Vielleicht wenn ich die stille Stunde nur zweimal pro Woche machen würde. Dann würden sie das wahrscheinlich gar nicht merken.

Im Rahmen des Coachings geht es jetzt darum, noch weitere Möglichkeiten zu finden. Herr Kröll kann sich noch folgende Ansatzpunkte vorstellen: Entweder den Mandanten erklären, *warum er zwischen 9 und 11 Uhr meistens nicht zu erreichen ist. Oder dafür zu sorgen, dass die Mandanten in Notfällen trotzdem immer durchgestellt werden.*

- B: Welche dieser Möglichkeiten möchten Sie in nächster Zeit mal ausprobieren?
- A: Am liebsten eine Kombination. Ich werde die stille Stunde in den nächsten drei Wochen montags und freitags von 9 bis 11 Uhr einführen. Meiner Sekretärin sage ich aber vorher, welche Mandanten sie trotzdem sofort durchstellen soll.
- B: Gibt es gegen diese Variante irgendwelche Einwände?
- A: (überlegt) Nein, im Moment nicht.
- B: Dann stellen Sie sich jetzt einmal vor, wie es ist, wenn Sie nächsten Montag von 9 bis 11 Uhr ungestört und konzentriert an Ihren Aufgaben arbeiten können.
- A: (Schließt die Augen) Das fühlt sich gut an. Die Woche beginnt gut, ich bin entspannt.

Überlegen Sie für sich:

Welche Zeitmanagement-Strategie würden Sie gerne ausprobieren, haben aber
derzeit noch Bedenken?

_____

Wie lautet der konkrete Einwand?

_____

Angenommen, dieser Einwand hätte eine positiven Nutzen oder eine positive
Absicht – Was könnte das sein?

_____

Welche anderen Verhaltensweisen oder Möglichkeiten gibt es, um diese positive
Absicht zu verwirklichen?

_____

_____

_____

Wählen Sie (mindestens) eine dieser Möglichkeiten aus und entscheiden Sie
sich dafür, diese in der nächsten Zeit umzusetzen

_____

Gibt es etwas, das gegen diese Lösung spricht? (Falls ja, wählen Sie eine andere
Möglichkeit aus.)

_____

Stellen Sie sich vor, wie es ist, wenn Sie die Zeitmanagement-Strategie umsetzen.
Visualisieren Sie es.

7.2.4 Sleight-of-mouth

Wenn es in einer Situation nicht sinnvoll ist, einen Einwand zu berücksichtigen, können Sie den dahinter stehenden Glaubenssatz verändern oder auflösen. Dafür eignen sich die aus dem Neurolinguistischen Programmieren (NLP) bekannten Sleight-of-mouth-Muster. Diese 14 Sprachmuster wurden Anfang der 1980er-Jahre von Robert Dilts beschrieben. Mit ihrer Hilfe kann man den Glaubenssatz unter einem anderen Blickwinkel betrachten, wodurch dieser seine einschränkende Wirkung verliert. Es gibt folgende Sleigh-of-mouth-Muster:

Absicht Fragen Sie sich: Welche positive Absicht steckt hinter der Überzeugung oder dem Glaubenssatz?

Umdefinition Ersetzen Sie ein Wort oder einen Teil der Überzeugung so, dass eine neue Bewertung entsteht.

Konsequenz Fragen Sie sich: Welche negativen oder absurden Konsequenzen hätte es, wenn die Überzeugung wahr wäre?

Chunking-down Fragen Sie sich: Welche kleineren, spezifischeren oder konkreteren Elemente sind durch die Überzeugung impliziert, die eine positivere Beziehung zu ihr haben?

Chunking-up Generalisieren Sie die Überzeugung oder ein Element davon oder betrachten Sie die Überzeugung in einem größeren Rahmen so, dass sie dadurch einen positiven Aspekt bekommt.

Analogie Finden Sie eine Metapher oder einen Vergleich mit einem anderen Ausgang oder mit anderen Konsequenzen („… ist wie …").

Verändern der Rahmengröße Fragen Sie sich: Welche größere, umfassendere Perspektive (auch zeitlich) oder welche kleinere, eingeschränktere Perspektive würde den Inhalt der Überzeugung positiv verändern?

Ein anderes Ergebnis Fragen Sie sich: Welches andere Ergebnis könnte relevanter oder leichter zu erreichen sein als das in der Überzeugung implizierte?

Modell der Welt Fragen Sie sich: Welches andere „Modell der Welt" würde diese Überzeugung in einem völlig anderen Licht erscheinen lassen?

Realitätsstrategie Hinterfragen Sie die Daten und Fakten, von denen die ursprüngliche Überzeugung abgeleitet wurde.

Gegenbeispiel Finden Sie eine Ausnahme oder ein Gegenbeispiel zu der Überzeugung.

Kriterienhierarchie Fragen Sie sich: Welches nicht berücksichtigte Kriterium ist möglicherweise wichtiger als das in der Überzeugung zum Ausdruck kommende? („Ist es nicht wichtiger … als …?")

Apply to self Beurteilen Sie die Überzeugung gemäß den durch die Überzeugung definierten Kriterien.

Meta-Rahmen Fragen Sie sich: Welches Thema oder welche Aussage müsste über der Überzeugung stehen, damit sich die Wahrnehmung der Überzeugung verändert?

Beispiel

Um die einschränkende Überzeugung „Delegieren bringt nichts" zu verändern oder aufzulösen, findet man mithilfe der Sleight-of-mouth-Muster folgende Ansatzpunkte:
- Absicht: *Delegieren bringt nichts, wenn man sich nicht darauf verlassen kann, dass der andere die Aufgabe gut, rechtzeitig und zuverlässig erledigt.*
- Umdefinition: *Unüberlegtes Übertragen von Aufgaben auf unfähige, unmotivierte Mitarbeiter bringt nichts.*
- Konsequenz: *Wenn Delegieren nichts bringt, müsste ich alles selbst machen: Meine Schriftsätze tippen, meine Webseite programmieren, mein Büro putzen. Zudem würde dann auch niemand mehr auf mich delegieren. Wenn mir kein Mandant die Erledigung seiner rechtlichen oder steuerlichen Angelegenheiten überträgt, wäre ich arbeitslos.*
- Chunking-down: *Wichtige, dringende Aufgaben, die so kompliziert sind, dass nur ich sie richtig erledigen kann, sollte ich nicht delegieren.*
- Modell der Welt: *Meine Mitarbeiter sind sehr kompetent und zuverlässig. Es wäre deshalb dumm von mir, nicht zu delegieren.*
- Realitätsstrategie: *Jedes Mal, wenn ich an Herrn Bauer delegiert habe, musste ich viel Zeit investieren, die Sache zu erklären und zu verbessern. Letztlich wäre es schneller gegangen, wenn ich es selbst gemacht hätte. Allerdings habe ich es nur zweimal probiert – und er ist noch Referendar.*
- Gegenbeispiel: *Wenn ich an meine Sekretärin delegiere, hilft mir das sehr viel.*

Achtung: Häufig werden Sie nicht durch jedes der Sleight-of-mouth-Muster inspiriert werden. Doch darauf kommt es gar nicht an. Es genügt schon, wenn Sie Ihre Überzeugung durch eines der Muster ein Stück weit verändern.

Beispiel: Umdefinition

- B (Coach): Wie könnten Sie Ihren Glaubenssatz „Als guter Dienstleister muss man für seine Mandanten jederzeit erreichbar sein" so umdefinieren, dass es möglich wird, die stille Stunde einzuführen?
- A (Rechtsanwalt): Keine Ahnung.

- B: Beginnen Sie doch einmal mit dem Begriff „jederzeit". Müssen Sie wirklich „jederzeit" für Ihre Mandanten erreichbar sein? Also 24 Stunden täglich – rund um die Uhr?
- A: Nein, natürlich nicht. Nur während der normalen Zeiten.
- B: Was heißt das konkret?
- A: Etwa zwischen 8 und 20 Uhr.
- B: Und was heißt „erreichbar sein" konkret?
- A: Das bedeutet, „dass ich Anfragen schnell beantworte."
- B: Was heißt „schnell"?
- A: Das hängt vom Einzelfall ab. Aber normalerweise sollte es nicht länger als drei Stunden dauern.
- B: Dann könnte man Ihren Glaubenssatz also umformulieren zu „Als guter Dienstleister beantworte ich Anfragen von Mandanten, die mich zwischen 8 und 17 Uhr erreichen, innerhalb von drei Stunden."
- A: Ja.
- B: Steht dieser veränderte Glaubenssatz immer noch der Einführung einer stillen Stunde entgegen?
- A: Nein, jedenfalls nicht, wenn die stille Stunde nicht länger als zwei Stunden dauert.

Meistens kann man einen Glaubenssatz mit verschiedenen Sleight-of-mouth-Mustern bearbeiten. Statt die Überzeugung „Als guter Dienstleister muss man für seine Mandanten jederzeit erreichbar sein" umzudefinieren, könnte man zum Beispiel auch auf die Konsequenzen abstellen, die sich daraus ergeben.

Beispiel: Konsequenz

- B (Coach): Welche Konsequenzen ergeben sich, wenn Sie Ihren Glaubenssatz „Als guter Dienstleister muss man für seine Mandanten JEDERZEIT erreichbar sein" wirklich ernst nehmen?
- A (Rechtsanwalt): Dann müsste ich in jeder Situation für die Mandanten erreichbar sein. Also auch nachts. 24 Stunden am Tag. Sogar wenn ich in einer wichtigen Besprechung oder bei einem Gerichtstermin bin.
- B: Genau. Möchten Sie das wirklich?
- A: Natürlich nicht.
- B: Dann machen Sie sich doch einmal klar, was Ihre Mandanten wirklich von Ihnen erwarten. Und machen Sie sich auch klar, was Sie zu leisten bereit sind.
- A: Wahrscheinlich reicht es den Mandanten, wenn sie wissen, dass ich an ihrem Fall arbeite. Und natürlich erwarten sie nicht, dass ich spontan jede Anfrage sofort beantworte. Das geht ja gar nicht, denn meistens muss ich erst noch recherchieren.
- B: Wie könnten Sie die stille Stunde so organisieren, dass Sie das in Einklang mit den Erwartungen Ihrer Mandanten bringen können?
- A: Meine Sekretärin könnte jeweils einen Telefontermin vereinbaren. Dann wissen die Mandanten, dass ich sie zeitnah zurückrufe. Und bei Notfällen werden sie eben sofort durchgestellt.

Verändern Sie nun mithilfe der Sleight-of-mouth-Muster einen Einwand, der Sie davon abhält, eine bestimmte Zeitmanagement-Strategie umzusetzen.

Fragen

Welche Zeitmanagement-Strategie möchten Sie umsetzen?

_____

Welcher Einwand hält Sie bislang davon ab?

_____

Wie können Sie die dahinter steckende Überzeugung bzw. den dahinter steckenden Glaubenssatz mithilfe der Sleight-of-mouth-Muster verändern?

Positive Absicht:

_____

Umdefinition:

_____

Konsequenz:

_____

Chunking-down:

_____

Chunking-up:

_____

Analogie:

_____

Verändern der Rahmengröße:

_____

Ein anderes Ergebnis:

_____

Modell der Welt:

_____

Realitätsstrategie:

_____

Gegenbeispiel:

_____

Kriterienhierarchie:

_____

Apply to self:

_____

Meta-Rahmen:

_____

Zusammenfassung

Viele Rechtsanwälte, Steuerberater und Wirtschaftsprüfer haben nur und gerade deshalb so wenig Zeit, weil sie gar nicht erst damit anfangen, eine für sie passende Zeitmanagement-Strategie umzusetzen. Häufig passiert nämlich Folgendes: Man erfährt
von einer Zeitmanagement-Strategie, findet sie ganz sinnvoll und denkt sich: Das probiere ich mal aus! Aber am nächsten Tag im Büro klappt es dann doch nicht. Plötzlich
kommen die Bedenken: Kann das wirklich funktionieren? Was werden die anderen
dazu sagen? Wie reagieren die Mandanten? Man grübelt und zweifelt und irgendwann
lässt man es. Durch solche inneren Bedenken begrenzt man seinen Handlungsspielraum. Dagegen helfen Ihnen folgende Strategien:

- Den Einwand spezifizieren
- Entscheiden: Ist der Einwand sinnvoll?
- Die positive Absicht auf andere Weise sicherstellen
- Sleight-of-mouth

Der Schlüssel zum Erfolg – Selbstmotivation

8

8.1 Die Idee

Um Ihre Zeit effizienter und effektiver zu nutzen, hilft es nicht, eine Zeitmanagement-Strategie nur zu kennen. Sie müssen sie auch anwenden. Das kann manchmal schwierig sein. Gerade wenn es dabei um Verhaltensänderungen geht, tut sich so mancher Rechtsanwalt, Steuerberater und Wirtschaftsprüfer schwer. Denn Verhaltensänderungen sind kurzfristig oft anstrengend. Deshalb ist es nützlich, einige Strategien zu kennen, mit der man seine innere Einstellung gezielt, schnell und wirkungsvoll beeinflussen kann.

8.2 Strategien

8.2.1 Rationales Überlegen

Eine einfache Methode, um sich selbst zu motivieren, ist rationales Überlegen. Machen Sie sich klar, dass Sie es allein in der Hand haben. Sie sind objektiv in der Lage, jede in diesem Buch beschriebene Zeitmanagement-Strategie anzuwenden. Faktisch kann Sie niemand daran hindern. Wenn das als Ansporn noch nicht genügt, wägen Sie die Argumente gegeneinander ab, die für und gegen eine Zeitmanagement-Strategie sprechen. Überwiegen die Pro-Argumente? Dann ist es rational und sinnvoll, diese Strategie anzuwenden.

Allerdings sollten Sie berücksichtigen, dass bei der Abwägung „innere Filter" eine Rolle spielen können (z. B. bestimmte Neigungen oder unbewusste Ängste). Die Bewertung bestimmter Argumente ist deshalb kein rein rationaler Vorgang. Über die Frage, was uns wichtig und was weniger wichtig ist, entscheiden letztlich emotionale Gesichtspunkte. Das zeigt sich zum Beispiel daran, dass man häufig gar nicht sagen kann, warum man jemanden sympathisch oder unsympathisch findet. Zuerst ist das Gefühl da, dann

© Springer Fachmedien Wiesbaden 2017
J. Theurer, *Zeitmanagement für Juristen,* DOI 10.1007/978-3-658-14967-3_8

sucht man bewusst nach rationalen Gründen, die dieses Gefühl rechtfertigen. Je mehr man sich allerdings rational mit den Vor- und Nachteilen einer bestimmten Entscheidung befasst, desto mehr Assoziationen kann das Unterbewusstsein entwickeln. Dadurch erweitert man die „Basis der Intuition" und die Wahrscheinlichkeit, dass die gefühlsmäßige Entscheidung richtig ist, steigt.

Beispiel

Frau Sturm arbeitet seit drei Jahren als angestellte Rechtsanwältin in einer internationalen Kanzlei. Sie möchte beruflich kürzer treten, um mehr Zeit für ihre Hobbys zu haben. Allerdings hat sie bislang noch nicht mit Ihrem Chef darüber gesprochen. Sie kennt auch niemanden in der Kanzlei, der dauerhaft in Teilzeit arbeitet (abgesehen von Doktoranden und Müttern). Ihr Gefühl sagt, dass es sinnlos ist, mit ihrem Chef darüber zu sprechen, weil der sowieso ablehnen wird. Als sich Frau Sturm dann bewusst und rational mit dem Thema auseinandersetzt, findet sie noch weitere Gesichtspunkte:

- Auf der Webseite wirbt ihre Kanzlei damit, Teilzeitarbeit zu ermöglichen.
- Gemäß § 8 TzBfG hat sie einen gesetzlichen Anspruch darauf, ihre Arbeitszeit zu reduzieren.

Plötzlich ist das Gefühl der Unsicherheit weg. Frau Sturm glaubt jetzt, dass es möglich ist, in Teilzeit zu arbeiten. Umgehend vereinbart sie einen Termin mit ihrem Chef, um darüber zu sprechen.

Überlegen Sie für sich:

Fragen

Gegen welche Zeitmanagement-Strategie haben Sie gefühlsmäßig spontan Bedenken?

_____

Denken Sie drei Minuten darüber nach. Welche rationalen Gesichtspunkte gibt es, die sie bislang nicht bedacht haben und die für die Umsetzung dieser Strategie sprechen?

_____

_____

_____

8.2.2   Die eigene Angst nutzen

Um sich selbst zu motivieren, können Sie auch ihre eigene Angst nutzen. Dazu müssen
Sie sich nur deutlich machen, was passiert, wenn Sie Ihr Ziel nicht erreichen.

Beispiel

Frau Sturm malt sich aus, was passiert, wenn sie ihre Arbeitszeit nicht reduziert:

Ich werde nie mehr Zeit haben, im Orchester Geige zu spielen. Dabei liebe ich Musik so
sehr. Ich werde auch keine Zeit haben, um regelmäßig Sport zu machen. Dann werde ich
immer dicker. Im Laufe der Jahre werde ich hässlich und unattraktiv. Zudem bekomme ich
gesundheitliche Probleme. Mein Rücken tut weh. Ich habe Verdauungsprobleme. Anfang 50
sterbe ich an einem Herzinfarkt. Mein Leben wird vorbei sein, ohne dass ich es genutzt habe.

Allerdings funktioniert diese Strategie nur, wenn man die Angst wirksam werden lässt
und sich mit ihr auseinandersetzt. Die Angst sollte deshalb nicht zu intensiv sein. Denn
sonst verdrängt man sie und sucht nach Rationalisierungen, um sein Verhalten nicht
ändern zu müssen:

- „Sobald ich in Rente bin, kann ich alles nachholen."
- „Ich bin eine Ausnahme, bei der die Folgen nicht eintreten werden."
- „Jeder muss irgendwann sterben, und dann habe ich bis dahin wenigstens gut gelebt."

Fragen

Für welche Zeitmanagement-Strategie möchten Sie sich motivieren?

_____

Welche negativen Folgen könnte es haben, wenn Sie diese Strategie auch in Zukunft
nicht anwenden?

_____

_____

_____

_____

Mit welchen scheinbar rationalen Argumenten versuchen Sie bislang, diese Ängste zu entkräften?

_____

_____

_____

8.2.3 Ziele öffentlich machen

Um sich selbst zu motivieren hilft es, Ihre Ziele öffentlich zu machen. Erzählen Sie Ihrer Familie, Ihren Freunden oder Ihren Kollegen, wie und bis wann Sie welche Zeitmanagement-Strategie anwenden werden. Ihre Motivation wird besonders gestärkt, wenn eine oder mehrere der folgenden Bedingungen erfüllt sind:

- Seien Sie in einer positiven Stimmung, wenn Sie das Ziel öffentlich bekannt geben.
- Drängen Sie die Bedenken, dass die Realisierung Ihrer Pläne viel Mühe und Aufwand erfordern könnte, in den Hintergrund.
- Verbinden Sie die Bekanntgabe Ihres Ziels mit einer Selbstäußerung: Geben Sie etwas Persönliches von sich preis. Erzählen Sie zum Beispiel, dass Sie zuerst Bedenken hatten. Wenn die anderen Sie dann für Ihre Entschlusskraft bewundern, wird Sie das sehr motivieren.
- Stellen Sie das Vorhaben so dar, als ob es gar keinen Zweifel daran gibt, dass Sie es tun werden. Lassen Sie Ihre gefühlsmäßige Beteiligung spüren. Seien Sie authentisch.
- Stellen Sie Ihr Licht nicht unter den Scheffel. Wenn Sie die Erwartungen Ihrer Umgebung reduzieren möchten, um einer Enttäuschung vorzubeugen, kann sich das negativ auf Ihre Motivation auswirken. Denn es besteht immer die Gefahr, dass Sie Ihren eigenen Äußerungen glauben und dadurch die Attraktivität des Ziels reduzieren.

Fragen
Für welche Zeitmanagement-Strategie möchten Sie sich motivieren?

_____

Wem könnten Sie innerhalb der nächsten drei Tage von diesem Ziel erzählen?

_____

_____

_____

8.2.4 Pendeln („mentales Kontrastieren")

Eine besonders wirksame Methode der Selbstmotivation ist das „Pendeln" („mentales Kontrastieren"). Dabei lässt man Gefühl und Verstand zusammenarbeiten:

- *Schritt 1:* Denken Sie zunächst daran, welche positiven Auswirkungen es hat, wenn Sie das Ziel erreichen. Stellen Sie sich die Zielerreichung konkret vor: Was für ein Bild sehen Sie? Welche Vorteile haben Sie jetzt? Welche positiven Konsequenzen ergeben sich daraus? Mit welchen positiven Gefühlen verbinden Sie das Erreichen des Ziels?
- *Schritt 2:* Stellen Sie sich dann vor, welche Hürden Sie auf dem Weg zum Ziel noch überwinden müssen: Was müssen Sie wann tun? Welche Schwierigkeiten könnten auftreten? Wie könnten Sie damit umgehen? Was ist der erste Schritt? Wann, wo und wie werden Sie ihn ausführen?
- *Schritt 3:* Pendeln Sie nun immer wieder zwischen diesen beiden Polen hin und her. Denken Sie ab und zu an die positiven Auswirkungen Ihres Ziels. Und berücksichtigen Sie dann auch wieder die möglicherweise noch auftretenden Schwierigkeiten.

Wenn Sie nach dieser Strategie vorgehen, passiert Folgendes: Während Sie an die positiven Auswirkungen Ihres Ziels denken, wird der Zielzustand von Ihrem Unterbewusstsein emotional als gut, angenehm und wünschenswert bewertet. Während Sie an die möglichen Schwierigkeiten denken, wird Ihnen klar, dass Sie noch Zeit und Energie investieren müssen, um den positiven Zielzustand zu erreichen. Dadurch verstärkt sich die Selbstverpflichtung auf das Ziel hin. Nachdem Sie eine Zeit lang an die möglichen Schwierigkeiten gedacht haben, können Sie Ihr Unterbewusstsein für sich arbeiten lassen. Dieses kann die Umsetzung (den Weg zum Ziel) häufig viel wirksamer und kreativer gestalten als das Bewusstsein. Wenn Sie sich zu sehr bewusst auf das Erreichen des Ziels konzentrieren, kann es sein, dass Ihre Wahrnehmung dadurch zu stark eingeengt wird und Sie möglicherweise gute Gelegenheiten übersehen.

In vielen Studien wurde nachgewiesen, dass Pendeln die sicherste Methode ist, um etwas zu erreichen, das einem schwer fällt. Menschen, die von Natur aus geschickt darin sind, Ihre Ziele zu erreichen, nutzen diese Methode intuitiv von selbst. Hilfreich ist es, das Pendeln immer wieder zu üben – auch bei Zielen, die eigentlich nicht so schwer zu erreichen sind. Je öfter Sie es üben, desto mehr wird es Ihnen zur Gewohnheit und Sie werden es dann auch automatisch einsetzen, wenn es um die Erreichung eines komplexeren, größeren, schwieriger zu erreichenden Zieles geht.

Fragen

Für welche Zeitmanagement-Strategie möchten Sie sich motivieren?

_____

Welche positiven Auswirkungen hat es, wenn Sie diese Strategie anwenden?

_____

_____

_____

Welche Hürden könnten sich bei der Anwendung der Strategie ergeben?

_____

_____

_____

Pendeln Sie jetzt ein paar Mal zwischen den positiven Auswirkungen und den möglichen Hürden hin und her. Dann lassen Sie das Ganze eine gewisse Zeit ruhen und warten ab, was passiert. Ihr Gehirn wird unbewusst die richtigen Weichen stellen. Sie haben nichts weiter zu tun, als von Zeit zu Zeit wieder an die Vorteile und ab und zu auch an die noch zu überwindenden Hürden zu denken.

8.2.5   Den Einfluss der Gruppe beachten

Einen großen Einfluss auf Ihre Motivation kann die Gruppe haben, der Sie sich zugehörig fühlen. Um sich wirksam zu motivieren, sollten Sie sich einer Gruppe anschließen, deren Mitglieder die Motive vertreten, die Sie sich selbst wünschen, und die sich auch entsprechend verhalten. Dann wird der daraus entstehende Druck auf Sie sehr wirksam sein und Ihnen dabei helfen, Ihr Ziel zu erreichen. Die Ursache dafür ist, dass wir auf andere Menschen angewiesen sind und uns deshalb instinktiv darum bemühen, in der

Gruppe, der wir uns zugehörig fühlen, nicht zum Außenseiter zu werden. Wir passen uns deshalb in der Regel den in unserer Bezugsgruppe herrschenden Einstellungen und Verhaltensweisen an.

Beispiel

- *Arbeitszeit:* Die meisten Rechtsanwälte, Steuerberater und Wirtschaftsprüfer arbeiten ebenso lange wie ihre Kollegen. Extreme Ausreißer nach oben oder unten sind sehr selten.
- *Kleidung:* Der Einheitslook in den Kanzleien ist legendär. Schon Referendare kommen im dezenten Anzug mit blau-roter Krawatte.
- *Ausdrucksweise:* Intern wird jeder Adressat einer E-Mail mit „Lieber Herr…" oder „Liebe Frau…" angesprochen – auch wenn man den anderen gar nicht kennt.

Ihnen wird es deshalb kaum gelingen, Zeitmanagement-Strategien effektiv anzuwenden, wenn die Mitglieder Ihrer Gruppe ständig darüber jammern, dass das sowieso nicht funktioniert oder dass das in einer (Wirtschafts-)Kanzlei unpraktikabel ist. In diesem Fall sollten Sie überlegen, ob Sie sich nicht eine andere Gruppe suchen. Denn meistens ist es leichter, sich eine neue, passende Gruppe zu suchen als die bisherige Gruppe von Ihrer Einstellung zu überzeugen. Jedoch ist das nicht immer ganz einfach. Gerade in Kanzleien ist der Anteil derer, die Zeitmanagement-Strategien eher skeptisch gegenüberstehen, noch relativ hoch. Was können Sie dann tun?

- Tauschen Sie sich regelmäßig mit den Kollegen aus, die eine positive Einstellung zu Zeitmanagement haben. Bilden Sie eine innovative Keimzelle innerhalb Ihrer Kanzlei.
- Leben Sie als Partner vor, wie man mit seiner Zeit effizient und effektiv umgeht. Das wird sich auf Ihre Mitarbeiter übertragen. Geben Sie Ihren Mitarbeitern die Chance, Zeitmanagement-Strategien anzuwenden. Lassen Sie ihnen den dazu nötigen Freiraum.

Fragen

Haben Sie sich intern schon einmal über Zeitprobleme und Zeitmanagement-Strategien ausgetauscht?

_____

Wer von Ihren Kollegen hat eine positive Einstellung dazu?

_____

8.2.6   Vorbilder suchen

Sie können Ihre Motivation steigern, indem Sie sich ein Vorbild suchen, das die von Ihnen gewünschte Motivation bereits gezeigt hat, insbesondere auch in schwierigen Situationen. Wenn Sie sich mit dieser Person ausführlich beschäftigen und auseinandersetzen (z. B. ihre Biografie lesen), werden Sie auch deren Motivation übernehmen. Diese Methode funktioniert am besten, wenn Ihnen die Person ähnlich und sympathisch ist und ein hohes Prestige besitzt. Denn wir bewerten tendenziell die Dinge und Personen positiv, die mit unserem erweiterten Selbst zusammenhängen oder geeignet sind, unser Selbst aufzuwerten (z. B. Gruppenmitglieder oder erfolgreiche Menschen).

- Wählen Sie ein Vorbild, mit dem Sie sich identifizieren können und das Sie sympathisch finden. Das muss jedoch kein realer oder noch lebender Mensch sein.
- Suchen Sie nach Gemeinsamkeiten. Dafür genügt es schon, wenn Sie am selben Tag Geburtstag haben.

Fragen

Wen kennen Sie, der selbstbestimmt und souverän mit seiner Zeit umgeht?

_____

Was haben Sie mit dieser Person gemeinsam?

_____

_____

_____

8.2.7   Aufmerksamkeitskontrolle

Um sich selbst zu motivieren ist es hilfreich, die Kontrolle über seine bewussten Vorstellungen zu übernehmen. Versuchen Sie, in Ihrem Kopf nur solche Bilder zuzulassen oder in den Vordergrund zu rücken, die Ihren Zielen förderlich sind. Drängen Sie alle Bilder in den Hintergrund Ihres Bewusstseins, die das Erreichen Ihrer Ziele eher behindern. Dabei geht es nicht darum, mögliche Schwierigkeiten dauerhaft zu verdrängen. Aber Ihre

Motivation ist einfach größer, wenn Sie vor allem die positiven Bilder in den Vordergrund stellen. Sobald Ihnen der Gedanke kommt, dass es nicht klappen könnte, eine Zeitmanagement-Strategie anzuwenden, sagen Sie innerlich „Stopp!" Stellen Sie sich dann vor, wie Sie diese Zeitmanagement-Strategie erfolgreich anwenden und welche positiven Folgen das für Ihr Leben hat. Es hilft, diese Strategie regelmäßig zu üben:

- Stellen Sie sich jeden Morgen vor dem Aufstehen vor, wie Sie im Laufe des Tages eine Zeitmanagement-Strategie ganz konkret anwenden werden und welche positiven Konsequenzen sich daraus ergeben.
- Überlegen Sie jeden Abend vor dem Schlafengehen, wann Sie im Laufe des Tages eine Zeitmanagement-Strategie erfolgreich angewendet haben. Machen Sie sich Ihre Erfolge bewusst.

Ihnen wird es leichter fallen, Ihre Aufmerksamkeit auf positive Bilder zu richten, wenn Sie sich wohlfühlen. Vermeiden Sie deshalb Frustrationen und schaffen Sie sich eine Umgebung, die positive Assoziationen bei Ihnen auslöst:

- Sorgen Sie dafür, dass Sie möglichst wenig gestört und abgelenkt werden.
- Sorgen Sie möglichst bereits im Vorfeld dafür, dass es zu keinen „Versuchungen" kommt, die Sie von Ihrer Zeitmanagement-Strategie abbringen könnten (z. B. indem Sie Ihre Bürotür schließen).
- Sorgen Sie für die notwendige Ordnung (z. B. bei Ihren Arbeitsmitteln).
- Wecken Sie durch Bilder und Erinnerungsstücke positive Assoziationen. (Aber vermeiden Sie Gegenstände, die so attraktiv sind, dass sie Sie zu anderen Tätigkeiten auffordern und von Ihrem eigentlichen Ziel ablenken.)

8.2.8 Gewohnheiten aufbauen

Gewohnheiten entlasten. Eine Verhaltensweise, die zur Gewohnheit geworden ist, benötigt nicht mehr so viel Aufmerksamkeit wie beim ersten Mal. Sie läuft dann automatisch ab, ohne dass man bewusst daran denken muss. Zudem benötigt man umso weniger Anreiz, um eine bestimmte Handlung auszuführen, je stärker eine Gewohnheit herausgebildet ist. Eine Handlung, die zur Gewohnheit geworden ist, muss nicht mehr attraktiv sein, damit man sie ausführt. Um sich langfristig zu motivieren, sollten Sie deshalb dafür sorgen, dass Ihnen das entsprechende Verhalten zur Gewohnheit wird.

Welche Ihrer Gewohnheiten helfen Ihnen, Zeit zu sparen?

_____

_____

_____

Welche Ihrer Gewohnheiten kosten Sie eher Zeit?

_____

_____

_____

Welche neuen Gewohnheiten würden Ihnen helfen, Ihre Zeit noch effizienter und effektiver zu nutzen?

_____

_____

_____

Zusammenfassung

Um Ihre Zeit effizienter und effektiver zu nutzen, hilft es nicht, eine Zeitmanagement-Strategie nur zu kennen. Sie müssen sie auch anwenden. Das kann manchmal schwierig sein. Gerade wenn es dabei um Verhaltensänderungen geht, tut sich so mancher Rechtsanwalt, Steuerberater und Wirtschaftsprüfer schwer. Denn Verhaltensänderungen sind kurzfristig oft anstrengend. Deshalb ist es nützlich, einige Strategien zu kennen, mit denen man seine innere Einstellung beeinflussen kann:

- Rationales Überlegen
- Die eigene Angst nutzen
- Ziele öffentlich machen

- Pendeln („mentales Kontrastieren")
- Den Einfluss der Gruppe beachten
- Vorbilder suchen
- Aufmerksamkeitskontrolle
- Gewohnheiten aufbauen

„Machen Sie das mal schnell fertig…" – mit knappen Zeitvorgaben umgehen

9.1 Die Idee

Als Rechtsanwalt, Steuerberater oder Wirtschaftsprüfer bekommt man des Öfteren neue Aufgaben, die innerhalb eines knapp bemessenen Zeitraums erledigt werden sollen. Das kann die eigene Zeitplanung gehörig durcheinanderbringen und Stress verursachen. Dabei geht es insbesondere um folgende Konstellationen:

- ausdrückliche Zeitvorgaben von Mandanten
- spontaner Handlungsbedarf
- Ablauf einer gesetzlichen Frist
- Zeitvorgaben des Vorgesetzten
- Zeitvorgaben, die man sich selber setzt

Das Problem in diesen Fällen ist, dass man entweder schon genug Aufgaben hat – dann muss man sich entscheiden: Entweder die aktuellen Aufgaben weiter bearbeiten oder sich um das kümmern, was neu und dringend hereingekommen ist. Oder die neue Aufgabe ist so umfangreich, dass sie in der vorgegebenen Frist nicht (oder kaum) zu schaffen ist.

© Springer Fachmedien Wiesbaden 2017
J. Theurer, *Zeitmanagement für Juristen*, DOI 10.1007/978-3-658-14967-3_9

Fragen

Setzen Ihnen Ihre Mandanten öfters knappe Fristen? Welche Mandanten sind das?
In welchen Fällen?

_____

_____

Müssen Sie häufig spontan tätig werden? Für welche Mandanten? In welchen Fällen?

_____

_____

Haben Sie es öfters mit gesetzlichen Fristen zu tun, die bald ablaufen?
Welche Mandanten betrifft das? In welchen Fällen?

_____

_____

Setzt Ihnen Ihr Chef öfters knappe Fristen? In welchen Fällen?

_____

_____

Setzen Sie sich selbst knappe Fristen? In welchen Fällen?

_____

_____

9.2 Strategien

Grundsätzlich gibt es zwei Möglichkeiten, auf eine knappe Zeitvorgabe zu reagieren: Entweder man akzeptiert sie von vornherein und versucht, die Aufgabe so gut es geht in seinen Zeitplan einzubauen und zu erledigen. Oder man wägt zunächst ab, ob man bereit ist, die Zeitvorgabe zu übernehmen. Beides hat Vor- und Nachteile.

Wenn Sie die zeitliche Vorgabe von vornherein akzeptieren, erfüllen Sie die Erwartungen Ihres Mandanten oder Vorgesetzten. Dann vermeiden Sie Ärger, Konflikte und Enttäuschungen. Der Nachteil dabei ist, dass es für Sie dann sehr stressig wird und/oder all das auf der Strecke bleibt, was Sie für diesen Zeitraum eigentlich vorhatten.

> **Beispiel**
>
> Donnerstag, 18 Uhr. In einer Stunde möchten Sie zur Premiere von „Faust" ins Schauspielhaus. Plötzlich ruft ein Mandant an und bittet Sie, einen Vertragsentwurf zu prüfen. Sie freuen sich über das neue Mandat und möchten einen Termin vereinbaren. Ihr Mandant sagt, dass die Sache eilt. Er will Ihnen den Vertrag (80 Seiten) zufaxen. Sie sollen ihm bis morgen Abend (18 Uhr) Bescheid geben. In Ihrem Terminkalender sehen Sie, dass der morgige Tag schon mit Besprechungen ausgefüllt ist. Sie überlegen: Wenn Sie länger im Büro bleiben und den Vertragsentwurf bis 24 Uhr prüfen und auch den ganzen nächsten Tag daran arbeiten, können Sie Ihrem Mandanten morgen pünktlich um 18 Uhr das Ergebnis präsentieren. Dann fällt jedoch der Theaterbesuch, auf den Sie sich solange gefreut haben, ins Wasser. Sie müssen alle Ihre Termine für morgen absagen und die restlichen Aufgaben am Wochenende nacharbeiten.

Wenn Sie zunächst innehalten und bewusst überlegen, ob Sie die zeitliche Vorgabe akzeptieren möchten, verdoppeln Sie Ihre Wahlmöglichkeiten: Sie können die Frist akzeptieren, aber auch ablehnen. Das ist selbst dann von Vorteil, wenn Sie in den meisten Fällen zu dem Ergebnis kommen, dass es für Sie besser ist, die Frist zu akzeptieren. Dann stehen Sie zwar vor denselben Schwierigkeiten, als wenn Sie die Vorgabe von vornherein akzeptiert hätten. Aber jetzt ist es Ihre eigene Entscheidung. Sie handeln nicht mehr ausschließlich fremdbestimmt. Das reduziert Ihren gefühlten Stress deutlich. Darüber hinaus kann die Option, eine Fristvorgabe abzulehnen, im Einzelfall von erheblichem Nutzen für Sie sein – trotz des damit möglicherweise verbundenen Ärgers.

> **Beispiel**
>
> Herrn Mocks Verlobte hat heute Geburtstag. Er möchte sie um 19 Uhr in ein schickes Restaurant ausführen. Um 17 Uhr faxt ihm ein Mandant eine einstweilige Verfügung, die er erhalten hat. Herr Mock soll sich sofort darum kümmern. Da es ca. vier Stunden dauern wird, ruft er seine Verlobte an und verschiebt das Abendessen. Als er um 23.30 Uhr nach Hause kommt, muss er sich einer Grundsatzdiskussion stellen. Am nächsten Tag zieht seine nunmehr Ex-Verlobte aus.

Das Wichtigste bei knappen Zeitvorgaben ist, dass Sie sich klarmachen, dass Sie es selbst in der Hand haben. Es gibt immer mehr Möglichkeiten als die Zeitvorgabe umstandslos zu akzeptieren. Meistens ist es sinnvoll, sich wenigstens kurz zu überlegen, was man tun soll. Denn wenn Sie sich nicht bewusst damit auseinandersetzen, wird Ihr Gehirn unbewusst für Sie entscheiden. Und dann werden Sie meistens Ihre aktuellen Pläne und Vorhaben aufgeben und sich um die neue, dringende Aufgabe kümmern – mit all den Konsequenzen, die sich daraus ergeben:

- Ihre bisherige Zeitplanung kommt durcheinander.
- Was Sie eigentlich machen wollten, bleibt liegen.
- Sie müssen gegebenenfalls Überstunden machen und länger arbeiten.
- Sie haben mehr Stress.

Befreien Sie sich von der Vorstellung, dass Sie knappe Zeitvorgaben unbedingt einhalten müssen. Springen Sie nicht über jedes Stöckchen, das andere Ihnen hinhalten. Stellen Sie sich vor, was Sie oder irgendein Mensch theoretisch in dieser Situation machen könnte. Und dann wägen Sie ab und treffen eine bewusste Entscheidung – unter Berücksichtigung Ihrer eigenen Werte und Bedürfnisse. Machen Sie es sich deshalb zur Gewohnheit, bei der knappen Zeitvorgabe kurz innezuhalten und sich zu fragen:

Fragen

Wie hoch ist der voraussichtliche zeitliche Aufwand für die Aufgabe?

_____

Habe ich innerhalb des vorgegebenen Zeitraums dafür noch genügend freie Zeit?

_____

Welche positiven Folgen hätte es für mich, wenn ich die Aufgabe mit dieser knappen Frist übernehme?

_____

_____

Welche negativen Folgen hätte es für mich, wenn ich die Aufgabe mit dieser knappen Frist übernehme?

_____

_____

Welche positiven Folgen hätte es für mich, wenn ich es ablehne, die Aufgabe mit dieser knappen Frist zu übernehmen?

_____

_____

Welche negativen Folgen hätte es für mich, wenn ich es ablehne, die Aufgabe mit dieser knappen Frist zu übernehmen?

_____

_____

Wenn ich das alles berücksichtige: Bin ich bereit, die Aufgabe mit dieser knappen Frist zu übernehmen?

_____

9.2.1   Die Zeitvorgabe einplanen

Wenn Sie sich dafür entscheiden, die Zeitvorgabe zu akzeptieren (sei es von vornherein oder nach einer Abwägung), können Sie die neue Aufgabe in Ihren Zeitplan einbauen. Berücksichtigen Sie dann insbesondere folgende Möglichkeiten:

Effiziente Arbeitstechniken Versuchen Sie, die neue Aufgabe so schnell wie möglich zu erledigen. Nutzen Sie alle Möglichkeiten, um einzelne (Teil-)Schritte zu beschleunigen.

Delegieren Wenn Sie die Möglichkeit haben, die Aufgabe von jemandem erledigen zu lassen, der das in dem vorgegebenen Zeitraum zufriedenstellend schafft, müssen Sie Ihre Zeitplanung nicht umwerfen. Und Ihr Mandant oder Vorgesetzter erhält das, was er will. Doch was ist, wenn Sie niemanden haben, an den Sie delegieren können? Gerade bei angestellten Rechtsanwälten, Steuerberatern und Wirtschaftsprüfern ist auf den ersten Blick oft niemand ersichtlich, an den man die Aufgaben weiterleiten kann. Aber meistens gibt es mehr Möglichkeiten, als man zunächst ahnt.

Beispiel

Frau Süß hat es sich zum Prinzip gemacht, Anfragen innerhalb von zwei Stunden zu beantworten. Vor einer Stunde hat ein wichtiger Mandant per E-Mail eine Frage an sie gestellt. Allerdings sitzt sie schon den ganzen Vormittag in einer Gerichtsverhandlung.

Ein Ende ist nicht abzusehen. Früher wäre Frau Süß in so einer Situation ziemlich nervös geworden. Zum Glück hat sie mit einer Kollegin vereinbart, dass sie sich gegenseitig in dringenden Fällen aushelfen. Während einer kurzen Verhandlungspause leitet Frau Süß deshalb die E-Mail-Anfrage an ihre Kollegin weiter. Diese schickt dem Mandanten unverzüglich eine erste Einschätzung der Rechtslage verbunden mit dem Hinweis, dass Frau Süß demnächst nochmals auf ihn zukommt.

Teilweise tun Manchmal kann es eine Option sein, zwar die vorgegebene Frist einzuhalten, aber nicht vollständig das zu machen, was der Mandant oder Vorgesetzte ursprünglich wollte. Man erledigt die Aufgabe dann nur teilweise (quantitativ oder qualitativ). Statt einen umfangreichen Vertragsentwurf komplett auf alle möglichen juristischen Feinheiten abzuklopfen, prüfen Sie die Rechtslage zunächst nur kursorisch. Das wird in vielen Fällen schon genügen oder Ihnen zumindest einen weiteren Zeitpuffer verschaffen. Trotzdem kann dieses Vorgehen gewisse Risiken mit sich bringen, die Sie berücksichtigen sollten.

Beispiel

31. Dezember, 16 Uhr. Herr Schulz möchte endlich Feierabend machen und sich auf seine Silvesterfeier vorbereiten. Plötzlich kommt ein neuer Mandant. Er hat vor dreieinhalb Jahren in seinem Geschäft eine Stereoanlage verkauft und letzte Woche festgestellt, dass der Käufer noch nicht bezahlt hat. In acht Stunden verjährt sein Anspruch auf 3.500 €. Herr Schulz soll das verhindern! Wenn er jetzt sofort einen Mahnbescheid beantragt, ohne alle Anspruchsvoraussetzungen exakt zu prüfen, ist die Verjährung gehemmt und er hat im neuen Jahr Zeit, sich in Ruhe der Sache zu widmen. Allerdings besteht dann die Gefahr, dass der Anspruch doch nicht besteht und auf den Mandanten vermeidbare Kosten zukommen. Wie sich Herr Schulz letztlich entscheidet, ist eine Frage seiner persönlichen Proiritäten.

9.2.2 Das Bedürfnis des anderen herausfinden

Eine andere Strategie bei knappen Zeitvorgaben ist es, herauszufinden, was Ihr Chef oder Mandant durch die knappe Zeitvorgabe eigentlich erreichen will. Dieses Bedürfnis können Sie nämlich möglicherweise auf eine andere Art und Weise befriedigen, die Ihnen nicht so viel Stress oder Zeitnot beschert wie die ursprüngliche Aufgabe oder Zeitvorgabe.

Verschieben Nehmen Sie die von anderen gemachten Zeitvorgaben nicht von vornherein als unumstößlich hin. Fragen Sie Ihren Mandanten oder Vorgesetzten, ob die Aufgabe wirklich in der vorgegebenen Zeitspanne oder Frist erledigt werden muss. Vielleicht können Sie vereinbaren, dass die Deadline nach hinten verschoben wird. Das wird nicht immer klappen, aber einen Versuch ist es wert. Vielleicht stellt sich heraus, dass die

Sache doch nicht so dringend ist. Das können Sie jedoch nur herausfinden, wenn Sie diese Möglichkeit grundsätzlich erst einmal in Erwägung ziehen.

Beispiel

Herr Schulz fragt bei seinem Silvester-Mandanten genauer nach. Dabei stellt sich heraus, dass der Käufer in einem Brief aus dem letzten Jahr ausdrücklich erklärt hatte, dass er den Kaufpreis für die Stereoanlage demnächst bezahlen werde. Durch dieses Anerkenntnis hat die Verjährung neu begonnen. Die Silvesterfeier ist gerettet.

Das Bedürfnis des anderen herausfinden Vielleicht gehen Sie wie selbstverständlich davon aus, dass Ihr Mandant Ihnen die knappe Zeitvorgabe deshalb setzt, weil er eben seine Ansprüche durchsetzen möchte. Doch das muss nicht so sein. Möglicherweise stecken hinter der knappen Zeitvorgabe ganz andere Motive:

- Unsicherheit/Unwissenheit: Der Mandant kennt sich im Recht nicht aus und befürchtet Nachteile, wenn nicht schnell etwas passiert.
- Um Geld zu sparen: Der Mandant befürchtet, dass Sie mehr Stunden abrechnen, wenn er Ihnen zu viel Zeit lässt. Er möchte Ihre Rechnung möglichst niedrig halten.
- Um Entscheidungen zu treffen: Der Mandant benötigt Ihre Einschätzung, um seinerseits weitere Entscheidungen treffen zu können. Dazu hat er schon kurzfristig interne Termine anberaumt.
- Um Sie zu testen: Vielleicht möchte Ihr Mandant oder Ihr Chef herausfinden, was Sie unter Zeitdruck zu leisten imstande sind.
- Eigene Bequemlichkeit: Ihr Mandant hat seine Firma nicht im Griff und versäumt deshalb häufig selbst Fristen und Termine. Er setzt Ihnen so kurze Fristen, um das wieder auszugleichen.
- Willkür: Es könnte auch sein, dass Ihr Mandant oder Vorgesetzter Sie spüren lassen möchte, dass er Ihnen Befehle erteilen kann. Er möchte also seine (vermeintliche) Macht Ihnen gegenüber ausleben.

Und natürlich können noch viele andere Motive dahinterstecken. Wenn Sie dieses Bedürfnis kennen, können Sie eine sinnvolle Entscheidung treffen, die im Idealfall sowohl Ihnen als auch Ihrem Mandanten weiterhilft.

Wie finden Sie es heraus? Wie finden Sie die Motive und Bedürfnisse Ihres Mandanten heraus? Ganz einfach: Fragen Sie ihn! Seien Sie dabei ehrlich und teilen Sie Ihrem Mandanten mit, welche Folgen die von ihm gesetzte Frist für Sie und Ihre Arbeit hat. Erklären Sie ihm, dass Sie eine für alle Seiten optimale Lösung finden möchten. Und fragen Sie ihn dann ganz direkt, warum er Ihnen diese kurze Frist setzt. Warum möchte er, dass Sie so schnell tätig werden? Was möchte er damit für sich erreichen? Worum geht es ihm wirklich?

Beispiel

- RA (Rechtsanwalt): Guten Tag Herr Müller! Ich rufe nochmals an wegen des Vertrags, den Sie mir vorhin gefaxt haben. Ich habe das mal kurz durchgelesen. Um das alles ganz genau zu prüfen, brauche ich mindestens bis Montag. Da wollte ich einfach mal fragen: Warum möchten Sie das Ergebnis schon morgen bis 18 Uhr?
- M (Müller): Wir haben um 18.30 Uhr eine Telefonkonferenz mit dem Vorstand. Da wollen wir besprechen, wie der Stand der Dinge ist und ob es Sinn hat, weiter zu verhandeln.
- RA: Brauchen Sie dafür schon eine exakte rechtliche Prüfung aller Details des Vertrags?
- M: Nein, eigentlich nicht. Es geht nur um eine erste Einschätzung, ob der Vertragsentwurf als Grundlage akzeptabel ist.
- RA: Dann würde es Ihnen doch auch reichen, wenn ich den Vertrag zunächst nur daraufhin prüfe, ob er grundsätzlich in Ordnung ist und keine größeren oder versteckten Schwierigkeiten enthält?
- M: Ja, klar.
- RA: Um die Details kümmere ich mich dann später, nachdem Sie eine grundsätzliche Entscheidung getroffen haben.
- M: Genau. Denn wenn sich die Geschäftsleitung gegen den Entwurf ausspricht, hätten Sie das ja alles umsonst geprüft.
- RA: Richtig. Dadurch sparen Sie sich ja möglicherweise auch einiges an Honorar.
- M: Gut. Dann schicken Sie mir bis morgen um 18 Uhr eine kurze schriftliche Einschätzung der Rechtslage. Alles Weitere besprechen wir dann nächste Woche.

Innere Einwände berücksichtigen Möglicherweise sträubt sich bei diesem Vorschlag etwas in Ihnen:

- „Was soll der Mandant von mir denken?"
- „Das habe ich ja noch nie gehört…"
- „Das macht doch keiner so!"

Aber bedenken Sie: Vielleicht ist genau das der Grund, warum so viele Rechtsanwälte, Steuerberater und Wirtschaftsprüfer unter Stress und Zeitnot leiden. Finden Sie heraus, was die positive Absicht hinter Ihrem jeweiligen Einwand ist und stellen Sie diese positive Absicht auf andere Weise sicher.

9.2.3 Selbst entscheiden

Die höchste Stufe haben Sie erreicht, wenn Sie keine Zeitvorgaben von anderen unüberlegt akzeptieren. Stattdessen entscheiden Sie selbst, wann Sie welche Aufgabe oder Tätigkeit erledigen. Dann bestimmen Sie souverän über Ihre Zeit. Das bedeutet natürlich nicht, dass Sie die Bedürfnisse und Wünsche anderer Personen vorsätzlich missachten. Selbstverständlich sollten Sie immer nach einem Weg suchen, sowohl die Bedürfnisse Ihrer Mandanten und Ihres Vorgesetzten zu befriedigen als auch Ihre eigenen. Allerdings betrachten Sie es zugleich als eine realistische Möglichkeit, eine von außen an Sie herangetragene Frist abzulehnen. Fragen Sie sich: Was möchte ich? Welche Konsequenzen hat das? Bin ich bereit, diese Konsequenzen zu tragen?

Ihre Bedürfnisse Überlegen Sie sich zunächst die möglichen Vor- und Nachteile der einzelnen Strategien:

- Tun: Sie haben Stress. Sie müssen Überstunden machen. Ihr bisheriger Zeitplan kommt durcheinander. Andere wichtige Dinge bleiben liegen.
- Ablehnen: Sie verzichten auf Umsatz. Sie verärgern den Mandanten. Möglicherweise verlieren Sie den Mandanten.
- Delegieren: Der Mandant könnte ganz zu Ihrem Kollegen abwandern.

Berücksichtigen Sie dabei auch die langfristigen Konsequenzen: Was wäre, wenn Sie immer so handeln würden? Hätten Sie dann irgendwann gar keine Mandanten mehr? Würden Sie irgendwann jeden Tag bis 24 Uhr arbeiten? Wie lässt sich das mit Ihren Zielen und Prioritäten vereinbaren?

Win-win-Lösungen Fragen Sie sich als Nächstes: Auf welche Weise kann sowohl das Bedürfnis des Mandanten oder Vorgesetzten sichergestellt werden als auch mein eigenes? Wenn Sie eine realistische Win-win-Lösung finden, schlagen Sie diese vor. Falls ihr Mandant oder Chef damit einverstanden ist, haben Sie Ihr Zeitproblem gelöst. Falls nicht, müssen Sie eine eigene Entscheidung treffen.

Entscheiden Sie! Sie kennen Ihre Ziele, Prioritäten und Bedürfnisse. Möglicherweise wissen Sie auch, welche Bedürfnisse und Motive Ihr Mandant hat. Sie haben sich die möglichen Alternativen überlegt und die jeweiligen Vor- und Nachteile abgewogen. Dann treffen Sie jetzt eine Entscheidung:

Akzeptieren Sie die Zeitvorgabe? Oder lehnen Sie die Zeitvorgabe ab?

Integrieren Sie mögliche Einwände Wenn Sie eine Zeitvorgabe bewusst ablehnen, haben Sie möglicherweise ein ungutes Gefühl. Integrieren Sie dann die dahinter stehenden Einwände. Fragen Sie sich: Sind bestimmte Ängste oder Glaubenssätze objektiv berechtigt? Realistisch? Angemessen? Überlegen Sie, wie andere Personen damit umgehen würden. Versetzen Sie sich in die Situation Ihres Mandanten: Wie würden Sie reagieren, wenn Ihr Rechtsanwalt, Steuerberater oder Wirtschaftsprüfer eine solche Entscheidung trifft? Meistens verschwinden dann schon viele Ängste und Sorgen.

Kommunizieren Sie Ihre Entscheidung Teilen Sie Ihrem Mandanten oder Vorgesetzten die Entscheidung mit. Seien Sie dabei ehrlich und begründen Sie ggf. Ihre Entscheidung. Machen Sie sich aber Folgendes klar:

- Sie müssen sich vor niemandem rechtfertigen!
- Es ist völlig o.k., wenn Sie Ihren eigenen Bedürfnissen den Vorrang einräumen.
- Sie müssen nicht jeden Mandantenwunsch erfüllen!

Oder machen Sie etwas ganz anderes… Vielleicht kennen oder finden Sie noch ganz andere Strategien, um mit knappen Zeitvorgaben umzugehen. Entscheidend ist, dass Sie sich klarmachen, dass es immer mehr als eine Alternative gibt. Sie müssen nicht zwangsläufig jedes spontane, dringende Mandat annehmen und dafür Ihren gesamten Zeitplan über den Haufen werfen! Halten Sie in einer solchen Situation kurz bewusst inne. Überlegen Sie, welche realistischen Möglichkeiten Ihnen konkret zur Verfügung stehen und treffen Sie dann eine bewusste Entscheidung. Setzen Sie sich nicht unter Druck. Natürlich müssen Sie die Folgen tragen, die sich aus Ihrer Entscheidung möglicherweise ergeben. Doch wenn Sie Ihre Ziele und Prioritäten kennen, werden Sie nichts tun, was Ihnen wirklich schadet. Außerdem bestimmen Sie dann selbst über Ihre Zeit – so, wie es sich für den Angehörigen eines freien Berufs gehört.

Zusammenfassung

Als Rechtsanwalt, Steuerberater oder Wirtschaftsprüfer bekommt man des Öfteren neue Aufgaben, die innerhalb eines knapp bemessenen Zeitraums erledigt werden sollen. Das kann die eigene Zeitplanung gehörig durcheinanderbringen und Stress verursachen. Dabei geht es insbesondere um folgende Konstellationen:
- ausdrückliche Zeitvorgaben von Mandanten
- spontaner Handlungsbedarf
- Ablauf einer gesetzlichen Frist
- Zeitvorgaben des Vorgesetzten
- Zeitvorgaben, die man sich selber setzt

Grundsätzlich gibt es zwei Möglichkeiten, auf eine knappe Zeitvorgabe zu reagieren: Entweder man akzeptiert sie von vornherein und versucht, die Aufgabe so gut es geht in seinen Zeitplan einzubauen und zu erledigen. Oder man wägt zunächst ab, ob man bereit ist, die Zeitvorgabe zu übernehmen.

Vor Gericht und auf hoher See – Verhandlungstage produktiver nutzen

10

10.1 Die Idee

An Tagen mit Gerichtsverhandlungen ist man in der Regel weniger produktiv. Das liegt jedoch nicht in erster Linie an der reinen Dauer der Verhandlung. Sehr viel bedeutsamer ist aus Sicht eines Rechtsanwalts, dass bei einem Termin vor Gericht fast alles fremdbestimmt ist. Der Richter legt fest, an welchem Tag die Verhandlung stattfindet. Er leitet die Verhandlung und bestimmt, wann sie beginnt und wann sie endet. Als Rechtsanwalt weiß man daher im Voraus nie, wie lange der Termin dauern wird. Und das führt dazu, dass die restliche Zeit an Tagen mit Gerichtsverhandlungen häufig nicht optimal genutzt wird.

Das beginnt schon mit der Anreise. Kaum jemand möchte zu spät kommen. Deshalb planen die meisten Rechtsanwälte ihre Anreise so, dass sie rechtzeitig beim Gericht sind. Allerdings kann man vorab nie wissen, wie der Verkehr an diesem Tag sein wird. In der Regel baut man deshalb einen eher großzügigen Zeitpuffer ein. Das hat den Vorteil, dass man auch bei ungünstigen Verkehrsverhältnissen noch pünktlich kommt. Der Nachteil ist, dass man unter Umständen viel zu früh da ist und warten muss.

Ist man pünktlich vor dem Gerichtssaal erschienen, kann es sein, dass man warten muss. Wann die Verhandlung beginnt, bestimmt allein der Richter. Als Rechtsanwalt hat man darauf keinen Einfluss. Und Gerichtsverhandlungen beginnen oft nicht pünktlich. Richter terminieren ihre Verhandlungen am Sitzungstag nämlich häufig so eng, dass es zwangsläufig zu Verzögerungen kommt. Richter möchten nämlich ebenfalls Zeit sparen und versuchen deshalb, Leerlauf zu vermeiden. Teilweise wird im Viertel- oder Halbstundentakt terminiert. Dauert eine Verhandlung etwas länger, zum Beispiel weil sich eine Zeugenvernehmung hinzieht oder einer der Beteiligten zu spät kommt, verschieben sich alle nachfolgenden Termine. Möglicherweise gleicht sich das dann im Laufe des Tages wieder aus. Es kann aber auch sein, dass sich die späteren Sitzungen erheblich verzögern. Fies daran ist, dass man als Rechtsanwalt nicht weiß, wie lange

© Springer Fachmedien Wiesbaden 2017
J. Theurer, *Zeitmanagement für Juristen*, DOI 10.1007/978-3-658-14967-3_10

man warten muss. Es kann fünf Minuten dauern, aber auch eine halbe Stunde oder länger. Während dieser Zeit bleibt einem nichts anderes übrig als zu warten und zu hoffen. Man ist dabei ganz der Entscheidungsgewalt eines anderen Menschen (nämlich des Richters) ausgeliefert. Schon allein dieses Gefühl erzeugt Stress.

Im Vorfeld kann man auch oft nicht genau abschätzen, wie lange die Verhandlung gehen wird. Viele Termine dauern länger als objektiv erforderlich wäre. Das liegt meistens daran, dass einer oder mehrere der Beteiligten zu lange reden oder sich auf andere Weise nicht effizient verhalten (z. B. durch unnötige Ausführungen oder wiederholende Fragen). Auch darauf hat man als Rechtsanwalt nur einen begrenzten Einfluss. Wie lange die Verhandlung dauert, wird vom Richter festgelegt. Der Richter bestimmt, wann die Verhandlung geschlossen wird. Wiederum ist man als Rechtsanwalt der Entscheidungsgewalt einer anderen Person ausgeliefert.

Nach der Verhandlung kostet auch die Rückfahrt noch mehr oder weniger Zeit. Da man aber im Voraus nicht weiß, wann man wieder im Büro ist, kann man für diesen Tag nur schlecht planen. Das, was eine Gerichtsverhandlung in zeitlicher Hinsicht so schwierig macht, sind also vor allem folgende Punkte:

- Fahrtzeit
- unabsehbare Wartezeiten
- die nicht absehbare Dauer der Verhandlung
- der Umstand, dass nicht absehbar ist, wann man wieder im Büro ankommt.

Die meisten Rechtsanwälte nehmen das als unabänderlich hin: „Da kann man nichts machen. Das ist halt so." Wenn Sie in Zukunft an Tagen mit Gerichtsverhandlungen produktiver sein möchten, müssen Sie zunächst Ihre Einstellung verändern. Sie müssen weg von dem passiven „Alles-über-sich-ergehen-lassen". Wie sieht es denn derzeit in den meisten Fällen aus? Der Rechtsanwalt fährt mit Auto, Bahn oder Taxi zum Gericht. Dann wartet er brav, bis es irgendwann losgeht. Die Verhandlung lässt er passiv über sich ergehen. Er akzeptiert selbstverständlich, dass ausschließlich der Richter bestimmt, wie lange es dauert. Hat der Richter die Verhandlung geschlossen, fährt man wieder in die Kanzlei zurück.

Wenn Sie an Tagen mit Gerichtsverhandlungen mehr erreichen möchten, müssen Sie aktiv darauf Einfluss nehmen. Dazu müssen Sie sich zunächst klarmachen, dass das überhaupt möglich ist. Dann können Sie Mittel und Wege finden, an unterschiedlichen Punkten anzusetzen (z. B. bei der Hin- und Rückfahrt, beim Warten oder während der Verhandlung). Machen Sie sich klar, dass der Richter und der Prozessvertreter der Gegenseite meistens ebenfalls ein Interesse daran haben, die Verhandlung so schnell wie möglich durchzuführen. Das können Sie nutzen. Denn sehr wahrscheinlich werden auch die anderen Beteiligten davon ausgehen, dass man auf die Dauer einer Gerichtsverhandlung keinen Einfluss hat.

Fragen

Wie viel Zeit planen Sie als Puffer ein, wenn Sie zu einem Gerichtstermin gehen?

–   bei Gerichten in der Nähe:

_____

–   bei weiter entfernten Gerichten:

_____

Wie viele Gerichtstermine haben Sie durchschnittlich pro Monat?

_____

Wie lange müssen Sie durchschnittlich vor einem Gerichtstermin warten?

_____

Wie lange warten Sie folglich jeden Monat auf dem Gerichtsflur?

_____

Welche Verhaltensweisen der anderen Beteiligten führen aus Ihrer Sicht öfters dazu, dass sich die Dauer der Verhandlung unnötig verlängert?

_____

_____

_____

10.2   Strategien

10.2.1 Ein konkretes Ziel haben

Gehen Sie nie ohne konkretes Ziel in eine Verhandlung! Überlegen Sie sich vor dem Termin, was Sie erreichen möchten. Einen Vergleich schließen? Eine bestimmte Zeugenaussage bekommen? Die Anträge stellen? Nur wenn man ein konkretes Ziel hat, kann man die nützlichsten Strategien auswählen, um dieses Ziel zu erreichen. Wenn Sie ein konkretes Ziel haben, wird Ihr Unterbewusstsein nach Möglichkeiten suchen, es möglichst schnell und effektiv zu erreichen.

10.2.2 Die Wartezeit nutzen

Meistens werden Sie vor einem Gerichtstermin etwas früher da sein. Solange sich das im Rahmen hält (fünf bis zehn Minuten), ist alles in Ordnung. Ärgerlich ist es, wenn Sie sehr viel früher da sind, zum Beispiel weil Sie eine längere Anreise hatten und deshalb entsprechende Zeitpuffer eingeplant haben. Jetzt sind Sie schon eine Stunde früher da. Oder Sie sind zwar pünktlich, aber der Beginn der Verhandlung verzögert sich erheblich. Was können Sie in diesen Fällen tun? Das Schwierige daran ist, dass Sie im Voraus nicht wissen, ob es dazu kommt und falls ja, wie lange Sie letztlich warten müssen. Sie können deshalb als gewissenhafter Rechtsanwalt keine Tätigkeit einplanen, die Sie auf jeden Fall vor der Verhandlung erledigen sollten (z. B. die Verhandlung vorbereiten). Doch es gibt Strategien, wie Sie diese Zeit effizient und effektiv nutzen können.

Wenn Sie allein vor dem Termin warten, können Sie in dieser Zeit Dinge erledigen, die Sie sowieso irgendwann machen wollten. Dabei sollte es sich um Aufgaben oder Tätigkeiten handeln, die Sie nicht jetzt tun müssen – denn Sie wissen im Voraus ja nicht, ob Sie dafür Zeit haben werden und falls ja, wie lange.

- *Lesen:* Der Klassiker. Gehen Sie niemals wieder zu einem Gerichtstermin, ohne sich einige Artikel oder Schriftsätze mitzunehmen, die Sie sowieso noch lesen wollen. Machen Sie es sich zur Gewohnheit, immer auch irgendetwas zum Lesen einzupacken, wenn Sie Ihre Aktentasche oder Ihren Pilotenkoffer für eine Gerichtsverhandlung vorbereiten. Lesen hat den Vorteil, dass Sie es jederzeit unterbrechen und bei Bedarf beliebig ausdehnen können.
- *Telefonieren:* Wenn es noch Anrufe gibt, die Sie sowieso irgendwann erledigen wollen, können Sie das jetzt machen – sofern Sie alle Unterlagen für den jeweiligen Anruf haben und es für Sie akzeptabel ist, den Anruf vom Gerichtsflur aus zu machen.
- *Diktieren:* In manchen Gerichten gibt es leere Räume, in die sich wartende Rechtsanwälte zurückziehen können. Dann können Sie vielleicht sogar einen Schriftsatz diktieren. Klären Sie das im Voraus ab.

- *Auf die Verhandlung vorbereiten:* Wenn Sie das Spiel mit dem Feuer lieben, können Sie sich auch jetzt erst auf die Verhandlung vorbereiten. Oder Sie gehen nochmals die Akten und Ihre Strategie durch.

Fragen

Was machen Sie normalerweise, wenn Sie vor einer Verhandlung warten müssen?

_____

_____

_____

Wenn Sie gemeinsam mit Ihrem Mandanten warten, können Sie theoretisch natürlich auch all das tun, was Sie ohne Ihren Mandanten tun können (Lesen, Telefonieren, Diktieren usw.). Allerdings könnte sich Ihr Mandant dann unwohl fühlen. Oder vielleicht empfinden Sie es auch als Ihren Job, sich um Ihren Mandanten zu kümmern und sich mit ihm zu beschäftigen. Wie können Sie die Zeit dann effektiv nutzen? Wenn Sie nur Smalltalk machen oder über den Fall sprechen, bringt Ihnen das nicht viel. Um die Wartezeit effektiv zu nutzen, müssen Sie etwas tun, das Ihnen über die anstehende Verhandlung hinaus einen Nutzen bringt.

Versuchen Sie, von Ihrem Mandanten neue Informationen zu bekommen, die für Sie nützlich sind. Wie wäre es mit Feedback zu Ihrer Arbeit? Was findet Ihr Mandant gut? Was könnten Sie noch verbessern? Was fehlt? Die wenigsten Rechtsanwälte machen das – aber aus Feedback können Sie viel lernen. Wie hat Ihr Mandant zu Ihnen gefunden? Wie denkt er über Vergütungsvereinbarungen? Was müsste passieren, damit er eine Stundenlohnvereinbarung akzeptiert?

Fragen

Zu welchen Aspekten Ihrer Arbeit hätten Sie gerne Feedback von Ihren Mandanten?

_____

_____

_____

Sinnvoll kann es auch sein, die Wartezeit für Akquise zu nutzen. Benötigt Ihr Mandant noch in anderen Angelegenheiten rechtlichen Beistand? Hat er Familienangehörige, Freunde oder Bekannte, die einen Rechtsanwalt suchen? Oder nutzen Sie die Gelegenheit, um Ihre Fähigkeiten im Smalltalk zu verbessern.

Wenn Sie mit Personen der Gegenseite vor der Verhandlung warten, können Sie versuchen, mit dem Gegner oder dessen Prozessvertreter ins Gespräch zu kommen. Vielleicht gelingt es Ihnen, eine gute zwischenmenschliche Atmosphäre herzustellen. Dann können Sie sich möglicherweise noch vor der Verhandlung gütlich einigen. Oder es kommt im Termin zu einer schnelleren Einigung. Vielleicht erfahren Sie in einem solchen Gespräch mit der Gegenseite aber auch neue Informationen, die Ihnen nützlich sein können. Wenn Ihr Mandant und sein Gegner sich emotional nicht leiden können, kann die Wartezeit vor dem Termin eine gute Gelegenheit sein, die Fronten etwas zu lockern. Vielleicht brauchen die beiden Kontrahenten nur jemanden, der Sie wieder zusammenführt. Wenn Ihnen das gelingt, sparen Sie nicht nur viel Zeit, sondern gewinnen auch an Ansehen und Prestige.

10.2.3 Ihre Leistungskurve berücksichtigen

Wenn Sie Ihre persönliche Leistungskurve kennen, können Sie versuchen, den Gerichtstermin auf eine für Sie passende Uhrzeit zu legen. Falls die Angelegenheit nicht so wichtig ist, sollten Sie darauf dringen, die Verhandlung zu einem Zeitpunkt durchzuführen, der außerhalb Ihres absoluten Leistungshochs liegt. Dann können Sie diesen Tag nämlich noch für schwierigere und anspruchsvolle Tätigkeiten nutzen. Ist die Verhandlung jedoch sehr wichtig, ist es wahrscheinlich besser, wenn sie nicht gerade während Ihres Leistungstiefs stattfindet. Beziehen Sie deshalb Ihre persönliche Leistungskurve mit ein, wenn der Richter mit Ihnen den Termin abstimmt. Falls der Richter den Termin alleine festlegt, beantragen Sie ggf. eine Verlegung. Haben Sie dabei nicht zu viele Hemmungen. Der Richter achtet ja auch darauf, dass er nicht zu kurz kommt. Warum sollten Sie sich immer zurücknehmen?

Aber wenn das alle machen würden? Dann hätten wir das totale Chaos: Der eine Rechtsanwalt will morgens verhandeln, der andere lieber nachmittags. Das ist richtig, aber nur in der Theorie. Denn praktisch kümmern sich die meisten Rechtsanwälte um diesen Umstand gar nicht. Im Zweifel entscheidet zudem immer noch der Richter.

10.2.4 Eine Tagesordnung erstellen

Am effektivsten können Sie Tage mit Gerichtsverhandlungen nutzen, wenn Sie aktiv Einfluss auf die Dauer der Gerichtsverhandlung nehmen. Betrachten Sie Gerichtstermine nicht länger als „sakrale Veranstaltungen", deren Ablauf man nicht stören darf. Machen Sie sich klar, dass eine Gerichtsverhandlung letztlich nur eine ganz normale Besprechung ist.

Folglich können Sie auch die für normale Besprechungen geltenden Grundsätze anwenden. Das mag zunächst gewöhnungsbedürftig sein, aber auf Dauer kann Ihnen diese Einstellung sehr helfen. Nutzen Sie die Erkenntnisse und Strategien, die es gibt, um Besprechungen effizienter zu machen. Dazu gehört, dass man im Voraus eine Tagesordnung erstellt und allen Beteiligten zukommen lässt. Regen Sie beim Richter an, eine Tagesordnung zu erstellen (mit Zeitvorgaben). Oder machen Sie das selbst. Dadurch können Sie zwar nichts verbindlich festlegen, aber möglicherweise bringen Sie die anderen Beteiligten dazu, darauf einzugehen.

Beispiel

Verhandlung vor dem AG Stuttgart am 13.07.
   Beginn: 9.00 Uhr
   Ende: 11.10 Uhr

Tagesordnung:	
1. Eröffnung	*3 min*
2. Verlesung der Anklage	*5 min*
3. Vernehmung des Angeklagten	*20 min*
4. Vernehmung Zeuge 1	*20 min*
5. Vernehmung Zeuge 2	*30 min*
6. Plädoyer Staatsanwalt	*10 min*
7. Plädoyer Verteidigung	*10 min*
8. Schlusswort des Angeklagten	*2 min*
9. Beratung	*20 min*
10. Urteilsverkündung	*10 min*

10.2.5 Ihren Zeitrahmen mitteilen

Teilen Sie den anderen Beteiligten vor Beginn der Verhandlung mit, wie lange Sie Zeit haben. Damit können Sie zwar rechtlich nichts bewirken, aber möglicherweise setzen Sie bei den anderen Beteiligten so einen unbewussten Marker. Wenn die anderen Beteiligten die Option, bis zu einem bestimmten Zeitpunkt fertig zu sein, erst einmal als real wahrnehmen, könnte es sein, dass sie (unbewusst) versuchen, diesen Zeitrahmen einzuhalten. Das ist zwar keine hundertprozentig sichere Strategie, aber möglicherweise klappt es ja. Wenn Sie bereits vor der Verhandlung warten mussten, sollten Sie diesen Umstand mit erwähnen. Dann wird der Richter vielleicht im Sinne des Reziprozitätsprinzips dafür sorgen, dass Sie wenigstens pünktlich gehen können.

10.2.6 Klare Fragen und Aussagen

Wenn Besprechungen länger dauern als objektiv erforderlich, liegt das oft daran, dass die Beteiligten aneinander vorbeireden. Diese Gefahr kann man minimieren, indem Sie Rapport herstellen. „Rapport" bedeutet, dass Sie sich auf Ihr Gegenüber einstellen. Passen Sie sich der Ausdrucksweise und dem Vokabular der anderen Beteiligten an. Dann werden diese leichter verstehen, was Sie Ihnen mitteilen möchten.

> **Beispiel**
>
> Manche Menschen verwenden eher visuelle Begriffe:
> - „Das sehe ich genauso …"
> - „Mir scheint, als ob …"
> - „Das ist Ansichtssache …"
> - „Ich möchte noch einmal klarstellen …"
>
> Wenn Sie das bemerken, können Sie zu diesen Personen möglicherweise einen guten Draht herstellen, indem Sie ebenfalls möglichst viele visuelle Wörter benutzen. Das erleichtert die Kommunikation. (Natürlich gilt das auch, wenn Ihr Gegenüber eher auditive Begriffe verwendet („Das hört sich gut an…") oder kinästhetische („Das könnte eng werden", „Ich habe ein gutes Gefühl…").

Wenn Sie während der Verhandlung unklare oder allgemeine Fragen stellen, werden Sie meistens auch unklare oder allgemeine Antworten bekommen. Dann müssen Sie erneut nachfragen. Das können Sie vermeiden, indem Sie sich klar ausdrücken und klare, eindeutige Fragen stellen. Dazu sollte man in der Verhandlung jederzeit genau wissen, worum es gerade geht. Denn nur dann kann man schnell reagieren und die richtigen Fragen stellen.

10.2.7 Weniger unnütz reden lassen

Spricht einer der anderen Beteiligten sehr viel mehr als notwendig wäre oder kann sich nicht klar ausdrücken, sagen Sie ihm das! Natürlich hat immer noch der Richter das letzte Wort, aber möglicherweise hilft es. Vielleicht können Sie den Dauerredner etwas einschüchtern. Vielleicht merkt der andere gar nicht, dass er sich ständig wiederholt. Dazu sollten Sie sich jedoch sehr gut in dem Fall und der Akte auskennen. Denn sonst trauen Sie sich möglicherweise nicht, einzugreifen und unwichtige oder redundante Ausführungen zu unterbrechen. Achten Sie darauf, dass Sie den anderen mit Ihrem Einwurf nicht zu sehr verärgern. Zugegeben, das ist relativ anspruchsvoll – aber Sie sind ja Profi.

10.2.8 Stenografieren

Wenn in der Verhandlung eine längere Zeugenvernehmung ansteht, bei der es möglicherweise auf einzelne Wörter und Formulierungen ankommt, bringen Sie sich am besten eine Stenografin mit. Denn wenn Sie selbst in der Verhandlung versuchen, alles Wichtige von Hand mitzuschreiben, wird das sehr viel länger dauern. Sie werden der eigentlichen Aussage nicht mit voller Konzentration folgen können. Leider werden die Aussagen in den wenigsten Gerichten exakt wörtlich protokolliert. Da man in der Verhandlung bislang keine Tonaufnahmen machen darf, ist Stenografieren die einfachste Möglichkeit, wichtige Teile der Aussage später präsent zu haben und gleichzeitig der Vernehmung effizient folgen zu können.

Sie glauben, dass das nicht zulässig ist? Der BGH hat ausdrücklich entschieden, dass das Mitschreiben während einer Verhandlung nur dann untersagt werden kann, wenn es dem Zweck dient, einen Zeugen vor dessen Vernehmung darüber zu informieren. Vielleicht wenden Sie ein, dass Sie es bis jetzt auch ohne Stenografin geschafft haben? Mag sein, aber vielleicht könnten Sie noch viel effizienter sein, wenn Sie nicht selbst mitschreiben müssten. Und eine Stenografin brauchen Sie auch nicht in jedem Fall, sondern nur dann, wenn es um eine wichtige, längere Aussage geht.

10.2.9 Die Verhandlung nachbereiten

Wenn Sie die Gerichtsverhandlung sinnvoll nachbereiten, kann Ihnen das helfen, effizienter und effektiver zu sein:

- *Aktennotiz:* Machen Sie unmittelbar nach der Verhandlung eine Aktennotiz. Dann wissen Sie noch alles (oder zumindest die wesentlichen Einzelheiten). Zudem können Sie den Termin dann abschließen und haben ihn nicht dauernd als „loses Ende" im Kopf.
- *Der nächste Schritt:* Legen Sie nach der Gerichtsverhandlung auch sofort den nächsten Schritt in dieser Angelegenheit fest. Dadurch verhindern Sie, dass es zu Leerlauf kommt oder Sie den Fall immer wieder in die Hand nehmen, ohne dass etwas passiert.

Zusammenfassung

An Tagen mit Gerichtsverhandlungen ist man in der Regel weniger produktiv. Das liegt jedoch nicht in erster Linie an der reinen Dauer der Verhandlung. Sehr viel bedeutsamer ist aus Sicht eines Rechtsanwalts, dass bei einem Termin vor Gericht fast alles fremdbestimmt ist. Um an Tagen mit Gerichtsverhandlungen mehr zu erreichen, müssen Sie aktiv darauf Einfluss nehmen. Dabei helfen Ihnen folgende Strategien:

- Ein konkretes Ziel haben
- Die Wartezeit nutzen
- Ihre Leistungskurve berücksichtigen
- Eine Tagesordnung erstellen
- Ihren Zeitrahmen mitteilen
- Klare Fragen und Antworten
- Weniger unnütz reden lassen
- Stenografieren
- Die Verhandlung nachbereiten

Schneller ans Ziel – effizient Reisen

11

11.1 Die Idee

Als Rechtsanwalt, Steuerberater oder Wirtschaftsprüfer kommt es immer wieder vor, dass Sie reisen müssen – zu einem auswärtigen Gericht, zu einer Besprechung in einer anderen Stadt oder zur Prüfung beim Mandanten vor Ort. Das kann leicht zu Zeitproblemen führen. Denn an Tagen, an denen Sie reisen, sind Sie tendenziell weniger produktiv als an Tagen, die Sie komplett in Ihrem Büro verbringen. Die geringere Produktivität müssen Sie im Zweifel durch Mehrarbeit wieder ausgleichen. Das kann man als gegeben hinnehmen. Und wenn Sie Ihre Aufgaben trotzdem alle rechtzeitig erledigen, ist das auch kein Problem. Falls Sie jedoch die Tage, an denen Sie unterwegs sind, zeitlich besser nutzen möchten, gibt es auch hier passende Strategien. Der erste Ansatzpunkt ist, die für die Reise erforderliche Zeit zu minimieren. Dazu gehört zum einen die Zeit für die Planung und Vorbereitung der Reise. Hinzu kommt die Reisezeit, also die Zeit, die Sie benötigen, um von Ihrem Ausgangsort zum Ziel zu kommen und wieder zurück. Beides lässt sich optimieren.

Am wenigsten Zeit brauchen Sie, wenn Sie die Reise gar nicht (selbst) antreten. Lässt sich eine Reise nicht vermeiden, können Sie die Reisedauer durch die Wahl des Transportmittels erheblich verkürzen.

> **Beispiel**
>
> Frau Kienzle arbeitet in Hamburg und hat einen Termin beim LG München I.
> - *Variante 1: Mit dem Auto*
>   - Fahrzeit Hamburg – München (800 km): 7 h
>   - Pausen: 1 h 30 min
> Gesamt: 8 h 30 min

© Springer Fachmedien Wiesbaden 2017

J. Theurer, *Zeitmanagement für Juristen*, DOI 10.1007/978-3-658-14967-3_11

- *Variante 2: Mit dem Flugzeug*
  - Taxi zum Flughafen: 25 min
  - Check in: 40 min
  - Flug Hamburg – München: 80 min
  - Check out: 20 min (nur Handgepäck)
  - Taxi zum Landgericht: 40 min

Gesamt: 2 h 30 min

Auch der konkrete Zeitpunkt, an dem Sie reisen, kann sich auf die Dauer der Reise erheblich auswirken.

Beispiel

Sie möchten mit dem Auto von Stuttgart nach Karlsruhe fahren.
- *Variante 1:* Sie starten um 6.15 Uhr. Die Straßen sind frei. Um 7.00 Uhr sind Sie in Karlsruhe.
- *Variante 2:* Sie starten um 7.30 Uhr. Jetzt kommen Sie direkt in den morgendlichen Berufsverkehr. Für die 80 km brauchen Sie fast 90 min.

Für den zweiten Ansatzpunkt, um die Zeit an Tagen, an denen Sie unterwegs sind, besser zu nutzen, erhöhen Sie Ihre Produktivität während der Reise. Im Idealfall arbeiten Sie genauso produktiv wie in Ihrem Büro. Allerdings gibt es bei jeder Reise zusätzliche Tätigkeiten, die im Büro nicht anfallen und während denen Sie nicht produktiv arbeiten können.

Beispiel

- Am Bahnhof umsteigen
- Am Flughafen vor der Sicherheitsschleuse anstehen

Die Produktivität hängt davon ab, wie viele der Aufgaben und Tätigkeiten, die Sie normalerweise im Büro erledigen, Sie auch während der Reise schaffen. Dabei ist vor allem die Wahl des Transportmittels von entscheidender Bedeutung.

Beispiel

Wenn Sie stundenlang mit dem Auto unterwegs sind, können Sie zwar nebenher telefonieren. Aber Sie können keine Akten lesen und bearbeiten. Verbringen Sie dagegen den Großteil der Reisezeit im Zug, können Sie wesentlich mehr der bürotypischen Tätigkeiten ausführen (z. B. Lesen oder am Laptop arbeiten).

Wie gelangen Sie zu einem auswärtigen Termin? Welche Verkehrsmittel nutzen Sie?

_____

_____

Planen Sie den Zeitpunkt Ihrer Reisen bewusst? Welche Kriterien spielen dabei eine Rolle?

_____

_____

Wer bereitet Ihre Reise vor? Wer bucht die Tickets?

_____

Welche Tätigkeiten beschäftigen Sie während der Reise?

_____

_____

Wie hoch schätzen Sie Ihre Produktivität während einer Reise im Vergleich zu derselben Zeit im Büro ein?

_____ %

11.2   Strategien

11.2.1 Ist die Reise erforderlich?

Am wenigsten Zeit kostet die Reise, die Sie überhaupt nicht machen. Überlegen Sie sich deshalb vor jeder Reise, warum Sie diese Reise machen wollen und welchen Zweck Sie damit verfolgen. Hat die Reise wirklich Sinn? Kann der Zweck der Reise tatsächlich erreicht werden?

Beispiel

Sie sind Wirtschaftsprüfer und planen, zu einem Mandanten zu reisen, um dessen Unterlagen zu prüfen. Rufen Sie dann unbedingt am Tag vorher an, um sicherzustellen, dass Ihr Mandant alle Unterlagen vorbereitet hat.

Überprüfen Sie vor Reiseantritt, ob es erforderlich ist, dass gerade Sie erscheinen. Kann der mit der Reise verfolgte Zweck nur dann erreicht werden, wenn Sie vor Ort sind? Möglicherweise genügt es, wenn Sie einen Mitarbeiter schicken.

Beispiel

Bei einem Vor-Ort-Termin in 500 km Entfernung geht es darum, dass ein Sachverständiger Bodenproben entnimmt. Falls es aus besonderen Umständen nicht zwingend erforderlich ist, dass Sie selbst anwesend sind, können Sie genauso gut einen Mitarbeiter schicken.

Bei Rechtsanwälten besteht die Möglichkeit, einen Verkehrsanwalt zu beauftragen. Lohnt es sich wirklich, bei einem Streitwert von 1000 € mehr als fünf Stunden auf der Autobahn zu sein? Natürlich kann es Situationen geben, in denen das sinnvoll und angemessen ist. Aber meistens dürfte das nicht der Fall sein. Sie können deshalb viel Zeit sparen, wenn Sie diese Option vor einer Reise jedenfalls kurz andenken. Im Internet gibt es verschiedene Webseiten, auf denen Sie entsprechende Rechtsanwälte finden, zum Beispiel:

- www.terminsvertretung.de
- www.advo-assist.de
- www.einfach-vertreten.de
- www.interlex.de

Überprüfen Sie vor Reiseantritt, ob die Reise unbedingt zum jetzigen Zeitpunkt stattfinden muss. Vielleicht können Sie mehrere Reisen zu einer zusammenfassen.

Beispiel

Herr Brahman arbeitet in Bremen und möchte einen Mandanten in Dresden besuchen, um die grundsätzliche Strategie für das kommende Jahr abzuklären. Nächste Woche hat er zudem einen Termin vor dem Landgericht in Leipzig.
- *Variante 1:* Herr Brahman fährt diese Woche von Bremen nach Dresden und nächste Woche noch einmal von Bremen nach Leipzig.
- *Variante 2:* Er verschiebt den Termin in Dresden und verbindet die beiden Angelegenheiten. Nach der Verhandlung in Leipzig fährt er nachmittags zu seinem Mandanten in Dresden.

Überprüfen Sie vor Reiseantritt, ob Sie den Zweck der Reise auch auf andere Weise erreichen können. Wenn Sie eine Besprechung mit Ihrem Mandanten haben, können Sie die anstehenden Punkte vielleicht auch im Rahmen einer Telefon- oder Videokonferenz klären.

Einen Gerichtstermin machen Sie überflüssig, wenn Sie sich davor mit der Gegenseite einigen. In vielen Fällen ist es im Prinzip auch egal, wo das Treffen oder die Besprechung stattfindet. Versuchen Sie dann im Vorfeld darauf hinzuwirken, dass die anderen Beteiligten zu Ihnen kommen. Halten Sie möglichst viele Besprechungen in Ihrem Büro oder an Ihrem Standort ab. Dadurch sparen Sie sich die komplette Reisezeit. Zudem hebt es Ihren Status, wenn die anderen zu Ihnen kommen.

Fragen

Welche Ihrer Reisen wären vermeidbar gewesen?

_____

_____

Welche Termine, zu denen Sie bis jetzt immer gereist sind, könnten Sie in Zukunft an Ihren Standort verlegen?

_____

_____

11.2.2 Die Reise organisieren lassen

Wann immer es möglich ist, sollten Sie die Reise von Ihrer Sekretärin organisieren lassen. Dadurch sparen Sie einiges Zeit und Geld und schonen die Nerven. Teilen Sie Ihrer Sekretärin jedoch genau mit, worauf Sie Wert legen. Was ist Ihnen für die Reise wichtig? Möchten Sie möglichst schnell sein? Möchten Sie bereits am Vortag anreisen? Spielen die Kosten eine Rolle? Machen Sie sich klar, was Ihnen wichtig ist!

Beispiel

Sie möchten von Stuttgart nach Berlin fliegen. Ihre Sekretärin soll „den letzten Flug" buchen. Dieser startet um 21.55 Uhr und macht einen Zwischenstopp in Izmir. Am nächsten Tag sind Sie um 10.10 Uhr in Berlin. Der letzte Direktflug von Stuttgart nach Berlin startet dagegen bereits um 20.45 Uhr.

11.2.3 Zug und Taxi

Die Wahl des Transportmittels hat einen entscheidenden Einfluss darauf, wie lange eine Reise dauert und wie produktiv Sie dabei sein können. Wenn Sie die Vor- und Nachteile der einzelnen Verkehrsmittel abwägen, sollten Sie vor allem folgende Faktoren berücksichtigen:

- Wie lange wird die Reise dauern?
- Wie flexibel sind Sie dabei (z. B. bzgl. Abfahrtszeit, Reiseroute)?
- Wie viel kostet es?
- Fühlen Sie sich mit dem Verkehrsmittel wohl?
- Haben Sie während der Reise genügend Platz und Ruhe, um produktiv zu arbeiten?
- Können Sie Ihre Unterlagen leicht transportieren?
- Wie steht es um Pausen, Essen, Trinken und Toilette während der Reise?

Wenn Sie zu einem Termin mit dem Auto fahren, sind Sie sehr flexibel. Sie können losfahren, wann und wo Sie möchten. Ohne Stau sind Sie in der Regel relativ zügig unterwegs. Zudem können Sie viele Unterlagen und Gepäck mitnehmen und direkt zu Ihrem Zielort fahren. Während der Fahrt können Sie teilweise produktiv arbeiten: Sie können (mit einer Freisprecheinrichtung) telefonieren oder aktuelle Aufgaben und Probleme durchdenken. Allerdings können Sie nicht lesen oder Schriftsätze bearbeiten. Wenn Sie in einen Stau kommen, kann das erheblich an Nerven kosten.

Ihre Produktivität beim Reisen können Sie meistens einfach dadurch steigern, indem Sie auf die Bahn umsteigen. Lassen Sie sich mit dem Taxi von Ihrer Kanzlei zum Bahnhof fahren. Nachdem Sie den Großteil der Distanz auf den Schienen zurückgelegt haben, nehmen Sie sich wieder ein Taxi zu Ihrem endgültigen Ziel. Während der Zugfahrt können Sie viele Dinge erledigen, die Sie auch im Büro tun würden: Lesen, telefonieren, mit dem Laptop arbeiten und unter Umständen auch diktieren. Das Gleiche gilt für die Taxifahrten. Natürlich hat diese Strategie auch Nachteile. Sie können nie sicher sein, dass Ihre Konzentration nicht durch kleine Kinder oder sich lautstark unterhaltende Mitreisende gestört wird. Zudem dauern Zugfahrten häufig länger als mit dem Auto. Meistens kommen Sie dann auch nicht direkt an Ihrem Reiseziel an. Und natürlich kann es immer zu Verspätungen kommen. (Nicht zu vergessen, die häufigen, langen, und lauten Durchsagen auf Deutsch und Englisch: „Meine Damen und Herren, im Namen der Deutschen Bahn begrüßen wir Sie…"). Trotzdem dürfte es sich in zeitlicher Hinsicht oft lohnen, vom Auto auf Bahn und Taxi umzusteigen. Denn selbst wenn Sie nicht ganz so produktiv sind wie im Büro – Sie werden trotzdem wesentlich mehr erledigen als im Auto.

Fragen

Mit welchem Verkehrsmittel reisen Sie am liebsten?

_____

Welche Vorzüge hat es?

_____

_____

11.2.4 Die optimale Reisezeit wählen

Wählen Sie bewusst aus, welche Reisezeit für Sie am günstigsten ist. Wenn Sie tagsüber unterwegs sind, entgeht Ihnen in der Regel mehr produktive Arbeitszeit als abends oder nachts. Es kann daher sinnvoll sein, schon am Vorabend anzureisen.

Beispiel

Herr Roth arbeitet in Stuttgart und hat morgen um 14 Uhr einen Gerichtstermin in Dresden.

- *Variante 1:* Herr Roth fährt von zu Hause direkt zum Flughafen und nimmt um 9.50 Uhr die Maschine nach Dresden. Dadurch entgehen ihm vier produktive Stunden (9 bis 14 Uhr abzgl. Mittagspause).
- *Variante 2:* Herr Roth fliegt bereits am Vortag nach Dresden (Abflug: 20.00 Uhr – Zwischenstopp in München – Ankunft Dresden: 22.25 Uhr). Am nächsten Tag arbeitet er vormittags von 9 bis 13.30 Uhr in einem angemieteten Büro (Business Center). Dadurch entgehen ihm nur 30 produktive Minuten – nämlich die Fahrzeit vom Business Center zum Gericht. Herr Roth kann insbesondere sein morgendliches Leistungshoch komplett nutzen. Dadurch erledigt er einen großen Teil seiner anstehenden Aufgaben und macht 700 € mehr Umsatz.

Letztlich hängt es von Ihren Prioritäten ab: Sind Ihnen der Abend und die Nacht zu Hause wichtiger als ein paar zusätzliche produktive Stunden? Eine frühzeitige Anreise hat jedoch noch einen weiteren Vorteil: Sie können sich für die Reise bequem anziehen und müssen nicht von frühmorgens bis spät am Abend in Ihrem Anzug oder Kostüm stecken.

11.2.5 Einen Chauffeur engagieren

Wer sich fahren lässt, kann nebenher vieles von dem erledigen, was er auch im Büro tun würde. In der Regel sind Sie daher beim Reisen produktiver, wenn Sie nicht selbst mit dem Auto fahren, sondern auf Bahn und Taxi umsteigen. Doch auch diese Alternative hat Nachteile. Der nächste Schritt ist deshalb ein eigener Chauffeur. Fahren Sie mit dem Taxi – oder stellen Sie jemanden ein.

Wenn Sie zu einem Termin mit dem Taxi oder einem eigenen Chauffeur fahren, haben Sie alle Vorteile, die eine Reise mit dem Auto bietet: Sie sind flexibel. Sie können viel Gepäck mitnehmen. Sie kommen direkt zum Ziel. Zusätzlich ermöglicht Ihnen ein Taxifahrer oder Chauffeur, dass Sie während der Fahrt lesen, telefonieren und andere Tätigkeiten ausüben können. Sie können diktieren und Schriftsätze bearbeiten. Dabei spielt es auch keine Rolle, ob Sie während der Fahrt in einen Stau kommen. Das Auto ist dann Ihr mobiles Büro. Der Nachteil eines Chauffeurs sind die Kosten.

Beispiel

Eine Taxifahrt von Frankfurt nach Köln dauert zwei Stunden. Für die 190 km bezahlt man 313 €. Wenn Sie einen Chauffeur anstellen, müssen Sie neben den Kosten für das Auto auch noch das Gehalt des Chauffeurs bezahlen (3000 € monatlich).

Allerdings sollten Sie Folgendes bedenken: Wenn Sie für die Hin- und Rückfahrt jeweils zwei Stunden brauchen, sind an diesem Tag vier Stunden produktive Arbeitszeit verloren, falls Sie selbst fahren. Nehmen Sie jedoch ein Taxi oder haben Sie einen eigenen Chauffeur, können Sie während dieser Zeit arbeiten und Umsatz machen. Bei einem Stundensatz von 200 € haben Sie die Kosten für die Taxifahrt (626 €) mehr als reingeholt. Und auch der Tagessatz für einen Chauffeur liegt deutlich darunter – insbesondere wenn Sie mehrmals im Monat unterwegs sind. Denken Sie deshalb wenigstens einmal darüber nach, ob sich diese Variante für Ihre Kanzlei nicht doch lohnen könnte – gerade wenn Sie mit mehreren Kollegen zusammenarbeiten, die regelmäßig auswärtige Termine haben.

Fragen

Wie viele auswärtige Termine haben Sie durchschnittlich pro Monat?

_____

Wie viele Stunden verbringen Sie dadurch unproduktiv im Auto?

_____

Wie viele auswärtige Termine haben Ihre Kollegen durchschnittlich pro Monat?

_____

Die Chauffeur-Strategie lässt sich noch steigern, indem man die Reisegeschwindigkeit erhöht. Denn auch ein Chauffeur kann nicht verhindern, dass es auf der Autobahn oder in der Innenstadt zu einem Stau kommt. Was liegt also näher als in die Luft zu gehen? Sofern es die örtlichen Gegebenheiten zulassen, erhalten Sie mit etwas Glück für das Dach oder das Gelände Ihrer Kanzlei eine Außenlandegenehmigung. Dann können Sie sich per Hubschrauber jederzeit schnell und bequem zu Ihren Terminen fliegen lassen. Zugegeben, das ist eine relativ anspruchsvolle Variante. Aber letztlich ist es nur eine Frage der Prioritäten: Zeit oder Geld?

11.2.6 Langes Pendeln vermeiden

Keine Reise im eigentlichen Sinne, aber dennoch eine Quelle vieler Zeitprobleme ist der tägliche Anfahrtsweg zum Büro. Wenn Sie mit dem Auto 30 min für die Hinfahrt und genauso lange für die Rückfahrt brauchen, sind Sie jeden Tag eine Stunde unterwegs. Bei 220 Arbeitstagen pro Jahr summiert sich das auf einen ganzen Monat Arbeitszeit (= Lebenszeit). Die Glücksforschung hat gezeigt, dass es drei negative Effekte gibt, an die sich Menschen auch nach langer Zeit nicht gewöhnen: Lärm, chronischer Stress und Pendeln. Auch hier stellt sich wieder die Frage nach den Prioritäten: Was ist Ihnen wichtiger: Das Haus im Grünen oder jeden Tag 40 min weniger Fahrtzeit?

Fragen

Wie lange benötigen Sie jeden Tag für den Weg zu Ihrem Büro und wieder nach Hause?

_____

Wie viele Stunden sind das im Monat?

_____

Welche Verkehrsmittel nutzen Sie dazu?

_____

_____

Warum haben Sie sich gerade für diese Variante entschieden?

_____

_____

Sind Sie damit zufrieden?

_____

Zusammenfassung

Als Rechtsanwalt, Steuerberater oder Wirtschaftsprüfer kommt es immer wieder vor, dass Sie reisen müssen – zu einem auswärtigen Gericht, zu einer Besprechung in einer anderen Stadt oder zur Prüfung beim Mandanten vor Ort. Das kann leicht zu Zeitproblemen führen. Denn an Tagen, an denen Sie reisen, sind Sie tendenziell weniger produktiv als an Tagen, die Sie komplett in Ihrem Büro verbringen. Falls Sie jedoch die Tage, an denen Sie unterwegs sind, zeitlich besser nutzen möchten, gibt es auch hier passende Strategien:

- Die Reise organisieren lassen
- Zug und Taxi
- Die optimale Reisezeit wählen
- Einen Chauffeur engagieren
- Langes Pendeln vermeiden

Zwischen Leerlauf und Überlastung – Eine gleichmäßigere Arbeitsauslastung erreichen

12.1 Die Idee

Die Auslastung von Rechtsanwälten, Steuerberatern und Wirtschaftsprüfern unterliegt naturgemäß gewissen Schwankungen. Phasen, in denen relativ wenig zu tun ist, wechseln sich ab mit Phasen, in denen der Schreibtisch vor Arbeit überquillt. Solange das nicht überhandnimmt und nur gelegentlich vorkommt, ist das unproblematisch. Schwierig wird es jedoch, wenn sich Leerlauf und Überlastung regelmäßig abwechseln und man sich dadurch dauerhaft gestresst und unwohl fühlt oder auf Dinge verzichten muss, die einem wichtig sind. Dieses Problem betrifft häufig Rechtsanwälte, Steuerberater und Wirtschaftsprüfer, die alleine oder in kleinen Kanzleien tätig sind. Berufsanfänger sind davon öfter betroffen als alte Hasen. Aber auch in größeren Wirtschaftskanzleien gibt es in bestimmten Fachbereichen immer wieder Tage, an denen nicht viel zu tun ist und Tage, an denen man viel länger arbeiten muss als man eigentlich möchte. Das nervt, stresst und ist ärgerlich. Denn theoretisch ließe sich die gesamte Arbeit gut in der zur Verfügung stehenden Zeit erledigen – wenn die Arbeit gleichmäßiger verteilt wäre. So aber kämpfen Sie mit den Nachteilen: In Phasen der Überlastung verzichtet man auf Dinge, die einem wichtig sind, die sich in Leerlaufphasen aber nicht einfach nachholen lassen.

> **Beispiel**
>
> Frau Hollwig singt für ihr Leben gerne und ist Mitglied in einem Gospel-Chor. Die Chorprobe ist immer dienstags von 20 bis 22 Uhr. Aufgrund ihrer ungleichmäßigen Arbeitsauslastung kann Frau Hollwig jedoch im Schnitt nur an jeder zweiten Probe teilnehmen.

Das wäre vielleicht akzeptabel, wenn man die Zeiten, in denen weniger zu tun ist, richtig genießen könnte. Doch daran ist meistens nicht zu denken. Denn viele Rechtsanwälte, Steuerberater und Wirtschaftsprüfer fühlen sich bei Leerlauf noch schlechter und

© Springer Fachmedien Wiesbaden 2017

J. Theurer, *Zeitmanagement für Juristen*, DOI 10.1007/978-3-658-14967-3_12

gestresster als bei Überlastung. Man befürchtet, seine Zeit zu vergeuden oder nicht gut genug zu sein. Im schlimmsten Fall plagen einen Existenzängste.

Um eine gleichmäßigere Arbeitsauslastung zu erreichen, hilft es, die Ursachen näher zu beleuchten. Woran liegt es, dass Sie in manchen Phasen überlastet sind? Warum müssen Sie mehr, schneller oder länger arbeiten als Sie eigentlich wollen? Die Ursachen dafür können sehr verschieden sein:

- Sie schieben bestimmte (ungeliebte) Aufgaben solange vor sich her, bis diese unbedingt erledigt werden müssen.
- Sie bearbeiten Fristsachen grundsätzlich immer erst dann, wenn die Frist schon fast abgelaufen ist.
- Es kommen immer wieder viele spontane neue Aufgaben auf einmal.
- Sie sind nicht effizient genug.
- Sie arbeiten in einem Bereich, für den eine ungleichmäßige Arbeitsbelastung geradezu typisch ist (z. B. Transaktionen).

Fragen

Warum kommt es bei Ihnen zu Überlastung?

_____

_____

Andererseits gibt es Tage, an denen Sie wenig zu tun haben. Auch das kann unterschiedliche Ursachen haben:

- Sie können nicht weiterarbeiten, weil Sie auf die Mitarbeit oder Zuarbeit von anderen Personen angewiesen sind.
- Sie haben Aufgaben ungeschickt verteilt oder geplant.

Fragen

Warum kommt es bei Ihnen zu Leerlauf?

_____

_____

_____

12.2 Strategien

12.2.1 Die Situation akzeptieren

Allein der Umstand, dass gerade viele Aufgaben anstehen, führt nicht zu Stress und anderen unguten Gefühlen. Hinzukommen muss jeweils noch eine subjektive negative Einschätzung bezüglich dieser Situation:

- „Ich muss alle anstehenden Aufgaben schnell erledigen."
- „Ich darf keine Aufgabe ablehnen."
- „Eigentlich würde ich jetzt viel lieber etwas anderes machen."
- „Ich bin anderen ausgeliefert."
- „Ich kann nicht selbst über meine Zeit bestimmen."

Fragen

Was denken und fühlen Sie, wenn sich eine Überlastungsphase ankündigt?

_____

_____

Genauso führt allein der Umstand, dass man gerade nichts für andere erledigen muss, nicht zwangsläufig dazu, dass man sich schlecht fühlt. Auch hier muss hinzukommen, dass man diese Situation subjektiv negativ bewertet:

- „Das ist vergeudete Zeit."
- „Ich bin nicht in der Lage, richtig zu planen."
- „Ich werde nie dauerhaft wirtschaftlich erfolgreich sein."
- „Vielleicht ist das der Anfang vom Ende…"

Eine Möglichkeit, etwas zu verbessern, ist deshalb, die Situation zu akzeptieren. Dadurch fühlen Sie sich weniger gestresst und Ihr Gehirn arbeitet effizienter und effektiver. Machen Sie sich deshalb zunächst bewusst, dass Sie sich freiwillig dafür entscheiden. Niemand kann Sie zwingen, in Phasen der Überlastung länger zu arbeiten als Sie selbst wollen. Wenn Sie abends länger im Büro bleiben, machen Sie das deshalb, weil Ihnen diese Alternative besser gefällt als einfach zu gehen.

Machen Sie sich klar, warum Sie diese Option wählen. Welche Konsequenzen hätte es, wenn Sie einfach gingen? Würden Sie dann weniger Umsatz machen? Befürchten Sie, dass Ihre Mandanten verärgert wären und sich einen anderen Rechtsanwalt, Steuerberater oder Wirtschaftsprüfer suchen? Haben Sie Angst vor der Reaktion Ihres Chefs oder Ihrer Kollegen? Möchten Sie Ihre Leistungsbereitschaft demonstrieren? Möchten Sie sich selbst beweisen, dass Sie es schaffen? Befürchten Sie, sonst nicht Partner zu werden?

Fragen

Warum bleiben Sie in Phasen der Überlastung freiwillig länger im Büro?

_____

_____

_____

Wenn Sie in Zukunft wieder in einer Überlastungsphase sind, dann ärgern Sie sich nicht mehr darüber. Machen Sie sich bewusst, warum Sie in dieser Situation freiwillig länger arbeiten und nicht nach Hause gehen. Denken Sie an die positiven Folgen, die das für Sie hat.

Auf die gleiche Weise können Sie auch Phasen von Leerlauf akzeptieren. Machen Sie sich bewusst, welchen Vorteil es für Sie hat, auch dann im Büro zu bleiben, wenn wenig oder nichts zu tun ist.

Fragen

Warum gehen Sie in Phasen des Leerlaufs nicht einfach nach Hause?

_____

_____

_____

Eine andere Möglichkeit ist es, Zeiten, in denen Sie wenig zu tun haben, nicht mehr als „Leerlauf" zu bezeichnen, sondern mit einem positiven Begriff zu belegen:

- „Regenerationsphase"
- „Zeit für neue Ideen"
- „Zeit für mich"

Betrachten Sie diese Phase als persönlichen Freiraum. Nutzen Sie dieses Geschenk für sich. Entspannen Sie sich. Erholen Sie sich. Tun Sie die Dinge, die in Phasen der Überlastung zu kurz kommen. Betrachten Sie das als fairen Ausgleich für Ihre Mehrarbeit an anderen Tagen.

Was könnten Sie in Phasen, in denen Sie wenig zu tun haben, Schönes machen?

_____

_____

_____

Wie könnten Sie diese Phasen mit einem für Sie positiven Begriff benennen?

_____

12.2.2 Aufgaben vorziehen oder verschieben

Ein anderer Ansatz, um eine gleichmäßigere Arbeitsauslastung zu erreichen, ist es, die anstehenden Aufgaben und Tätigkeiten so zu verteilen, dass sich die Phasen von Leerlauf und Überlastung glätten. Dazu nehmen Sie Aufgaben und Tätigkeiten aus einer Überlastungsphase und erledigen diese in einer Leerlaufphase. Das klingt trivial, erfordert aber eine sorgfältige Planung.

Es gibt immer Tätigkeiten, die regelmäßig und unabhängig von bestimmten Mandaten anfallen. Dazu gehören insbesondere Akquise und Fortbildung. Haben Sie eine konkrete und realistische Vorstellung davon, wie viel Zeit Sie für diese Tätigkeiten aufwenden möchten oder müssen, verfügen Sie über eine gewisse Manövriermasse.

Beispiel
Frau Belsen plant für jede Woche zwei Stunden für Fortbildung und vier Stunden für Akquise ein. In zwei Monaten sind das ca. 50 Stunden. Somit kann sie theoretisch eine ganze Woche Leerlauf sinnvoll füllen, indem sie in dieser Zeit ausschließlich Fortbildung und Akquise macht.

Diese Strategie hat zudem den Vorteil, dass Sie sich ab und zu intensiv in neue Teilgebiete Ihres Schwerpunktbereiches vertiefen können. Dadurch erhalten Sie wahrscheinlich viele neue Anregungen, Impulse und Ideen. Zudem haben Sie die Chance, sich mit etwas ganz anderem zu beschäftigen. Wie wäre es mit einem Grundlagenfach? Besuchen Sie ein Rhetorik-Seminar oder beschäftigen Sie sich mit Logik. Falls Sie nach einer Woche immer noch nichts zu tun haben, können Sie weitere Aufgaben und Tätigkeiten vorziehen. Wie wäre es, wenn Sie sich jetzt Ihrer Akquise zuwenden? Das kommt in Phasen der Überlastung sowieso meistens zu kurz. Und je intensiver Sie sich damit beschäftigen und aktiv Akquise machen, desto eher endet auch Ihre Leerlaufphase.

In Überlastungsphasen machen Sie es dann genau umgekehrt. Wenn Sie sowieso schon sehr viel zu tun haben, reduzieren Sie den zeitlichen Aufwand für alles, was nicht unbedingt sofort erledigt werden muss.

Beispiel

In den nächsten zwei Wochen ist Frau Belsen durch drei neue Großverfahren komplett ausgelastet. Sie reduziert ihre Fortbildungsaktivitäten auf das schnelle Überfliegen der NJW und macht keine Akquisetätigkeiten. Dadurch gewinnt sie zwölf Stunden.

Natürlich ist damit nicht in jedem Fall sichergestellt, dass Sie mit dieser Strategie Ihre Arbeitsbelastung vollständig glätten können. Aber es ist ein erster Schritt – und es gibt weitere Strategien. Wenn es gar nicht anders geht, müssen Sie anhand Ihrer Prioritäten entscheiden, was Ihnen wichtiger ist: Für eine gewissen Zeitraum sehr viel mehr arbeiten und dafür auf andere Tätigkeiten verzichten? Oder lieber einen Teil der Aufgaben ablehnen oder delegieren, um dadurch Zeit für das zu haben, was Ihnen sonst noch wichtig ist?

Fragen

Wie viel Zeit verwenden Sie durchschnittlich für Fortbildung?

_____ Stunden pro Woche

_____ Stunden pro Monat

Wie viel Zeit verwenden Sie durchschnittlich für Akquisetätigkeiten?

_____ Stunden pro Woche

_____ Stunden pro Monat

Welche anderen Tätigkeiten machen Sie sonst noch regelmäßig, die unabhängig von konkreten Mandaten sind? Wie viel Zeit verwenden Sie durchschnittlich dafür?

_____

_____ Stunden pro Woche

_____ Stunden pro Monat

_____

_____ Stunden pro Woche

_____ Stunden pro Monat

Summieren Sie die Zeit für diese mandatsunabhängigen Aktivitäten. Wie viel zeitliche Manövriermasse haben Sie?

_____ Stunden pro Woche

_____ Stunden pro Monat

12.2.3 Souverän entscheiden

Das Problem von Leerlauf und Überlastung können Sie dadurch lösen, indem Sie in Zukunft selbst über Ihre Zeit bestimmen. Machen Sie sich dazu klar, was Ihre wichtigsten Bedürfnisse sind und was Sie für deren Befriedigung mindestens brauchen. Sobald Sie das erreicht haben, können Sie guten Gewissens souverän über Ihre Zeit bestimmen.

Hitzefrei In Phasen des Leerlaufs gehen Sie einfach nach Hause, sobald Sie mit Ihrer Arbeit fertig sind. Geben Sie sich „hitzefrei". Nutzen Sie diese Gelegenheit als spontanen Kurzurlaub. Machen Sie etwas Schönes – ganz ohne schlechtes Gewissen. Lesen Sie die Bücher, die Sie schon immer lesen wollten. Oder faulenzen Sie.

Aufgaben verringern Wenn die Überlastung bei Ihnen dadurch entsteht, dass Sie zu viele Aufgaben haben, dann nehmen Sie weniger Mandate an oder delegieren Sie. Verschwenden Sie Ihre Zeit nicht damit, zu versuchen, die zu vielen Aufgaben zu verschieben oder schneller zu arbeiten. Bleiben Sie sich und Ihrem Arbeitsstil treu. Machen Sie nur das, was Sie in dem für Sie angenehmen Tempo in der für Sie angemessenen Qualität erledigen können und wollen. Der Vorteil dieser Strategie ist, dass sie Ihrem Arbeitsstil perfekt entgegenkommt. Sie müssen sich in Phasen der Arbeitsüberlastung nicht zerreißen. Machen Sie sich von dem Glaubenssatz frei, dass Sie jedes Mandat annehmen oder jede Aufgabe erledigen müssen. Machen Sie sich klar, was Ihre Ziele sind, und entscheiden Sie dann, ob Sie dafür bestimmte Mandate oder Aufgaben unbedingt brauchen.

Beispiel

Frau Belsen ist Inhaberin einer gefragten Boutique für internationale Schiedsverfahren. Für den Betrieb der Kanzlei (zwei Sekretärinnen und ein Associate) und ihren Lebensunterhalt benötigt sie einen Umsatz von 400.000 € pro Jahr. Im Oktober kommen gleichzeitig drei neue Großmandate. Nimmt sie diese an, muss sie die nächsten Wochen außerordentlich viel arbeiten. Da sie dieses Jahr bereits mehr als 500.000 € Umsatz gemacht hat, entscheidet sich Frau Belsen dafür, nur zwei der Mandate anzunehmen.

Machen Sie sich bewusst, welche materiellen Bedürfnisse Sie haben und welche finanziellen Mittel dafür notwendig sind.

Fragen

Wie viel Umsatz brauchen Sie mindestens pro Jahr, um zufrieden leben zu können?

_____

Nach wie vielen Monaten hatten Sie diesen Betrag letztes Jahr erreicht?

_____

Haben Sie schon einmal ein Mandat abgelehnt, weil Sie bereits genügend Umsatz gemacht hatten? Wann?

_____

Neues Rechtsgebiet Hängt die Ursache der Überlastung mit der Art des Rechtsgebietes zusammen, in dem Sie tätig sind? Dann wechseln Sie das Rechtsgebiet! Sie möchten nicht wochenlang jeden Tag bis um 24 Uhr arbeiten? Dann machen Sie keine Transaktionen mehr, sondern satteln Sie um auf Verwaltungsrecht. Das klingt radikal – und genau das ist es auch. Machen Sie sich klar, was Ihre Prioritäten im Leben sind und handeln Sie danach.

12.2.4 Die notwendige Mitarbeit der Mandanten aktiv einfordern

Wenn Leerlauf und Überlastung bei Ihnen dadurch entstehen, dass Mandanten nicht genügend mitarbeiten, dann fordern Sie diese Mitarbeit aktiv ein! Nehmen Sie es nicht einfach hin, dass Sie auf bestimmte Informationen oder Mitwirkungshandlungen unnötig lange warten müssen. Machen Sie das Ihren Mandanten klar. Viele Rechtsanwälte, Steuerberater und Wirtschaftsprüfer haben das Motto „Der Mandant zuerst!". Das ist völlig in Ordnung. Aber lassen Sie nicht zu, dass die Mandanten Ihnen deshalb auf der

Nase herumtanzen. Agieren Sie selbstbewusst. Erklären Sie Ihren Mandanten, warum es wichtig ist, dass Sie die notwendigen Informationen rechtzeitig erhalten. Vereinbaren Sie konkrete Termine, bis wann die Mandanten liefern sollen. Fragen Sie sofort nach (ggf. mehrfach), wenn es zu Verzögerungen kommt. Stellen Sie diese Nachfragen in Rechnung. In besonders schwierigen Fällen können Sie in Ihren Honorarbedingungen eine Extragebühr für den Fall vereinbaren, dass es wegen der verspäteten Mitwirkung des Mandanten bei Ihnen zu zeitlichen Missständen (Leerlauf oder Überlastung) kommt. Ändern Sie Ihre Einstellung: Sie sind zwar Dienstleister, aber Sie möchten auch etwas für sich erreichen. Sorgen Sie deshalb aktiv dafür, dass alles da ist, was Sie für Ihre Arbeit brauchen. Warten Sie nicht mehr passiv ab, sondern handeln Sie selbstbewusst und souverän.

Fragen

Bei welchen Mandanten müssen Sie immer wieder auf notwendige Informationen warten?

_____

_____

Wie könnten Sie diese Mandanten dazu bringen, künftig pünktlich zu liefern?

_____

_____

Welche Vorteile hätte das für Sie?

_____

_____

Zusammenfassung

Die Auslastung von Rechtsanwälten, Steuerberatern und Wirtschaftsprüfern unterliegt naturgemäß gewissen Schwankungen. Phasen, in denen relativ wenig zu tun ist, wechseln sich ab mit Phasen, in denen der Schreibtisch überquillt. Solange das nicht überhandnimmt und nur gelegentlich vorkommt, ist das unproblematisch. Schwierig wird es jedoch, wenn sich Leerlauf und Überlastung regelmäßig abwechseln und man sich dadurch dauerhaft gestresst und unwohl fühlt oder auf Dinge verzichten muss, die einem wichtig sind. Dann helfen insbesondere folgende Strategien, um eine gleichmäßigere Arbeitsauslastung zu erreichen:

- Die Situation akzeptieren
- Aufgaben vorziehen oder verschieben
- Souverän entscheiden
- Die notwendige Mitarbeit der Mandanten aktiv einfordern

E-Mail effizient nutzen 13

13.1 Die Idee

Als Rechtsanwalt, Steuerberater oder Wirtschaftsprüfer haben Sie wahrscheinlich jeden Tag mit E-Mails zu tun. Mit diesem Werkzeug kann man leicht und schnell kommunizieren und grundsätzlich viel Zeit sparen. Allerdings gibt es auch Umstände, die dazu führen, dass man durch E-Mails Zeit verliert. Das ist etwa dann der Fall, wenn man sein Ziel schneller mit einem anderen Kommunikationsmittel erreichen könnte.

Beispiel

Sie benötigen von Ihrem Mandanten noch einige Informationen, um einen Schriftsatz erstellen zu können.

- *Variante 1:* Sie schreiben eine E-Mail. Das dauert fünf Minuten. Dann müssen Sie zwei Stunden warten, bis die Antwort kommt. Das Lesen der Antwort-E-Mail dauert zwei Minuten. Allerdings ist Ihnen ein Punkt nicht ganz klar. Also schreiben Sie noch eine E-Mail (Dauer: zwei Minuten). Nach einer weiteren Stunde kommt die Antwort. Wieder lesen Sie zwei Minuten.
- *Variante 2:* Sie rufen an und besprechen die Angelegenheit in fünf Minuten.

Doch auch dann, wenn in einer Situation E-Mail im Prinzip das schnellste Kommunikationsmittel ist, kann man noch Zeit sparen oder verlieren. Denn man kann mehr oder weniger Zeit für das Verfassen einer E-Mail brauchen – je nachdem, wie schnell Sie auf den Punkt kommen und wie lange Sie an Ihren Formulierungen feilen. Auch für das Lesen, Bearbeiten und Verwalten eingehender E-Mails gibt es Strategien, die mehr oder weniger effizient sind.

© Springer Fachmedien Wiesbaden 2017
J. Theurer, *Zeitmanagement für Juristen*, DOI 10.1007/978-3-658-14967-3_13

Beispiel

- Wer in seinem E-Mail-Postfach nur einen einzigen Ordner hat („Posteingang"),
  muss in der Regel länger nach einer älteren Nachricht suchen als jemand, der seine
  E-Mails in einigen wenigen, sinnvoll benannten Ordnern ablegt („Posteingang",
  „Mandant X", „Mandant Y", „sonstige Mandanten", „Intern").
- Wer jede eingehende E-Mail sofort liest, kann nicht so lange ungestört und kon-
  zentriert arbeiten wie jemand, der seine E-Mails nur zweimal am Tag abruft.

Also: Mithilfe des Werkzeugs E-Mail kann man seine Effizienz beträchtlich steigern.
Jedoch nimmt die Nutzung dieses Werkzeugs immer eine bestimmte Zeit in Anspruch.
Man kann für die Erreichung seiner (Kommunikations-)Ziele deshalb mehr oder weniger
Zeit brauchen. Im Folgenden geht es vor allem um diesen zeitlichen Aspekt:

- Wie kann man möglichst effizient mit E-Mail arbeiten?
- Wie vermeidet man es, beim Schreiben einer E-Mail mehr Zeit zu brauchen als erforderlich?
- Wie verhindert man es, durch häufiges Abrufen der Nachrichten in seiner Konzentration gestört zu werden?

Dazu ist es sinnvoll, sich zunächst bewusst zu machen, wie Sie bislang vorgehen, wenn
Sie E-Mails lesen, schreiben oder verwalten.

Fragen

Haben Sie Ihre Strategien für den Umgang mit E-Mails gezielt ausgewählt?

_____

Überlegen Sie vor dem Schreiben einer E-Mail, ob das in diesem Fall wirklich das
effizienteste Kommunikationsmittel ist?

_____

In welchen Fällen bevorzugen Sie E-Mails gegenüber einem Telefonanruf?

_____

_____

_____

Wann lesen Sie zum ersten Mal am Tag Ihre E-Mails?

_____

Wie oft schauen Sie nach, ob neue E-Mails eingetroffen sind?

_____

In welcher Reihenfolge bearbeiten Sie Ihre E-Mails?

_____

Wann lesen Sie eine E-Mail nicht?

_____

Wie hoch ist der Anteil der E-Mails, die Sie mehrmals lesen, bevor Sie entscheiden, was Sie damit machen?

_____

Wie viele Ordner haben Sie in Ihrem E-Mail-Postfach?

_____

An welchen Stellen Ihres Umgangs mit E-Mails könnte es noch Optimierungspotenzial geben?

_____

13.2   Strategien

Am wenigsten Zeit verlieren Sie mit den E-Mails, die Sie gar nicht erst bekommen. Lassen Sie sich deshalb aus E-Mail-Verteilern streichen, die Ihnen nichts bringen. Bestellen Sie nutzlose Newsletter ab. Widersprechen Sie der Zusendung von Werbemails. Die E-Mails, die dann noch in Ihrem Postfach landen, können Sie mit den folgenden Strategien effizient und zeitsparend bearbeiten.

13.2.1 Eingehende E-Mails

Ignorieren Sie Spam konsequent Öffnen Sie nicht wahllos jede E-Mail, die Sie bekommen. Viel zu oft handelt es sich um Werbung oder andere Nachrichten, die Ihnen nichts nutzen („Spam"). Falls Sie schon am Absender oder dem Betreff der E-Mail erkennen, dass Sie für das Lesen dieser E-Mail keine Zeit verwenden möchten, dann löschen Sie diese E-Mail ungelesen!

Stellen Sie Ihr E-Mail-Programm so ein, dass es Spam-Mails selbstständig aussortiert und in einem eigenen Ordner sammelt. Dann können Sie diesen Spam-Ordner hin und wieder kurz überfliegen, um zu überprüfen, ob nicht versehentlich doch eine wichtige Nachricht darin gelandet ist.

Entscheiden Sie sofort, was zu tun ist Wenn Sie eine E-Mail lesen, dann entscheiden Sie unmittelbar nach dem Lesen, was Sie mit dieser E-Mail machen werden:

- Löschen
- Beantworten
- Speichern

Andernfalls müssen Sie die Nachricht später nochmals lesen. Das dauert dann insgesamt mindestens doppelt so lang. Zudem haben Sie währenddessen immer auch die noch unbearbeitete E-Mail in Ihrem Unterbewusstsein präsent. Und das kostet Konzentration.

Löschen? Falls Sie nach dem Lesen der E-Mail zu der Einschätzung kommen, dass Sie diese E-Mail in Zukunft nicht mehr brauchen, dann löschen Sie sie sofort. Dadurch schließen Sie aus, dass Sie sich später aus Versehen noch einmal damit beschäftigen und Zeit verschwenden. Außerdem bereitet es meistens ein gutes Gefühl, E-Mails zu löschen.

Beantworten? Falls Sie die E-Mail beantworten möchten, entscheiden Sie gleich nach dem Lesen, wann Sie das tun. Dauert die Beantwortung der E-Mail weniger als zwei Minuten? Dann ist es häufig sinnvoll, das sofort zu erledigen. Andernfalls kostet es Sie mehr Zeit, wenn Sie später die E-Mail nochmals lesen und erst dann bearbeiten. Natürlich ist die Dauer von zwei Minuten nur ein allgemeiner Anhaltspunkt. Finden Sie heraus, was in Ihrer individuellen Situation am besten passt. 30 Sekunden? Eine Minute? Zehn Minuten? Dauert die Beantwortung der E-Mail länger, dann entscheiden Sie sofort, wann Sie sich darum kümmern werden. Das kann zum Beispiel im Rahmen Ihres täglichen E-Mail-Blocks sein. Bei umfangreichen E-Mails könnten Sie auch einen eigenen Termin dafür festlegen. Sobald Sie die Nachricht beantwortet haben, entscheiden Sie, was nun damit passieren soll: Löschen oder Speichern?

Speichern? Falls eine E-Mail „nur" Informationen enthält, die Sie später vielleicht noch benötigen, speichern Sie die E-Mail in einem entsprechenden Ordner.

Ordner und Kategorien   Wenn Sie viele E-Mails bekommen, können Sie viel Zeit verlieren, wenn Sie diese nicht sinnvoll ordnen. Zum einen kann es dann sehr lange dauern,
eine bestimmte E-Mail zu finden. Selbst wenn Ihr E-Mail-Programm über eine Suchfunktion verfügt, können Sie damit in der Regel nur nach konkreten Begriffen suchen
und nicht semantisch (= nach sinnverwandten Begriffen). Es kann aber auch vorkommen, dass Sie mehrere E-Mails zu einem bestimmten Thema oder von einem bestimmten
Empfänger bekommen haben. Dann beantworten Sie möglicherweise die erste E-Mail
und stellen beim Lesen der zweiten Nachricht fest, dass sich das Thema bereits erledigt hat. Deshalb: Wenn Sie mehr als fünf E-Mails pro Tag erhalten, ist es sinnvoll, Ihr
E-Mail Postfach in (Unter-)Ordner zu gliedern.

Welche Ordner Sie anlegen, hängt von Ihrer individuellen Situation ab. Sie können
zum Beispiel für jeden Mandanten einen eigenen Ordner anlegen oder auch für besonders wichtige Mandate. Dabei sind Ihrer Fantasie keine Grenzen gesetzt. Allerdings bietet es sich an, nur so viele Ordner zu haben, wie Sie ohne zu scrollen mit einem Blick
auf Ihrem Bildschirm sehen können. Denn sonst besteht die Gefahr, dass Sie E-Mails
übersehen.

Wenn Sie in Ihrem E-Mail-Programm Kategorien festlegen, können Sie dadurch
ebenfalls Zeit sparen. Dazu legen Sie bestimmte Kriterien fest und bestimmen, was mit
einer E-Mail geschehen soll, auf die ein bestimmtes Kriterium zutrifft. Die wichtigste
Aktion ist es, die E-Mail in einen bestimmten Ordner zu verschieben.

Beispiel

- Absender X? → Falls ja: Verschiebe die E-Mail in den Ordner „Mandant X"
- Absender Y? → Falls ja: Verschiebe die E-Mail in den Ordner „Spam"

Machen Sie sich mit Ihrem E-Mail-Programm und seinen Funktionen vertraut. Dabei
investieren Sie zwar zunächst etwas Zeit, aber das zahlt sich hinterher vielfach aus.

13.2.2 Ausgehende E-Mails

Beim Schreiben von E-Mails verliert man vor allem aus folgenden Gründen Zeit:

- Eine E-Mail ist nicht das optimale Medium für die Nachricht.
- Man benötigt zu viel Zeit beim Formulieren der E-Mail.
- Der Empfänger übersieht bestimmte Informationen in der E-Mail.

Ist E-Mail das geeignete Medium?   Bevor Sie eine E-Mail schreiben, sollten Sie sich
überlegen, ob eine E-Mail in diesem Fall überhaupt das beste Kommunikationsmedium
ist. E-Mails ermöglichen eine „asynchrone Kommunikation" (= die Gesprächsteilneh-
mer „reden" zu unterschiedlichen Zeitpunkten). Das ist zum Beispiel dann nützlich,
wenn

- Sie nur bestimmte Informationen zur Kenntnis mitteilen wollen, ohne eine Antwort oder Stellungnahme zu erwarten oder
- der Empfänger der E-Mail diese kurz und schnell beantworten kann.

> **Beispiel**
>
> Sehr geehrter Herr Meyer, ich möchte mit Ihnen die Gerichtsverhandlung nächste Woche durchsprechen. Kann ich Sie heute Abend um 17 Uhr anrufen? Mit freundlichen Grüßen

Weniger geeignet ist das Medium E-Mail, wenn es um Diskussionen, Abstimmungsprozesse oder „schwierige" Gespräche geht. In diesem Fall ist es in der Regel wesentlich effektiver und zeitsparender, die betreffende Person anzurufen oder persönlich mit ihr zu sprechen.

> **Beispiel**
>
> Sie möchten mit dem Rechtsanwalt der Gegenseite über einen Vergleich verhandeln.

Beachten Sie, dass Sie auf eine E-Mail nicht unbedingt per E-Mail antworten müssen.

Tipps zum effizienten Formulieren Wenn Sie eine E-Mail schreiben, halten Sie sich an die KISS-Methode: Keep It Short and Simple! Der Autor Zach Davis rät zu folgender zweistufigen Strategie: 1) Schreiben Sie eine kurze Zusammenfassung. 2) Lassen Sie den Rest weg.

Überlegen Sie, was Sie mit der E-Mail erreichen möchten:

- Möchten Sie den Empfänger nur über etwas informieren?
- Soll der Empfänger auf eine Frage antworten?
- Soll der Empfänger eine bestimmte Handlung vornehmen?

Wenn Sie wissen, was Sie mit der E-Mail erreichen möchten, können Sie zielgerichtet und schnell formulieren. Von Ihrem Ziel hängt es auch ab, wie sehr Sie an der Formulierung und Wortwahl feilen. Geht es nur darum, Ihrem Mandanten eine Information zukommen zu lassen – dann belassen Sie es auch dabei.

> **Beispiel**
>
> Sie benötigen von Ihrem Mandanten eine Information für den Schriftsatz.
> - *Variante 1: „Sehr geehrter Herr Schulz, ich hoffe, es geht Ihnen gut. Wie Sie ja wissen, bearbeite ich gerade für Sie die Sache X-GmbH. Das läuft grundsätzlich ganz gut. Gerade habe ich jedoch gemerkt, dass mir noch eine Information fehlt. Bitte teilen Sie mir doch noch mit, ob der Kaufpreis mittlerweile bezahlt wurde. Das ist sehr wichtig, denn ansonsten kann ich den Schriftsatz nicht sinnvoll fertig machen. Mit freundlichen Grüßen"*

- *Variante 2: „Sehr geehrter Herr Schulz, hat die X-GmbH den Kaufpreis schon bezahlt? Mit freundlichen Grüßen"*

Wenn Sie eine E-Mail beantworten, stellen Sie Ihr E-Mail-Programm so ein, dass dem ursprünglichen Text ein Zeichen („>" oder „|") vorangestellt wird. Dann können Sie Ihre Antworten und Kommentare direkt darunter einfügen.

Beispiel

> >Wann können wir in der Sache X mal telefonieren?
> Donnerstag um 16 Uhr

Verlieren Sie bei der Formulierung der Betreff-Zeile nicht viel Zeit. Schreiben Sie kurz und präzise, worum es in Ihrer E-Mail geht (z. B. „Mandat Y – Termin vor dem LG Stuttgart vom 23.04.2014 – Aktennotiz"). Formulieren Sie die Betreffzeile erst am Schluss, wenn der Inhalt der Nachricht feststeht.

Nichts übersehen lassen Formulieren Sie Ihre E-Mails so, dass der Empfänger keinen wesentlichen Punkt übersieht. Dadurch verhindern Sie weitere Nachfragen und unproduktives Warten.

- Beschreiben Sie ggf. in der Betreffzeile kurz und präzise, was Sie erwarten (z. B. „Bitte um Antwort bis zum 30. Juli").
- Gliedern Sie Ihre E-Mail so, dass klar ist, wann ein neuer Punkt anfängt.
- Benutzen Sie Aufzählungszeichen.
- Heben Sie Wichtiges fett hervor.
- Machen Sie Absätze.
- Besonders wichtig: Schreiben Sie für jedes eigenständige Thema eine eigene E-Mail.

13.2.3 Wie oft soll man seine E-Mails abrufen?

Wie oft soll man seine E-Mails abrufen? Die Spanne der möglichen Antworten reicht von „gar nicht" über „einmal pro Tag" bis zu „sofort wenn sie reinkommen". In den meisten Fällen wird die Option „gar nicht" jedoch ausscheiden. Schließlich möchten Sie Ihre Mandanten nicht verärgern, sondern Ihre Fälle sorgfältig bearbeiten. Folglich werden Sie sich für eine bestimmte „Frequenz" entscheiden müssen. Wie hoch diese Frequenz ist, hängt von Ihrer individuellen Situation ab. Wenn Sie als Strafverteidiger am Wochenende Notdienst haben, ist es sinnvoll, eingehende E-Mails sofort zu lesen. Wenn Sie dagegen ausschließlich mit Verwaltungssachen zu tun haben, reicht es in der Regel aus, wenn Sie Ihre E-Mails zwei- bis viermal am Tag abrufen.

Bei Ihrer Entscheidung sollten Sie (wenigstens) folgende Kriterien berücksichtigen:

- Je öfter Sie Ihre E-Mails abfragen, desto häufiger müssen Sie Ihre aktuelle Tätigkeit unterbrechen. Sie können dann nicht mehr so lange konzentriert am Stück eine Aufgabe bearbeiten. Jedes Mal wenn Sie sich dann wieder neu eindenken müssen, verlieren Sie Zeit.
- Was erwartet der Absender der E-Mail? Ist es aus seiner Sicht erforderlich, dass Sie sofort reagieren und antworten? Wie lange wird er „ohne zu murren" warten?
- Was möchten Sie „leisten"? Ist es Ihr Geschäftsmodell, sofort zu antworten?

Um möglichst effizient viele E-Mails zu bearbeiten, sollte Ihre Entscheidung jedoch nicht von folgenden Punkten abhängen: Dem Glaubenssatz „Ich muss E-Mails sofort lesen!" und Ihrer Neugier. Falls Sie glauben, Sie müssten jede neue E-Mail sofort lesen, fragen Sie sich, was hinter dieser Überzeugung steckt. Meistens ist das ein weiterer Glaubenssatz:

- „Die Mandanten erwarten das."
- „In unserer Kanzlei macht man das so."
- „Sonst kommt es zur Katastrophe."

Wenn das bei Ihnen der Fall ist, machen Sie sich Folgendes klar: Man kann seine Mandanten erziehen! Häufig ist die übertriebene Erwartung der Mandanten ein selbst geschaffenes Problem: Zunächst erwarten die Mandanten, dass Sie innerhalb von einem Tag antworten. Sie möchten einen möglichst guten Service bieten und antworten immer schon nach zwei Stunden. Mit der Zeit gewöhnen sich Ihre Mandanten daran und schreiben entsprechend kurzfristiger. Sie möchten wieder schneller sein usw.

Gibt es in Ihrer Kanzlei eine Regel, dass alle eingehenden E-Mails sofort beantwortet werden sollen, dann ändern Sie diese Regel. Genügt es nicht, eingehende E-Mails innerhalb von vier Stunden oder einem Tag zu beantworten? Als Rechtsanwalt, Steuerberater oder Wirtschaftsprüfer haben Sie zwar einen verantwortungsvollen Job, aber anders als in einer Notaufnahme geht es weder um Sekunden oder Minuten noch um Leben oder Tod. Überlegen Sie, ob es wirklich zur Katastrophe kommen würde, wenn Sie Ihre E-Mails nicht sofort lesen, sondern nur zu bestimmten Zeitpunkten. Was könnte schlimmstenfalls passieren? In den meisten Fällen lautet die Antwort: gar nichts. Bereits jetzt kommt es hin und wieder vor, dass Sie nicht sofort auf eine eingehende E-Mail reagieren können (z. B. wenn Sie in einer Verhandlung sind). Dann müssen sich Ihre Mandanten auch damit abfinden, dass Sie möglicherweise erst nach einigen Stunden antworten – und offensichtlich akzeptieren sie das.

Dagegen wenden manche Rechtsanwälte, Steuerberater und Wirtschaftsprüfer ein, dass es zwar tatsächlich in den allermeisten Fällen kein Problem wäre, die E-Mail auch erst später zu lesen – aber in ein oder zwei Fällen eben doch. Und deswegen lohne es sich, jede E-Mail sofort zu lesen. Natürlich kann man das so sehen. Letztlich ist das eine Frage Ihrer Prioritäten:

- Ist es Ihnen wichtiger, zwei Mandanten mehr zufriedenzustellen und dafür während Ihres gesamten Berufslebens nie längere Zeit konzentriert arbeiten zu können, weil Sie jede eingehende E-Mail sofort lesen?
- Oder möchten Sie lieber jeden Tag wenigstens ein oder zwei Stunden am Stück ungestört arbeiten können und riskieren es dafür, alle 20 Jahre einmal in einer Angelegenheit nicht sofort reagieren zu können?

Sie sollten sich auch nicht dafür entscheiden, jede eingehende E-Mail sofort zu lesen, weil Sie so neugierig sind. Grundsätzlich ist Neugier etwas Positives. Allerdings kostet sie in diesem Fall erheblich Zeit und Konzentration. Wenn Sie jeden Tag dreißigmal Ihre aktuelle Aufgabe unterbrechen, um eingehende E-Mails zu lesen, ist die dafür aufgewandte Zeit in der Regel nicht produktiv investiert. Im Gegenteil: Sie verlieren noch weitere Zeit, weil Sie sich danach jedes Mal wieder in Ihre aktuelle Aufgabe eindenken müssen.

Stärken Sie also Ihre Selbstbeherrschung und lesen Sie Ihre neuen E-Mails nur zu festgelegten Zeitpunkten. Und stellen Sie die akustischen und visuellen Signalgeber, die den Eingang einer neuen E-Mail anzeigen, ab. Dann werden Sie gar nicht erst in Versuchung geführt.

Zusammenfassung

Als Rechtsanwalt, Steuerberater oder Wirtschaftsprüfer haben Sie wahrscheinlich jeden Tag mit E-Mails zu tun. Mit diesem Werkzeug kann man leicht und schnell kommunizieren und grundsätzlich viel Zeit sparen. Allerdings gibt es auch Umstände, die dazu führen, dass man durch E-Mails Zeit verliert. Denn man kann mehr oder weniger Zeit für das Verfassen einer E-Mail brauchen – je nachdem, wie schnell Sie auf den Punkt kommen und wie lange Sie an Ihren Formulierungen feilen. Auch für das Lesen, Bearbeiten und Verwalten eingehender E-Mails gibt es Strategien, die effizienter sind als andere:

- Ignorieren Sie Spam konsequent.
- Entscheiden Sie sofort, was Sie mit einer E-Mail machen.
- Formulieren Sie effizient.
- Entscheiden Sie bewusst, wie oft Sie Ihre E-Mails abrufen.

14.1 Die Idee

Als Rechtsanwalt, Steuerberater oder Wirtschaftsprüfer führen Sie jeden Tag eine nicht unerhebliche Zahl von Telefongesprächen. Mit diesem Werkzeug kommunizieren Sie einfach und schnell und können Zeit sparen. Unter bestimmten Umständen können Sie durch Telefonieren aber auch Zeit verlieren. Das ist dann der Fall, wenn Sie Ihr Ziel schneller mit einem anderen Kommunikationsmittel erreichen.

Beispiel

Frau Zeisig hat Geburtstag und möchte ihre 30 Kollegen zum Anstoßen einladen.
- *Variante 1:* Sie ruft jeden einzeln an. Dauer (inklusive Gratulieren und Smalltalk): 45 Minuten
- *Variante 2:* Sie schreibt eine E-Mail an alle. Dauer: 1 Minute

Doch selbst dann, wenn in einer Situation das Telefon im Prinzip das beste Kommunikationsmittel ist, kann man Zeit sparen oder verlieren. Denn ein Telefongespräch kann länger oder kürzer dauern – je nachdem, wie schnell Sie auf den Punkt kommen und wie gut Sie darin sind, das Gespräch zu beenden.

Beispiel

Wer in einem Telefongespräch gewohnheitsmäßig zunächst zehn Minuten Smalltalk führt, braucht länger als jemand, der nach einer kurzen Begrüßung direkt zum Grund seines Anrufs kommt.

Telefonate kosten auch dann viel Zeit, wenn Sie dadurch ständig bei der Arbeit unterbrochen werden.

© Springer Fachmedien Wiesbaden 2017
J. Theurer, *Zeitmanagement für Juristen*, DOI 10.1007/978-3-658-14967-3_14

Beispiel

Herr Rahn arbeitet an einem komplizierten Vertragsentwurf. Gerade ist ihm eine clevere juristische Konstruktion eingefallen. Bevor er sie notieren kann, läutet das Telefon. Ein Mandant möchte „kurz" über seinen Fall sprechen. Nach zehn Minuten ist
das Gespräch beendet – und die gute Idee vergessen. Jetzt muss sich Herr Rahn wieder in den Vertragsentwurf eindenken. Das kostet Zeit und Konzentration.

Also: Mithilfe des Werkzeugs Telefonieren kann man seine Effizienz beträchtlich steigern. Jedoch nimmt die Benutzung dieses Werkzeugs immer auch eine bestimmte Zeit
in Anspruch. Wie viel Zeit das konkret ist, hängt von Ihrer Strategie ab. Man kann für
die Erreichung seiner (Kommunikations-)Ziele mehr oder weniger viel Zeit brauchen.
Darum geht es im Folgenden:

- Wie kann man möglichst effizient telefonieren?
- Wie vermeidet man es, für ein Telefongespräch mehr Zeit zu brauchen als erforderlich?
- Wie kann man verhindern, durch häufige Anrufe zu oft in seiner Konzentration gestört
  zu werden?

Fragen

Haben Sie sich schon einmal bewusst Gedanken über Ihre Telefon-Strategie gemacht?

_____

Überlegen Sie vor einem Anruf, ob er in diesem Fall wirklich das effizienteste
Kommunikationsmittel ist?

_____

In welchen Fällen bevorzugen Sie Telefonate gegenüber einer E-Mail?

_____

_____

Wie lange telefonieren Sie jeden Tag durchschnittlich?

_____

Wie bereiten Sie Ihre Telefonate vor?

_____

_____

_____

Nehmen Sie jeden eingehenden Anruf sofort an?

_____

Welche Richtlinien oder Regeln gibt es in Ihrer Kanzlei bezüglich des Umgangs mit Telefonaten?

_____

_____

_____

Wann ist aus Ihrer Sicht der beste Zeitpunkt für ein Telefonat?

_____

Wie strukturieren Sie Ihre Telefonate?

_____

Schaffen Sie es, Telefonate souverän zu beenden?

_____

Welche zeitsparenden technischen Möglichkeiten Ihres Telefons nutzen Sie?
(z. B. Wahlwiederholung, Rufumleitung, Kurzwahl)

_____

_____

In welchen Situationen gehen Sie nicht ans Telefon?

_____

_____

An welchen Stellen Ihres Telefonverhaltens könnte es noch Optimierungspotenzial
geben?

_____

14.2 Strategien

Am wenigsten Zeit verlieren Sie mit den Anrufen, die gar nicht erst zu Ihnen durchkommen. Lassen Sie deshalb möglichst alle Anrufe zunächst von Ihrer Sekretärin entgegennehmen. Dann können Werbeanrufe usw. sofort aussortiert werden.

14.2.1 Ist ein Telefonat sinnvoll?

Bevor Sie zum Hörer greifen, sollten Sie sich überlegen, ob das Telefon in diesem Fall überhaupt das beste Kommunikationsmittel ist. Der Vorteil eines Anrufs ist, dass man – anders als bei einem Brief oder einer E-Mail – bei Unklarheiten sofort nachfragen kann. Man erfährt unmittelbar, wie das Gesagte beim anderen ankommt. Zudem braucht man nicht lange über bestimmte Formulierungen nachzudenken und Korrektur zu lesen. Telefonate sind deshalb vor allem dann sinnvoll, wenn man etwas schnell und direkt mit einer bestimmten Person besprechen möchte.

Beispiel

Sie möchten mit dem Rechtsanwalt der Gegenseite die Chancen für einen außergerichtlichen Vergleich ausloten.

Weniger geeignet ist ein Telefonat, wenn Sie vielen Personen dieselben Informationen zukommen lassen möchten. Das geht per E-Mail wesentlich schneller. Aber auch dann, wenn Sie bestimmte Punkte oder Details konkret und verbindlich regeln möchten, ist ein schriftliches Medium in der Regel besser. Denn wenn es später zu Unstimmigkeiten kommt, müssen Sie sonst möglicherweise viel Zeit darauf verwenden, diese Punkte nachträglich zu rekonstruieren. Der Inhalt eines Telefonats lässt sich auch schwieriger nachweisen als der Inhalt eines Schreibens.

Beispiel

Sie setzen dem Vertragspartner Ihres Mandanten telefonisch eine letzte Zahlungsfrist. Als er trotzdem nicht zahlt und Sie die Verzugszinsen geltend machen, behauptet er, ihm sei nie eine Frist gesetzt worden.

14.2.2 Telefontermine vereinbaren

Vereinbaren Sie für Ihre Telefonate vorab einen konkreten Termin (= Datum, Uhrzeit und Dauer). Am einfachsten geht das per E-Mail oder über Ihre Sekretärin. Mit einem festen Termin ist die Wahrscheinlichkeit viel höher, dass Sie Ihren Gesprächspartner auch tatsächlich erreichen. Dadurch ersparen Sie sich mehrere Anrufversuche. Zudem kann sich dann auch Ihr Gesprächspartner darauf einstellen und vorbereiten, sodass das Gespräch wahrscheinlich schneller und zielgerichteter geführt wird. Hinzu kommt, dass Ihr Gesprächspartner dann nicht durch Ihren Anruf seinerseits bei einer anderen Aufgabe gestört wird und entsprechend genervt oder unkonzentriert ist.

14.2.3 Telefonblöcke

Führen Sie (Routine-)Anrufe in Telefonblöcken durch. Das hat den Vorteil, dass Sie sich bewusst auf die Tätigkeit Telefonieren einstellen und schon dadurch konzentrierter und effizienter sind. Wenn Sie sich nur einen bestimmten Zeitraum vorgeben, werden Ihre Telefonate in der Regel auch kürzer sein. Denn meistens nimmt eine bestimmte Aufgabe so viel Zeit in Anspruch wie zur Verfügung steht. Das gilt auch beim Telefonieren.

Legen Sie Ihre Telefonblöcke in die Zeit von 11 bis 12 Uhr oder von 16.30 bis 17.30 Uhr. Dann haben Ihre Gesprächspartner meistens nicht (mehr) viel Zeit, sodass man sich auf das Wesentliche konzentriert. Berücksichtigen Sie dabei auch Ihre persönliche Leistungskurve. Bei Routine-Telefonaten ist es in der Regel nicht erforderlich, dass Sie diese während Ihres persönlichen Leistungshochs führen. Nutzen Sie diese Zeit lieber für Ihre wichtigen Aufgaben.

14.2.4 Die Gesprächsdauer kurz halten

Bereiten Sie das Telefonat vor Wenn Sie ein Telefongespräch vorbereiten, wird es mit großer Wahrscheinlichkeit kürzer und effizienter sein. Machen Sie sich deshalb zur Gewohnheit, vor jedem Telefonat (wenigstens kurz) zu überlegen, was das konkrete Ziel des anstehenden Gesprächs ist:

- Möchten Sie Informationen einholen oder austauschen?
- Möchten Sie Ihren Gesprächspartner von etwas überzeugen?
- Möchten Sie Ihren Gesprächspartner zu einer bestimmten Aktion veranlassen?
- Möchten Sie sich eine Besprechungsgebühr verdienen?
- Möchten Sie soziale Kontakte pflegen und sich austauschen?

Schreiben Sie sich Ihre wichtigsten Themen und Fragen für das Gespräch vorher stichwortartig auf. Auf diese Weise vergessen Sie keinen wichtigen Punkt. Zudem kommen Sie so zügiger zu den wesentlichen Punkten. Selbst wenn Sie während des Gesprächs einmal vom Thema abweichen, finden Sie mithilfe Ihrer Stichwortliste schneller wieder zum eigentlichen Thema zurück. Dadurch werden Ihre Gespräche insgesamt straffer, zielgerichteter und kürzer. Überlegen Sie sich auch, welche Fragen, Einwände oder Argumente Ihr Gesprächspartner möglicherweise bringen wird. Was ist das Ziel Ihres Gesprächspartners? Welche Kompromisse können oder wollen Sie eingehen? Welche Alternativen gibt es? Dann können Sie sich darauf schon vorbereiten (Gegenargumente und Antworten finden, Einwände entkräften usw.) und entsprechend schnell im Gespräch reagieren.

Telefonieren Sie kurz, strukturiert und konzentriert

Straffen Sie die Kontaktphase Aktivieren Sie die Zeitanzeige auf dem Display Ihres Telefons. Machen Sie sich klar, dass es sich jetzt um ein berufliches Gespräch handelt. Es ist daher völlig in Ordnung, wenn es „gleich zur Sache geht". Fassen Sie sich deshalb in der Kontaktphase kurz:

- „Guten Tag Herr X! Ich rufe an wegen…"
- „Guten Tag Herr X! Ich benötige schnell ein paar Informationen zu…"

Das bedeutet aber nicht, dass Sie unhöflich sind. Natürlich können Sie zum Einstieg eine persönliche Bemerkung machen oder sich bei bislang unbekannten Gesprächspartnern kurz vorstellen. Machen Sie sich jedoch klar, dass minutenlanger Smalltalk zu Beginn die Gesprächsdauer rasch dramatisch verlängern kann.

Sagen Sie zu Beginn des Gesprächs kurz, worum es geht und gehen Sie erst dann auf Einzelheiten ein. Dadurch geben Sie die Richtung des Gesprächs vor, was die Gefahr verringert, sich in unwichtigen Nebensächlichkeiten zu verrennen. Zudem stellen Sie so sicher, dass Ihr Gesprächspartner bei der Sache ist und Ihnen gedanklich folgen kann.

Vermeiden Sie Ablenkungen während des Gesprächs Nehmen Sie während des Gesprächs keine weiteren Anrufe entgegen. Führen Sie mit anderen anwesenden Personen keine Nebengespräche zu einem anderen Thema. Das führt nur dazu, dass Sie sich nicht vollständig auf das eigentliche Telefongespräch konzentrieren können. Möglicherweise entgehen Ihnen wichtige Informationen oder Sie müssen nachfragen. Das kostet in der Regel mehr Zeit als Sie durch das parallele zweite Gespräch gewinnen. Konzentrieren Sie sich immer nur auf eine Sache. Multitasking funktioniert nicht, wenn beide Tätigkeiten Konzentration erfordern. Sorgen Sie auch dafür, dass es während des Telefongesprächs ruhig ist. Dann können Sie sich besser konzentrieren. Und es kommt nicht zu Verständigungsschwierigkeiten und daraus resultierenden Nachfragen oder Missverständnissen.

Notieren Sie sich während des Gesprächs wichtige Einzelheiten Wenn Sie sich bereits während des Gesprächs wichtige Einzelheiten notieren (Namen, Termine, Themen usw.) kann das in vielerlei Hinsicht Zeit sparen. Zum einen vergessen Sie dann keinen wichtigen Punkt, sodass Sie später nicht noch einmal nachfragen müssen. Zum anderen haben Sie so während des Gesprächs stets im Blick, was bereits besprochen wurde. Sie können flexibel auf noch offene oder neu entstandene Fragen eingehen und so unter Umständen weitere Gespräche unnötig machen. Außerdem müssen Sie dann später nicht lange darüber grübeln, was Sie während des Gesprächs vereinbart haben. Auch die entsprechende Telefon-/Aktennotiz können Sie mithilfe Ihrer Mitschrift schneller erstellen. Fassen Sie am Ende des Gesprächs das Ergebnis und den nächsten Schritt noch einmal kurz zusammen: Wer macht was bis wann?

14.2.5 Telefonate souverän beenden

Manchmal fällt es beiden Gesprächspartnern schwer, ein Gespräch zu beenden. Finden Sie für sich eine passende Floskel, mit der Sie ein Telefonat souverän und freundlich beenden können, sobald das Gesprächsziel erreicht ist:

- „Vielen Dank, Herr X. Ich denke, wir haben jetzt alles. Ich wünsche Ihnen noch einen guten Tag."
- „Gut, dann haben wir ja alles besprochen. Ich melde mich wieder, wenn…"

Viele Ihrer Gesprächspartner werden dankbar sein, wenn Sie auf diese Weise dafür sorgen, dass ein Telefongespräch schnell, souverän und freundlich beendet wird. Das ermutigt zudem Ihre Gesprächspartner, in Zukunft bei Gesprächen mit Ihnen entsprechend zu agieren (was zu einer weiteren Zeitersparnis führt).

Überlegen Sie sich auch eine Standardformulierung, die Sie benutzen können, wenn Ihr Gegenüber einmal gar nicht mehr aufhören will zu reden. Wählen Sie etwas aus, das freundlich klingt und zu Ihnen passt:

- „Es tut mir leid, aber ich muss jetzt los."
- „So, ich muss jetzt Schluss machen."
- „Ich fasse das jetzt noch mal kurz zusammen… Vielen Dank für die Informationen. Auf Wiederhören."
- „Herr X, ich habe hier noch eine andere Sache, die heute unbedingt raus muss. Lassen Sie uns demnächst wieder telefonieren."

Fragen

Mit welchen Standardfloskeln können Sie Ihre Telefongespräche souverän und freundlich beenden?

_____

_____

_____

Auch gegen diese Strategie regt sich bei manchen Rechtsanwälten, Steuerberatern und Wirtschaftsprüfern Widerstand:

- „Die Mandanten haben ein Recht auf ‚seelsorgerischen Beistand'!"
- „Dann bleibt das ‚Menschliche' auf der Strecke!"

Aber: Man muss ein Telefonat nicht zwangsläufig sofort beenden, wenn alle sachlichen Informationen ausgetauscht sind. Wenn es für Sie zum Berufsethos oder zu Ihrem Geschäftsmodell gehört, dass Sie Ihren Mandanten in schweren Stunden zur Seite stehen, dann ist das Ziel eines Telefonats mit dem bloßen Austausch von sachlichen Informationen eben noch nicht erreicht. Unterstützen Sie Ihren Gesprächspartner dann so lange, wie Sie es für notwendig erachten. Doch das ist etwas ganz anderes, als wenn Sie ein Gespräch nur deshalb weiterführen, weil Sie sich nicht trauen, es zu beenden.

14.2.6 Abschirmen

Wenn Sie während Ihrer Arbeit häufig durch eingehende, unerwartete Anrufe unterbrochen werden und dadurch Zeit verlieren, können Sie das verhindern, indem Sie sich „abschirmen". Das bedeutet, dass Sie während bestimmter Zeiten telefonisch nicht oder nicht in jedem Fall erreichbar sind. Am einfachsten geht das, wenn alle eingehenden Anrufe zunächst von Ihrer Sekretärin angenommen werden. Diese kann den Anrufern dann mitteilen, dass Sie gerade nicht zu erreichen sind.

Natürlich können und sollten Sie das konkrete Vorgehen auf Ihre individuelle Situation abstimmen. Dazu müssen Sie sich über bestimmte Dinge klar werden:

- *Zeit:* Wann möchten Sie nicht durch eingehende Anrufe gestört werden? Den ganzen Tag? Nur zu bestimmten Uhrzeiten?
- *Person:* Welche Anrufer sollen immer sofort durchgestellt werden? Welche Anrufer sollen nie durchgestellt werden? Welche Anrufer sollen nur in bestimmten Fällen durchgestellt werden?
- *Thema:* Bei welchen Themen soll der Anrufer sofort durchgestellt werden? Welche Themen soll Ihre Sekretärin direkt selbst klären? Welche Themen können von anderen Personen geklärt werden?
- *Rückruf:* In welchen Fällen wollen Sie zurückrufen? Wann wollen Sie zurückrufen?

Diese Vorgaben können Sie bei Bedarf jeden Tag anpassen. Erteilen Sie Ihrer Sekretärin einfach morgens entsprechende Anweisungen.

Möglicherweise haben Sie gegen die Strategie des Abschirmens zunächst gewisse Bedenken oder Einwände: „Das akzeptieren die Mandanten nicht!" Machen Sie sich dann Folgendes klar: Bereits jetzt gibt es Situationen, in denen Ihre Mandanten nicht zu Ihnen durchgestellt werden und das trotzdem akzeptieren (z. B. wenn Sie gerade in einer mündlichen Verhandlung vor Gericht sind). Falls Mandanten doch einmal negativ reagieren, liegt das in der Regel nicht daran, dass sie nicht zu Ihnen durchgestellt werden, sondern an der Art und Weise, wie ihnen das mitgeteilt wird. Jeder Mensch möchte als „wichtig" angesehen und wertgeschätzt werden. Es gibt jedoch bestimmte Formulierungen, die dem Anrufer (unbewusst) den Eindruck vermitteln, dass er für Sie nicht besonders wichtig ist:

- „Herr X ist gerade in einer wichtigen Besprechung.“
- „Herr X möchte gerade nicht gestört werden.“

Das können Sie durch „neutrale“ Formulierungen vermeiden:

- „Herr X ist gerade nicht im Büro.“
- „Herr X hat gerade einen Termin.“
- „Herr X ist gerade außer Haus.“
- „Herr X ist gerade nicht erreichbar.“

Geben Sie Ihren Anrufern das Gefühl, dass Sie sie ernst und wichtig nehmen. Das erreichen Sie, indem Ihre Sekretärin den Anrufern zusichert, dass Sie zu einem bestimmten Zeitpunkt zurückrufen.

Wenn der Anrufer nur eine Frage hat, können Sie auch folgende Strategie anwenden: Ihre Sekretärin leitet Ihnen die Frage weiter und Sie geben – falls möglich – eine kurze Antwort. Die Antwort wird dann von Ihrer Sekretärin an den Anrufer übermittelt. In vielen Fällen wird das dem Anrufer schon genügen. Und da Sie den Anrufer nicht begrüßen und verabschieden müssen, werden Sie auch nicht lange und nachhaltig in Ihrer Konzentration unterbrochen.

Zusammenfassung

Mithilfe des Werkzeugs Telefonieren kann man seine Effizienz beträchtlich steigern. Jedoch nimmt die Benutzung dieses Werkzeugs immer auch eine bestimmte Zeit in Anspruch. Wie viel Zeit das konkret ist, hängt von Ihrer Strategie ab. Man kann für die Erreichung seiner (Kommunikations-)Ziele mehr oder weniger viel Zeit brauchen. Am wenigsten Zeit verlieren Sie mit den Anrufen, die gar nicht erst zu Ihnen durchkommen. Lassen Sie deshalb möglichst alle Anrufe zunächst von Ihrer Sekretärin entgegennehmen. Dann können Werbeanrufe usw. sofort aussortiert werden. In allen anderen Fällen helfen Ihnen die folgenden Strategien, effizient und zeitsparend vorzugehen:

- Telefontermine vereinbaren
- Telefonblöcke
- Die Gesprächsdauer kurz halten
- Telefonate souverän beenden
- Abschirmen

Besprechungen effizient abhalten

15

15.1 Die Idee

Als Rechtsanwalt, Steuerberater oder Wirtschaftsprüfer verbringen Sie wahrscheinlich relativ viel Zeit in Besprechungen. Mit diesem Werkzeug kann man bestimmte Themen effizienter und effektiver erledigen als mithilfe anderer Kommunikationsmittel. So lassen sich bei der Aushandlung eines komplexen Vertrages die strittigen Themen im Rahmen einer persönlichen Verhandlung meistens schneller lösen als durch den Austausch von Schriftsätzen. Besprechungen sind auch dann erste Wahl, wenn es darum geht, gemeinsam neue Ideen zu finden oder eine Entscheidung zu treffen. Allerdings gibt es auch Umstände, die dazu führen, dass man durch Besprechungen Zeit verliert. Das ist zum einen der Fall, wenn eine Besprechung kein konkretes Ziel hat.

> **Beispiel**
>
> Die Partner der Kanzlei treffen sich immer am letzten Freitag im Monat um 17.00 Uhr zu einem Strategiemeeting. Der ursprüngliche Gedanke war, dass man dabei neue Ideen für die strategische Ausrichtung der Kanzlei und das Geschäftsmodell entwickelt und diskutiert. In der Realität laufen diese Meetings jedoch so ab: Nachdem gegen 17.15 Uhr die meisten Partner anwesend sind, fragt der Managing Partner, ob es neue Ideen gibt. Falls jemand einen Vorschlag macht, wird dieser wohlwollend zur Kenntnis genommen und beschlossen, dass man darüber nachdenken wird. Der Rest der Besprechung (bis 18.30 Uhr) dreht sich dann im Smalltalk-Modus um Themen, die mit der strategischen Ausrichtung der Kanzlei nichts zu tun haben. Insgeheim sind alle Partner der Meinung, dass diese Treffen reine Zeitverschwendung sind.

Doch auch dann, wenn das Ziel der Besprechung klar ist, kann man noch Zeit sparen oder verlieren. Denn eine Besprechung kann länger oder kürzer dauern – je nachdem, wie gut sie vorbereitet wird und wie strukturiert sie abläuft.

© Springer Fachmedien Wiesbaden 2017
J. Theurer, *Zeitmanagement für Juristen*, DOI 10.1007/978-3-658-14967-3_15

Beispiel

Wenn alle Teilnehmer einfach drauflos reden, dauert es länger als wenn es einen Moderator gibt, der die Besprechung leitet.

Überlegen Sie für sich:

Fragen

Haben Sie sich schon einmal bewusst Gedanken darüber gemacht, wie Sie Ihre Besprechungen durchführen?

_____

An wie vielen Besprechung nehmen Sie durchschnittlich pro Woche teil?

_____

Wie lange dauern diese Besprechungen?

_____

Wie viel Prozent Ihrer Arbeitszeit verbringen Sie in Besprechungen?

_____

Bei wie vielen Besprechungen haben Sie das Gefühl, dass man das auch schneller erledigen könnte?

_____

Überlegen Sie vor einer Besprechung, ob das in diesem Fall wirklich das effizienteste Kommunikationsmittel ist?

_____

Ist Ihnen stets das Ziel der jeweiligen Besprechung klar?

_____

Bei wie vielen Besprechung gibt es eine Tagesordnung?

_____

Bei wie vielen Besprechungen ist für jeden Tagesordnungspunkt eine bestimmte Zeit vorgesehen?

_____

Wie viele Besprechungen beginnen pünktlich?

_____

Wie viele Besprechungen enden pünktlich?

_____

Bei wie vielen Besprechung wird das Ziel erreicht?

_____

An welchen Stellen Ihrer Besprechungen könnte es noch Optimierungspotenzial geben?

_____

_____

_____

15.2   Strategien

15.2.1 Ist eine Besprechung sinnvoll?

Bevor Sie zu einer Besprechung einladen, sollten Sie zunächst klären, ob das im konkreten Fall überhaupt sinnvoll ist. Dabei helfen Ihnen zwei Fragen:

- Was ist das Ziel der Besprechung?
- Gibt es eine andere Möglichkeit, mit der Sie das Ziel schneller oder besser erreichen können?

Machen Sie sich zunächst bewusst, welchen Zweck Sie mit der Besprechung verfolgen. Was möchten Sie damit erreichen?

- Informationen austauschen
- Lösungen finden
- Entscheidungen treffen
- soziale Kontakte pflegen
- Spaß haben

Seien Sie an dieser Stelle ehrlich. Worum geht es Ihnen wirklich? Formulieren Sie dann das konkrete Ziel für die geplante Besprechung.

Beispiel
- „Im Rahmen der Besprechung sollen die Teilnehmer mindestens fünf Argumente finden, warum der Kaufvertrag mit der X-GmbH wirksam ist."
- „Im Rahmen der Besprechung sollen sich die Teilnehmer darauf einigen, wann und wo die diesjährige Weihnachtsfeier stattfindet, wie viel sie kosten darf und wer welchen Teil der Organisation übernimmt."

Überlegen Sie dann, ob es einen effizienteren oder effektiveren Weg gibt, das Ziel der Besprechung zu erreichen, zum Beispiel durch

- ein Informationsschreiben per E-Mail
- eine Telefonkonferenz
- eine Videokonferenz
- ein gemeinsames Abendessen
- ein vertrauliches Vieraugengespräch

> **Beispiel**
>
> Sie möchten erreichen, dass sich die Mitglieder Ihres Fachbereichs besser kennenlernen („Teambuilding").
>
> - *Variante 1:* Im Rahmen einer ganztägigen Besprechung stellen sich die einzelnen Personen vor und diskutieren dann strukturiert über ihre Stärken, Schwächen, Hobbys, Interessen, Wünsche und Vorlieben.
> - *Variante 2:* Sie laden Ihre Mitarbeiter nach der Arbeit für drei Stunden zum Bowling ein.

15.2.2 Eine Tagesordnung erstellen

Wenn Sie sich dafür entschieden haben, eine Besprechung durchzuführen, können Sie durch eine gute Vorbereitung dafür sorgen, dass das Ziel in möglichst kurzer Zeit erreicht wird. Auf diese Weise sparen Sie bei allen Teilnehmern Zeit. Ein wesentlicher Punkt dafür ist eine sinnvolle Tagesordnung. Klären Sie daher zuerst, welche Themen auf der Besprechung angesprochen werden sollen. Legen Sie die Prioritäten der einzelnen Punkte fest und erstellen Sie eine Rangfolge.

> **Beispiel**
>
> Ziel der Besprechung ist es, mindestens fünf neue Argumente für die Wirksamkeit des Kaufvertrages zu finden. Daraus ergeben sich folgende Punkte:
> - Einführung in den Sachverhalt
> - Warum ist die Wirksamkeit des Kaufvertrages umstritten?
> - Brainstorming
> - Diskussion und Bewertung der gefundenen Argumente

Falls Sie auf die Befindlichkeiten bestimmter Personen Rücksicht nehmen müssen oder wollen, erstellen Sie zunächst eine vorläufige Tagesordnung und schicken Sie diese den Betreffenden zu. Fordern Sie sie dazu auf, innerhalb einer bestimmten Frist Änderungsvorschläge zu machen. Passen Sie dann Ihre Tagesordnung ggf. an.

> **Beispiel**
>
> Bei Vertragsverhandlungen ist es in der Regel hilfreich, eine vertrauensvolle Atmosphäre zu schaffen. Deshalb sollten Sie die Gegenseite nicht durch eine von Ihnen einseitig aufgestellte Tagesordnung „überrollen". Das gilt schon deshalb, weil Sie Ihre Tagesordnung im Zweifel ja gar nicht durchsetzen könnten.

Bestimmen Sie auch, wie lange jedes einzelne Thema besprochen werden soll. Setzen Sie die Zeit für die einzelnen Punkte relativ knapp an. Das beruht auf der Erfahrung, dass man für eine bestimmte Aufgabe meistens so lange braucht, wie Zeit dafür zur Verfügung steht. Erstellen Sie daraus dann die Tagesordnung.

Beispiel

Besprechung am 12. Juli um 14 Uhr

Ziel: Mindestens fünf Argumente für die Wirksamkeit des Kaufvertrages mit der X-GmbH finden

Tagesordnung

1. *Einführung in den Sachverhalt (5 min)*
2. *Warum ist die Wirksamkeit des Kaufvertrages umstritten? (5 min)*
3. *Brainstorming (20 min)*
4. *Diskussion und Bewertung der gefundenen Argumente (20 min)*

Die richtigen Teilnehmer Überlegen Sie sich, welche Teilnehmer erforderlich sind, um das Ziel der Besprechung zu erreichen. In der Regel ist es besser, wenn Sie den Teilnehmerkreis so klein wie möglich halten. Achten Sie jedoch darauf, dass die Teilnehmer die notwendigen Kompetenzen und Befugnisse (Vollmachten) haben, um das Ziel der Besprechung zu erreichen.

Laden Sie die Teilnehmer der Besprechung rechtzeitig vorher ein. Schicken Sie den Teilnehmern die endgültige Tagesordnung und die anderen, für die Besprechung notwendigen Informationen und Unterlagen rechtzeitig vorher zu. Fordern Sie die Teilnehmer auf, sich vorzubereiten und pünktlich zu kommen (natürlich in einem angemessenen Ton).

15.2.3 Die Besprechung effektiv leiten

Während der Besprechung gibt es eine ganze Reihe von Strategien, die Ihnen dabei helfen, das Ziel in möglichst kurzer Zeit zu erreichen.

Fangen Sie pünktlich an Wenn Sie warten, bis alle da sind, bestrafen Sie diejenigen, die pünktlich waren. Es wird sich schnell herumsprechen, dass Sie pünktlich beginnen. Dann werden die Leute in Zukunft auch pünktlich kommen.

Machen Sie zu Beginn allen Teilnehmern noch einmal das Ziel der Besprechung klar Dadurch richten Sie die Konzentration auf ein bestimmtes Ziel. Die Teilnehmer wissen, warum sie hier sind und worum es geht.

Machen Sie den Teilnehmern deutlich, wie teuer die Besprechung pro Minute oder Stunde ist Das motiviert und diszipliniert vor allem solche Teilnehmer, die mit ihren Rechtsanwälten, Steuerberatern oder Wirtschaftsprüfern eine Stundenvergütung vereinbart haben.

Bestimmen Sie einen fähigen Moderator Dadurch ist sichergestellt, dass es jemanden gibt, der die Besprechung systematisch und strukturiert leitet und so dafür sorgt, dass das Ziel in der vorgegebenen Zeit erreicht wird. Die Teilnehmer können sich dann ganz auf den Inhalt der Besprechung konzentrieren. Der Moderator kann auch „inoffiziell" ernannt sein. Wichtig ist nur, dass es in der Besprechung jemanden gibt, der immer wieder auf das Ziel hinweist und dafür sorgt, dass sich die Teilnehmer nicht auf Nebenkriegsschauplätzen verrennen.

> **Beispiel**
>
> Wenn Sie bei einer Vergleichsverhandlung keinen offiziellen Moderator benennen möchten, nehmen Sie einen Kollegen mit, der inoffiziell diese Rolle übernimmt. Falls das nicht geht, machen Sie es selbst.

Vereinbaren Sie bestimmte Regeln für die Besprechung Wenn die Teilnehmer während der Besprechung telefonieren, im Internet surfen oder E-Mails lesen, sind sie nicht konzentriert bei der Sache. Sie können nicht optimal mitarbeiten und unnötige Nachfragen verzögern das Ganze. Unterbinden Sie das.

Sorgen Sie dafür, dass alle beim jeweiligen Thema bleiben Lassen Sie keine Diskussion zu, die nicht zum gerade aktuellen Tagesordnungspunkt gehört. Das lenkt nur ab und ermüdet das Arbeitsgedächtnis.

Sorgen Sie für eine positive Atmosphäre Wenn sich die Teilnehmer unwohl fühlen, entsteht Stress. Dann funktionieren wichtige Bereiche des Gehirns nicht mehr richtig und die Teilnehmer können nicht mehr so effizient und effektiv mitarbeiten. Gehen Sie mit den verschiedenen Teilnehmern deshalb auch „typgerecht" um.

Beziehen Sie alle Teilnehmer mit ein Wenn bestimmte Teilnehmer gar nichts sagen, entgehen Ihnen vielleicht gute Ideen. Aktivieren Sie deshalb schweigende Teilnehmer.

Bremsen Sie Vielredner aus Vereinbaren Sie gegebenenfalls eine feste Redezeit.

Erkennen Sie die typischen „Spielchen" und beenden Sie diese Manche Teilnehmer weisen ständig auf das hin, was die anderen ihrer Meinung nach Falsches gesagt haben. Andere versuchen stets, die Ideen anderer zu korrigieren oder „abzuschießen". Manchmal diskutieren Teilnehmer nur noch über die Ursachen eines Problems, statt nach Lösungen zu suchen. Vor allem Chefs und selbsternannte „Experten" laufen Gefahr, nur ihre eigene Meinung für richtig zu halten und den anderen gar nicht mehr zuzuhören. Manche Teilnehmer hören sich auch einfach gerne reden. Und wieder andere finden es reizvoll, den Moderator zu provozieren oder auf andere Weise ihre Grenzen auszutesten. All diese „Spielchen" tragen in der Regel nicht dazu bei, das Ziel der Besprechung schneller zu erreichen. Im Gegenteil – je länger Sie die Teilnehmer gewähren lassen, desto mehr Zeit verlieren Sie.

Halten Sie Unterbrechungen unter Kontrolle Kündigen Sie klar und deutlich an, wie lange eine Pause geht. Beenden Sie die Pause pünktlich.

Blocken Sie „Killerphrasen" ab Aussagen wie „Das haben wir noch nie so gemacht!", „Das funktioniert sowieso nicht!" oder „Das ist doch völlig unrealistisch!" bringen Sie Ihrem Ziel nicht näher. Diskutieren Sie nicht darüber, das kostet nur unnötig Zeit. Sagen Sie entweder: „Dann lassen sie es uns doch einfach mal ausprobieren!" und machen Sie dann sofort mit dem Thema weiter. Oder finden Sie die hinter der „Killerphrase" stehende positive Absicht heraus und integrieren Sie den Einwand.

Setzen Sie geeignete Medien ein Auf einem Flip-Chart können Sie leicht und schnell Ideen festhalten. Wenn Sie bestimmte Dinge visualisieren, wird das Arbeitsgedächtnis der Teilnehmer entlastet.

Beachten Sie die Zeitvorgaben für die einzelnen TOP Denken Sie immer daran: Eine Aufgabe oder Tätigkeit dauert meistens genau so lange, wie Zeit dafür zur Verfügung steht. Zudem machen Sie sich unglaubwürdig, wenn Sie Ihre eigenen Vorgaben nicht einhalten.

Halten Sie (Zwischen-)Ergebnisse fest Dadurch vermeiden Sie spätere Diskussionen. Zudem wissen die Teilnehmer dann, was bereits alles vereinbart wurde und erledigt ist.

Fassen Sie am Ende der Besprechung die Ergebnisse nochmals zusammen WER macht WAS bis WANN? Auch dadurch vermeiden Sie Unklarheiten, Nachfragen und spätere Diskussionen.

Sorgen Sie für einen positiven Abschluss Wenn sich die Teilnehmer wohlfühlen, ist die Chance größer, dass sie die vereinbarten Punkte möglichst rasch umsetzen.

Machen Sie eine Feedbackrunde Nur so können Sie herausfinden, wie Sie Ihre Besprechungen in Zukunft noch besser und effizienter abhalten können.

Hören Sie pünktlich auf Tipp: Damit die für die Besprechung aufgewendete Zeit wirklich sinnvoll genutzt und produktiv ist, sollten Sie nach der Besprechung die Umsetzung der vereinbarten Ergebnisse kontrollieren.

15.2.4 Nicht zu gemütlich machen

Wenn Sie zu einer Besprechung einladen, können Sie durch die Wahl des Ortes und des Termins die Dauer der Besprechung minimieren. Je „ungemütlicher" die äußeren

Umstände sind, desto kürzer wird die Besprechung tendenziell dauern. Trauen Sie sich, kreativ zu sein:

- Wenn Sie die Besprechung im Stehen durchführen, wird sie wahrscheinlich kürzer werden als wenn die Teilnehmer sich in gemütlichen Ledersesseln fläzen.
- Wenn Sie kein Essen anbieten, werden Sie wahrscheinlich auch schneller fertig sein.
- Sorgen Sie dafür, dass im Besprechungsraum kein Internetempfang ist.
- Eine Besprechung muss nicht immer 30 oder 60 min dauern. Es können auch 20 oder 40 min sein.
- Wenn die Besprechung eine Stunde dauern soll und um 10.30 Uhr beginnt, ist die Wahrscheinlichkeit groß, dass sie sich bis zum Mittagessen um 12.00 Uhr hinzieht. Beginnen Sie in diesem Fall um 11.00 Uhr oder um 11.15 Uhr.

15.2.5 Tipps für Teilnehmer

Wenn Sie selbst zu einer Besprechung eingeladen werden, helfen Ihnen folgende Strategien, keine unnötige Zeit zu verlieren.

Nehmen Sie (selbst) teil? Fragen Sie sich zunächst, ob es für Sie überhaupt sinnvoll ist, zu der Besprechung zu gehen. Überlegen Sie, welche Tätigkeiten und Aufgaben Sie in dieser Zeit dann nicht weiter bearbeiten können. Was ist für Sie und Ihre wichtigen Ziele besser? Können Sie jemand anderen schicken (delegieren)?

Nur zeitweise da sein Möglicherweise ist es nicht notwendig, dass Sie bei allen TOP der Besprechung anwesend sind. Vereinbaren Sie dann, dass Sie nur zu den für Sie relevanten Themen kommen. Bitten Sie den Veranstalter, die für Sie relevanten Punkte an einem Stück zu behandeln.

Vorbereitung und Aufmerksamkeit Kommen Sie gut vorbereitet zu der Besprechung. Seien Sie aufmerksam. Surfen Sie nicht nebenher im Internet. Lesen oder schreiben Sie keine E-Mails. Führen Sie keine Telefongespräche. Falls eine dieser Tätigkeiten wichtiger ist – dann gehen Sie gar nicht erst zu der Besprechung. Lassen Sie sich stattdessen nachträglich das Protokoll schicken.

Die „Adlerperspektive" Wenn Sie während der Besprechung das Gefühl haben, dass zu sehr vom Thema abgewichen wird oder sich die Teilnehmer in Nebensächlichkeiten verrennen, stellen Sie Fragen wie:

- „Was ist noch einmal das Ziel der Besprechung?"
- „Wo wollen wir eigentlich hin?"

Kündigen Sie an, dass Sie pünktlich gehen werden Sagen Sie gleich zu Beginn, dass und wann genau Sie gehen werden. Dann können sich die anderen darauf einstellen und sind später nicht überrascht. Zudem wird diese Ankündigung es Ihnen selbst leichter machen, pünktlich zu gehen.

Zusammenfassung

Besprechungen helfen, bestimmte Themen effizienter und effektiver zu erledigen als mithilfe anderer Kommunikationsmittel. Allerdings gibt es auch Umstände, die dazu führen, dass man durch Besprechungen Zeit verliert. Das ist zum einen der Fall, wenn eine Besprechung kein konkretes Ziel hat. Doch auch dann, wenn das Ziel der Besprechung klar ist, kann man noch Zeit sparen oder verlieren. Denn eine Besprechung kann länger oder kürzer dauern – je nachdem, wie gut sie vorbereitet wird und wie strukturiert sie abläuft. Dabei helfen insbesondere folgende Strategien:

- Eine Tagesordnung erstellen
- Die Besprechung effektiv leiten
- Nicht zu gemütlich machen

Gespräche effizient führen und souverän beenden 16

16.1 Die Idee

Als Rechtsanwalt, Steuerberater oder Wirtschaftsprüfer führen Sie täglich eine ganze Reihe von Gesprächen mit anderen Menschen. Im Rahmen eines persönlichen Gesprächs kann man viele Dinge leichter und schneller klären als in Schriftform. Allerdings gibt es auch Umstände, die dazu führen, dass man durch Gespräche unnötig Zeit verliert. Das ist dann der Fall, wenn ein Gespräch nur deshalb erforderlich ist, weil man im Vorfeld „unsauber" gehandelt hat und es deshalb zu falschen Erwartungen oder Missverständnissen kommt.

> **Beispiel**
> Ein Mandant möchte unbedingt mit Ihnen über Ihre Abrechnung sprechen. Er ist erzürnt darüber, dass das Mandat statt der ursprünglich anvisierten 5.000 € im Ergebnis jetzt mehr als 8.000 € kostet.

Doch auch dann, wenn es sich nicht um ein solches „unnötiges" Gespräch handelt, kann man noch Zeit sparen oder verlieren. Denn ebenso wie ein Telefongespräch kann auch ein persönliches Gespräch länger oder kürzer dauern – je nachdem, wie schnell Sie auf den Punkt kommen und wie gut Sie darin sind, das Gespräch zu beenden. Und schließlich kosten Gespräche dann unnötig Zeit, wenn Sie dadurch dauernd in Ihrer Arbeit unterbrochen werden.

> **Beispiel**
> Ein Kollege kommt in Ihr Büro und fragt, ob Sie „kurz" Zeit haben – „nur eine Minute". Sie sind gerade sehr beschäftigt, möchten ihn aber auch nicht brüsk zurückweisen. Schon hat er sich gesetzt und erzählt Ihnen allerlei Banalitäten. Als Sie nach

© Springer Fachmedien Wiesbaden 2017
J. Theurer, *Zeitmanagement für Juristen,* DOI 10.1007/978-3-658-14967-3_16

20 Minuten wieder allein sind, müssen Sie sich erst wieder in Ihre unterbrochene Aufgabe eindenken.

Natürlich sind persönliche Gespräche sehr wichtig – gerade für Ihre Arbeit als Rechtsanwalt, Steuerberater oder Wirtschaftsprüfer. Dementsprechend sollte man sich auch genügend Zeit dafür nehmen. Allerdings ist es nicht sinnvoll, dabei wahllos vorzugehen. Es gibt durchaus Gespräche, die Sie nicht weiterbringen, sondern Sie nur unnötig Zeit kosten. Setzen Sie deshalb auch in diesem Bereich Prioritäten.

Fragen

Haben Sie sich schon einmal bewusst Gedanken über Ihre Gesprächsstrategie gemacht?

_____

Wie viel Zeit verbringen Sie an einem durchschnittlichen Arbeitstag mit persönlichen Gesprächen?

_____

Wie viele dieser Gespräche haben nichts mit Ihren wichtigen Aufgaben zu tun?

_____

Wie viele dieser Gespräche kommen durch Missverständnisse oder falsche Erwartungen zu Stande?

_____

Machen Sie sich regelmäßig vorab das Ziel Ihrer Gespräche klar?

_____

Wie reagieren Sie, wenn ein Besucher spontan in Ihrer Kanzlei auftaucht und mit Ihnen reden möchte?

_____

Wie reagieren Sie, wenn ein Kollege spontan in Ihrem Büro auftaucht und mit Ihnen reden möchte?

_____

Wann bzw. bei welchen Personen fällt es Ihnen schwer, Gespräche zu beenden?

_____

_____

Welche Personen haben aus Ihrer Sicht stets das „Recht" auf ein persönliches Gespräch mit Ihnen?

_____

_____

Bei wie vielen Gesprächen haben Sie im Nachhinein das Gefühl, dass man sie ohne Schaden auch hätte kürzer halten können?

_____ % hätten mindestens fünf Minuten kürzer gehalten werden können.

_____ % hätten mehr als 15 Minuten kürzer gehalten werden können.

_____ % hätte ich mir ganz sparen können.

In welchen Situationen lehnen Sie es ab, ein persönliches Gespräch zu führen?

_____

_____

An welchen Stellen Ihres Gesprächsverhaltens könnte es noch Optimierungspotenzial geben?

_____

_____

16.2   Strategien

Um durch persönliche Gespräche keine oder möglichst wenig Zeit zu verlieren, gilt es folgende Dinge zu beachten:

- Führen Sie Gespräche effizient und beenden Sie sie, sobald das Gesprächsziel erreicht ist.
- Vermeiden Sie unnötige Gespräche.
- Lassen Sie sich nicht durch spontane Gespräche bei wichtigen Aufgaben unterbrechen.

16.2.1 Gespräche kurz halten

Klären Sie das Ziel des Gesprächs Wenn Sie vorhaben, mit jemandem ein persönliches Gespräch zu führen, sollten Sie sich zunächst kurz fragen, ob das in diesem konkreten Fall überhaupt sinnvoll ist. Machen Sie sich dazu klar, was aus Ihrer Sicht das Ziel des Gesprächs ist:

- Möchten Sie soziale Kontakte pflegen?
- Möchten Sie Informationen austauschen oder vermitteln?
- Möchten Sie Missverständnisse klären?
- Möchten Sie Ideen finden?
- Möchten Sie Entscheidungen treffen?

Manchmal gibt es bessere Kommunikationsmittel als ein persönliches Gespräch. Wenn Sie viele komplexe Informationen vermitteln möchten, kann es sinnvoll sein, das zunächst schriftlich zu machen und dann erst in einem persönlichen Gespräch die noch offenen Fragen zu klären.

Legen Sie vorab eine Zeitdauer für das Gespräch fest Bemessen Sie diese Zeit möglichst knapp. Auch persönliche Gespräche dauern häufig mindestens so lange, wie man sich Zeit dafür reserviert hat. Sagen Sie zu Beginn des Gesprächs, wie lange Sie Zeit haben.

Bereiten Sie sich auf das Gespräch vor Legen Sie alle Unterlagen bereit. Überlegen Sie sich bereits vorab mögliche Einwände Ihres Gesprächspartners und wie Sie darauf reagieren können.

Treffen Sie sich in Ihrem Büro Wenn das Gespräch bei Ihnen stattfindet, sparen Sie sich die Zeit für den Hin- und den Rückweg.

Kommunizieren Sie klar Drücken Sie sich so aus, dass der andere versteht, was Sie ihm mitteilen möchten. Dadurch vermeiden Sie Nachfragen. Zudem ersparen Sie sich dadurch möglicherweise weitere Gespräche, bei denen Sie Missverständnisse beseitigen oder falsche Erwartungen aufklären müssen.

Bleiben Sie beim Thema Schreiben Sie sich vorab die wichtigen Punkte und Fragen auf. Dann können Sie schnell erkennen, wenn Sie vom Gesprächsziel abkommen.

Klären Sie am Ende des Gesprächs genau, was nun zu tun ist.

16.2.2 Unnötige Gespräche vermeiden

Sie können viel Zeit sparen, wenn Sie „unnötige" Gespräche gar nicht erst führen (müssen). Unnötig sind all die Gespräche, die Ihnen nichts bringen. Dazu gehören zum einen Gespräche zur Klärung von Missverständnissen oder zur Lösung von Problemen, die sich infolge unklarer Erwartungen ergeben haben.

Klären Sie im Vorfeld die Erwartungen Wenn Sie und Ihre Mandanten, Kollegen oder Mitarbeiter unterschiedliche gegenseitige Erwartungen haben, ohne dass Ihnen das bewusst ist, kann das zu Konflikten oder Missverständnissen führen. Viele Gespräche finden nur deshalb statt, um solche Konflikte oder Missverständnisse zu beseitigen.

> **Beispiel**
>
> Frau Villa hat Ihrem Mandanten im Erstgespräch gesagt, dass er bei Fragen „jederzeit" anrufen kann. Der Mandant nimmt das wörtlich und ruft regelmäßig an. Als er beim fünften Anruf innerhalb von zwei Tagen nicht mehr direkt zu ihr durchgestellt wird und sie auch nicht sofort zurückruft, ist er frustriert und fühlt sich getäuscht. In der Folgezeit bezahlt er seine Rechnungen nicht mehr pünktlich. Bis Frau Villa das im Rahmen des nächsten Treffens wieder eingerenkt hat, vergehen 30 Minuten.

Das muss nicht sein. Gespräche dieser Art können Sie verhindern, indem Sie bereits im Vorfeld die Erwartungen abklären und abstecken. Dazu können Sie zum Beispiel Ihren neuen Mandanten in einem „Informationsbrief" genauer darstellen, wie Sie arbeiten, wann Ihre Mandanten Sie am besten erreichen können und wie sich Ihr Honorar zusammensetzt. Da viele Mandanten vor ihrem ersten Besuch beim Rechtsanwalt, Steuerberater oder Wirtschaftsprüfer noch keine konkreten Vorstellungen und Erwartungen haben, wie sich die Zusammenarbeit gestalten wird, können Sie hier in der Regel sehr viel modellieren. Formen Sie die Erwartungen Ihrer Mandanten so, dass diese zu Ihrer Arbeitsweise passen.

Wenn Sie nach Stundensätzen abrechnen oder ein Pauschalhonorar vereinbaren, bietet es sich an, für jedes neue Mandat einen „Auftragsbrief" zu erstellen. Darin beschreiben Sie genau, was Sie für Ihren Mandanten machen – und was nicht. Vereinbaren Sie das Prozedere, falls sich der Auftrag nachträglich ändert. Und lassen Sie den Mandanten vorab bestimmen, wie ausführlich die Rechnung sein soll. Je klarer die Erwartungen des Mandanten sind, desto weniger Zeit müssen Sie nachträglich für „unnötige" Gespräche aufwenden.

Vermeiden Sie insbesondere zeitraubende Honorar-Diskussionen! Wenn Sie nicht die gesetzlichen Gebühren berechnen, sondern eine Vergütungsvereinbarung haben, dann geben Sie im Vorfeld nicht spontan eine Schätzung an, wie viel es voraussichtlich kosten wird. Holen Sie erst die notwendigen Informationen ein, um realistisch abzuschätzen, wie viel Zeit Sie brauchen werden. Nennen Sie dabei keinen Rahmen. Sonst wird sich Ihr Mandant sehr wahrscheinlich am unteren Ende orientieren. Beschreiben Sie stattdessen konkrete Szenarien: Wenn X, dann wird es ungefähr soviel kosten. Wenn Y, dann wird es wahrscheinlich mindestens soviel kosten.

Beispiel

Wenn wir uns außergerichtlich mit der Gegenseite einigen können, dann wird es ungefähr 10.000 € kosten. Wenn es zum Prozess kommt, wird es wahrscheinlich mindestens 20.000 € kosten. Und wenn es in die zweite Instanz geht, müssen Sie mit mehr als 40.000 € rechnen.

16.2.3 Aufgedrängte Gespräche vermeiden

Eine andere Art von unnötigen Gesprächen sind diejenigen, die Sie eigentlich gar nicht führen möchten – aber es dann trotzdem tun. Dafür gibt es viele Ursachen:

- Man hat Angst, dass die andere Person sonst wütend ist und einem schaden wird.
- Man befürchtet anderweitige Nachteile.
- Man hat Mitleid mit der anderen Person.
- Man kann der Person einfach nichts abschlagen.
- Man kann sich nicht abgrenzen.
- Man glaubt, dass der Chef, die Kollegen oder die Mandanten das Recht haben, einen jederzeit in ein Gespräch zu verwickeln.

Wenn Sie glauben, dass Ihr Gesprächspartner von Ihnen erwartet, das Gespräch zu führen – dann ändern Sie seine Erwartungen. Probieren Sie es einmal aus. Kollegen, Chefs und Mitarbeiter sind auch nur Menschen. Riskieren Sie es einmal, Ihren Vorgesetzten oder Mandanten zurückzuweisen (natürlich freundlich und angemessen). Wenn Sie sich nicht trauen, Ihr Gesprächsverhalten zu verändern, werden Sie auch weiterhin durch aufgedrängte Gespräche Zeit verlieren. Letztlich ist das wie so oft eine Frage Ihrer Prioritäten. Manchmal ist es durchaus sinnvoll, ein aufgedrängtes Gespräch zu führen. Es kommt aber immer darauf an, was für Sie und Ihre Ziele am besten ist. Machen Sie sich klar, was passiert, wenn Sie das Gespräch nicht führen: Wie wird der andere reagieren? Welche Konsequenzen werden sich daraus für Sie ergeben? Machen Sie sich aber auch klar, was passiert, wenn Sie das Gespräch führen: Was können Sie in dieser Zeit nicht machen? Welche Konsequenzen hat das? Welche Vorteile könnten sich aus dem Gespräch ergeben? Dabei kommt es immer auf die konkrete Situation an. Denn meistens müssen Sie zwischen Ihrem eigenen Kommunikationsbedürfnis, der Rücksicht auf das gute Arbeitsklima und der Aufgabe, an der Sie gerade arbeiten, abwägen. Und natürlich sollten Sie auch die soziale Position Ihres potenziellen Gesprächspartners mit einbeziehen. Aber vergessen Sie nicht: Sie entscheiden selbst! Sie können jedes unerwünschte Gespräch vermeiden oder beenden. Dann müssen Sie zwar unter Umständen die Konsequenzen tragen – doch das ist immer der Preis der Freiheit.

16.2.4 Sich nicht unterbrechen lassen

Häufig verliert man Zeit, weil plötzlich jemand unerwartet ins Büro kommt und ein Gespräch beginnt. Das führt in der Regel selbst dann zu Zeitverlust, wenn Sie das Gespräch an sich führen möchten. Denn wenn Sie gerade an einer wichtigen Aufgabe arbeiten, werden Sie unterbrochen und müssen sich anschließend erst wieder einarbeiten. Das kostet Zeit und Konzentration. Diese Art von Gesprächen können Sie mit folgenden Strategien managen:

- Schließen Sie Ihre Bürotür. Machen Sie Ihren Mitarbeitern und Kollegen klar, dass Sie nicht gestört werden möchten, wenn die Tür zu Ihrem Büro geschlossen ist.
- Richten Sie feste Sprechstunden ein. Treffen Sie sich regelmäßig mit Ihren Mitarbeitern und Kollegen zu festgelegten Zeiten, in denen Sie alle Punkte behandeln, die sich zwischenzeitlich angesammelt haben.
- Vereinbaren Sie mit Ihren Mitarbeitern und Kollegen, das Telefon zu benutzen oder eine kurze E-Mail zu schreiben, falls ein persönliches Gespräch nicht erforderlich ist.

Ist jemand schon in der Tür zu Ihrem Büro, dann fragen Sie ihn zunächst nach dem Anliegen des Besuchs:

- Wenn Sie die Angelegenheit sofort und mit geringem Zeitaufwand erledigen können, dann führen Sie das Gespräch. Denn jetzt sind Sie ohnehin schon bei Ihrer Arbeit unterbrochen und der Zeitaufwand, sich später nochmals mit der Angelegenheit zu befassen, wäre wahrscheinlich noch größer.
- Wenn Sie das Gespräch nicht führen möchten, sagen Sie es Ihrem Besucher.
- Wenn Sie das Gespräch führen möchten, aber nicht jetzt, dann vereinbaren Sie einen Termin und schicken den Besucher wieder weg.
- Wenn es möglich ist, delegieren Sie das Gespräch (z. B. an einen Kollegen, der sich „damit besser auskennt").

16.2.5 Gespräche souverän beenden

Gespräche indirekt beenden Wenn Sie ein Gespräch beenden möchten, aber sich nicht trauen, das so direkt auszudrücken, dann teilen Sie es Ihrem Gesprächspartner konkludent mit. Am unverfänglichsten ist es, wenn Sie eine zusammenfassende oder abschließende Bemerkung machen:

- „So, lassen Sie mich das noch einmal zusammenfassen…"
- „Gut, dann hätten wir ja soweit alles besprochen."
- „Schön, dass wir uns mal wieder getroffen haben. Aber ich muss dann jetzt los."

Falls Ihr Gesprächspartner darauf nicht reagiert, können Sie bewusst zu einer belanglosen Plauderei übergehen oder zu einem Thema, das ihn nicht sonderlich interessiert. Langweilen Sie ihn. Oder sprechen Sie so laut (oder so leise), dass er nach kurzer Zeit genervt ist und keine Lust mehr hat.

Hilfreich sind oft auch körpersprachliche Hinweise. Bestimmte Signale lassen fast alle (nicht völlig unsensiblen) Menschen erkennen, dass ihr Gegenüber das Gespräch beenden möchte:

- Schauen Sie immer wieder auf Ihre Uhr.
- Stehen Sie auf.
- Gähnen Sie.
- Beginnen Sie mit einer anderen Tätigkeit, während Ihr Besucher spricht. Lesen oder schreiben Sie E-Mails oder SMS.

Oder benutzen Sie ein externes Signal:

- Stellen Sie die Alarmfunktion Ihrer Uhr oder Ihres Handys ein.
- Vereinbaren Sie mit Ihrer Sekretärin, dass diese nach einer bestimmten Zeit hereinkommt und Sie an einen „wichtigen Termin" erinnert.

Gespräche direkt beenden Die höchste Stufe ist erreicht, wenn Sie in der Lage sind, ein Gespräch dann zu beenden, wenn Sie es möchten. Sagen Sie Ihrem Gesprächspartner freundlich und direkt, dass Sie das Gespräch jetzt beenden möchten. Sie brauchen sich dafür auch nicht zu rechtfertigen. Schließlich geht es um Ihre (Lebens-)Zeit. Doch natürlich können Sie auch mitteilen, warum Sie sich jetzt lieber mit etwas anderem beschäftigen möchten.

Beispiel

„So, Herr Meyer, ich möchte unser Gespräch jetzt an dieser Stelle beenden. Ich möchte heute noch einen Schriftsatz fertig machen."

Möglicherweise haben Sie gegen diese Strategie jetzt noch gewisse Bedenken oder Einwände. Wenn Sie befürchten, dass das Menschliche dadurch zu kurz kommt, machen Sie sich Folgendes klar: Es geht nicht darum, jedes Gespräch möglichst kurz zu halten. Sie sollten jedoch in der Lage sein, ein Gespräch dann zu beenden, wenn Sie es nicht mehr weiterführen möchten. Natürlich ist es manchmal nett, zu tratschen. Es muss nicht immer nur um Geschäftliches gehen. Wenn Sie sich mit Kollegen über Privates austauschen möchten – dann machen Sie das. Wenn es Ihnen Spaß macht, über die letzten Fußballergebnisse zu diskutieren – dann machen Sie das. Wenn Sie jemanden trösten oder aufbauen wollen – dann machen Sie das. Aber machen Sie es nur so lange, wie Sie es selber wollen.

Zusammenfassung

Im Rahmen eines persönlichen Gesprächs kann man viele Dinge leichter und schneller klären als in Schriftform. Allerdings gibt es auch Umstände, die dazu führen, dass man durch Gespräche unnötig Zeit verliert. Das ist zum einen dann der Fall, wenn ein Gespräch nur deshalb erforderlich ist, weil man im Vorfeld „unsauber" gehandelt hat und es deshalb zu falschen Erwartungen oder Missverständnissen kommt. Doch auch dann, wenn es sich nicht um ein solches „unnötiges" Gespräch handelt, kann man noch Zeit sparen oder verlieren. Denn ebenso wie ein Telefongespräch kann auch ein persönliches Gespräch länger oder kürzer dauern – je nachdem, wie schnell Sie auf den Punkt kommen und wie gut Sie darin sind, das Gespräch zu beenden. Und schließlich kosten Gespräche dann unnötig Zeit, wenn Sie dadurch dauernd in Ihrer Arbeit unterbrochen werden. Um keine oder möglichst wenig Zeit zu verlieren, gilt es folgende Dinge zu beachten:

- Führen Sie Gespräche effizient und beenden Sie sie, sobald das Gesprächsziel erreicht ist.
- Vermeiden Sie unnötige Gespräche.
- Lassen Sie sich nicht durch spontane Gespräche bei wichtigen Aufgaben unterbrechen

Durch Delegieren Zeit gewinnen

17.1 Die Idee

Als Rechtsanwalt, Steuerberater oder Wirtschaftsprüfer haben Sie häufig mehr zu tun als Sie in der zur Verfügung stehenden Zeit sinnvoll bearbeiten können. In dieser Situation hilft eine bewährte Technik: Delegieren. „Delegieren" bedeutet, dass man eine Aufgabe oder Tätigkeit von einer anderen Person erledigen lässt. Um dadurch möglichst viel Zeit zu gewinnen, sollte man ein paar Grundregeln beachten.

> **Beispiel**
>
> Herr Fuchs möchte, dass sein Mitarbeiter einen Schriftsatzentwurf erstellt.
> - *Variante 1:* Seine schriftliche Arbeitsanweisung lautet lediglich: „Bitte kümmern Sie sich um diese Angelegenheit." Nach zwei Tagen erhält er ein 30-seitiges Gutachten. Erst jetzt instruiert er seinen Mitarbeiter ausführlich. Da dieser nun nochmals ein paar Stunden an der Sache arbeiten muss, kann Herr Fuchs jedoch eine weitere Aufgabe nicht wie geplant an ihn delegieren, sondern muss sie selbst erledigen.
> - *Variante 2:* Herr Fuchs bespricht mit seinem Mitarbeiter zunächst, worum es in der Sache geht. Dann erteilt er ihm den Auftrag, bis morgen Abend einen maximal zehnseitigen Schriftsatz zu verfassen.

Manchmal verliert man durch nicht effektives Delegieren sogar Zeit.

> **Beispiel**
>
> Frau Attila delegiert die Erstellung einer einstweiligen Verfügung an ihren Mitarbeiter. Da dieser noch relativ unerfahren ist, hat er immer wieder Fragen, deren Beantwortung insgesamt zwei Stunden dauert. Mit dem Ergebnis ist Frau Attila dann trotzdem nicht zufrieden. Da die Zeit knapp wird, macht sie das Ganze schließlich doch selbst.

© Springer Fachmedien Wiesbaden 2017

J. Theurer, *Zeitmanagement für Juristen*, DOI 10.1007/978-3-658-14967-3_17

Viele Rechtsanwälte, Steuerberater und Wirtschaftsprüfer nutzen deshalb die Möglichkeit des Delegierens nicht oder nur nicht optimal. Sie glauben, dass Delegieren nicht
funktioniert und letztlich mehr Zeit kostet als wenn man es gleich selbst macht. Hinzu
kommen noch weitere (auch unbewusste) Glaubenssätze und Ängste:

- „Ich befürchte, dass der andere es besser macht als ich."
- „Dann verliere ich möglicherweise Mandanten an meine Kollegen."
- „Ich will andere nicht belasten."
- „Ich möchte diese Aufgabe selbst machen."
- „Ich will nicht die Kontrolle verlieren."
- „Keiner kann das so gut wie ich."
- „Ich kann nicht delegieren, weil ich nicht im Voraus weiß, wie das Ergebnis aussehen
  soll."

Das hat unschöne Konsequenzen: Wer nicht delegiert, muss alles selbst erledigen. Das
bedeutet, dass man länger arbeitet oder nicht alle Aufgaben in der bestmöglichen Qualität erledigen kann. Darüber hinaus fehlt dann häufig Zeit für andere wichtige Dinge wie
Akquise oder Fortbildung. Ihre Mitarbeiter können nicht lernen und wachsen – und Sie
auch nicht dauerhaft entlasten. Das führt zu Frust auf beiden Seiten. Und auch wenn man
gut organisiert und vieles zur Routine geworden ist, benötigt man doch weiterhin viel
Zeit für triviale Aufgaben und Tätigkeiten.

Fragen

Welche Aufgaben delegieren Sie regelmäßig?

_____

_____

_____

Wie hoch ist der Anteil der Aufgaben, die Sie delegieren?

_____

Würden Sie gerne mehr Aufgaben delegieren?

_____

Welche Aufgaben delegieren Sie grundsätzlich nicht?

_____

_____

Was spricht in diesen Fällen gegen das Delegieren?

_____

_____

Wie gehen Sie im Einzelnen vor, wenn Sie delegieren?

_____

_____

An welchen Stellen beim Delegieren könnte es noch Optimierungspotenzial geben?

_____

_____

Wenn Sie glauben, nur Sie selbst könnten eine bestimmte Aufgabe in der geforderten Qualität erledigen, machen Sie sich Folgendes klar: Meistens ist das gar nicht der Fall. Oder waren Sie etwa im Examen immer der Beste? Überlegen Sie, welchen Anforderungen das Ergebnis der Aufgaben mindestens genügen muss. Oft gibt es dann doch jemanden, der die Aufgabe in dieser Qualität erledigen kann. Es macht keinen Sinn, Perfektion an einer Stelle zu verlangen, an der sie nicht erforderlich ist.

Wenn Sie nicht delegieren möchten, weil Sie eine bestimmte Aufgabe lieber selbst machen wollen, dann fragen Sie sich: Warum ist das so? Was liegt mir so sehr an dieser Aufgabe? Seien Sie dabei ehrlich zu sich selbst. Brauchen Sie den Stress, um damit angeben zu können, wie wichtig Sie sind? Tut es Ihnen gut, darüber klagen zu können, dass Sie so viel zu tun haben? Dann gibt es vielleicht eine Möglichkeit, wie Sie Ihre Zufriedenheit aus anderen Bereichen ziehen können. Aber auch dann, wenn Ihnen bestimmte Aufgaben oder Tätigkeiten einfach Spaß machen, kann Delegieren sinnvoll sein. Denn sonst besteht die Gefahr, dass Sie sich mit Arbeit überfrachten.

Sie haben schon delegiert, und es hat nicht funktioniert? Dann machen Sie sich klar, dass sowohl das Delegieren als auch das Annehmen von Aufgaben Fähigkeiten sind, die man lernen kann und muss. Natürlich kann es beim ersten oder zweiten Mal genauso lange dauern, die Aufgabe zu erklären und das Ergebnis zu kontrollieren, wie die Aufgabe selbst zu erledigen. Aber dann ändert sich das und Sie haben dauerhaft mehr Zeit, die Sie für wichtigere Dinge nutzen können. Geben Sie deshalb nicht gleich nach dem ersten vermeintlichen Fehlschlag auf. Analysieren Sie, was gut war und was Sie beim nächsten Mal besser machen können. Beginnen Sie mit relativ unwichtigen Aufgaben und steigern Sie sich dann Schritt für Schritt.

17.2   Strategien

Das Vorgehen beim Delegieren ist an sich einfach: Sie überlegen sich, welche Aufgabe bis wann mit welchem Ergebnis erledigt werden soll. Dann sorgen Sie dafür, dass es jemanden gibt, der das für Sie macht.

17.2.1 Die Grundprinzipien

Grundsätzlich kann man jede Aufgabe oder Tätigkeit delegieren – vorausgesetzt es gibt jemanden, der bereit und in der Lage ist, sie zu übernehmen und in der gewünschten Qualität zu erledigen. Analysieren Sie deshalb zunächst bei sich:

Fragen

Welche Ihrer Aufgaben oder Tätigkeiten kosten Sie regelmäßig viel Zeit?

_____

_____

_____

Überlegen Sie dann, ob es sinnvoll sein könnte, diese Aufgaben oder Tätigkeiten zu delegieren. Dafür gibt es keine allgemeingültigen Antworten. Sie müssen immer im Einzelfall die Vor- und Nachteile einer Delegation abwägen. Fragen Sie sich zum Beispiel:

- Benötigt man für diese Aufgabe mindestens so viel Wissen, Können und Erfahrung wie ich sie habe?

- Könnte ich statt dieser Aufgabe etwas Wichtigeres tun?
- Gibt es jemanden, der genau die Fähigkeiten und Kenntnisse hat, die man für diese Aufgabe braucht?
- Welche andere (wichtige) Aufgabe kann der andere nicht tun, wenn ich an ihn delegiere?

Wenn Sie eine bestimmte Aufgabe oder Tätigkeit delegieren möchten, überlegen Sie, wer über die dafür erforderlichen Fähigkeiten und Erfahrungen verfügt. Beschränken Sie sich dabei nicht vorschnell nur auf interne Lösungen.

Beispiel

Herr Hegel ist Partner in einer großen Wirtschaftskanzlei. Der Geschäftsführer eines guten Mandanten hat Ärger mit seinem Urlaubsreiseveranstalter. Um ihm einen Gefallen zu tun, verspricht Herr Hegel, sich darum zu kümmern (natürlich zum gesetzlichen Gebührensatz). Einige Zeit später kommt es zur mündlichen Verhandlung vor dem 200 km entfernten Amtsgericht.
- *Variante 1:* Herr Hegel schickt seinen Mitarbeiter (Stundensatz: 200 €). Dadurch entgeht der Kanzlei ein Umsatz von 1.400 €.
- *Variante 2:* Herr Hegel beauftragt einen Verkehrsanwalt am Ort des Amtsgerichts. Das kostet die Kanzlei 150 €.

Wenn Sie jemanden gefunden haben, von dem Sie annehmen, dass er die Aufgabe erfolgreich erledigen kann, dann wägen Sie ab, ob Sie delegieren. Berücksichtigen Sie dabei insbesondere folgende Faktoren:

- *Kosten:* Wie teuer wird es für Sie (oder Ihren Mandanten), wenn Sie delegieren?
- *Dauer:* Wie lange wird derjenige brauchen, bis er die Aufgabe erledigt hat?
- Interesse: Ist derjenige für die Aufgabe motiviert? In der Regel wird eine Aufgabe umso besser erledigt, je motivierter derjenige ist, der sie macht.
- *Auslastung:* Hat derjenige noch genügend Kapazitäten frei? Welche anderen Aufgaben bleiben ggf. auf der Strecke?
- *Fähigkeiten:* Muss derjenige erst noch geschult werden?

Vergeben Sie einen bestimmten Auftrag immer nur an eine Person

Sagen Sie klar, wie das Ergebnis aussehen soll Erklären Sie genau, welches Ergebnis Sie erwarten: Was soll erledigt werden? Was ist der gewünschte Endzustand? Möchten Sie einen Schriftsatz, eine Aktennotiz, eine PowerPoint-Präsentation oder was sonst? Was soll anschließend besser sein als vorher? Beschreiben Sie das gesamte Projekt, sodass derjenige, an den Sie delegieren, versteht, wo und wie die delegierte Aufgabe dazugehört. Überprüfen Sie, ob der andere genau verstanden hat, was Sie von ihm erwarten.

Legen Sie einen Termin zur Fertigstellung fest In der Regel ist es am besten, wenn Sie sich gemeinsam auf einen Termin einigen. Vereinbaren Sie verbindlich, wann die Aufgabe erledigt sein soll und wann Sie Feedback geben. Vereinbaren Sie bei umfangreicheren Aufgaben ggf. Zwischentermine.

Akzeptieren Sie ein Ergebnis, das gut (genug) ist

17.2.2 Noch effektiver Delegieren

Erstellen Sie eine „Kompetenzliste" Ihrer Mitarbeiter Überlegen Sie sich hin und wieder, wer über welche Fähigkeiten und Erfahrungen verfügt und wer welche Aufgaben schon erfolgreich ausgeführt hat. Dadurch sparen Sie Zeit, wenn Sie wieder einmal vor der Frage stehen, an wen Sie delegieren können.

Besprechen Sie die Vorgehensweise Überlassen Sie die Wahl der Methode so weit wie möglich demjenigen, an den Sie delegieren. Wer selbstbestimmt entscheidet, ist in der Regel motivierter als jemand, der nur das macht, was Sie vorgeben. Lassen Sie sich ggf. erklären, wie der andere vorgehen möchte: „So, Herr Schnacke, jetzt überlegen Sie sich mal die einzelnen Schritte, die diese Aufgabe erfordert und schätzen Sie ab, wie lange das jeweils dauern wird. Anschließend kommen Sie wieder zu mir. Dann können wir sicher sein, dass wir nichts übersehen haben und der Plan realistisch ist."

Besprechen Sie die voraussichtliche Dauer Teilen Sie mit, wie viele Stunden die Aufgabe Ihrer Meinung nach erfordert. Dadurch verhindern Sie, dass an einer Aufgabe zu kurz oder zu lang gearbeitet wird.

Übertragen Sie die notwendigen Kompetenzen Falls die von Ihnen delegierte Aufgabe mehr Kompetenzen erfordert, um erfolgreich erledigt werden zu können, übertragen Sie diese.

Vereinbaren Sie Zeitpunkte, an denen Sie zwischendurch über die Fortschritte informiert werden Wenn Sie diese Zwischenberichte vorher ankündigen, weiß der andere, was ihn erwartet. Das ist besser als wenn Sie plötzlich ohne Vorwarnung im Zimmer stehen und fragen: „Na, wie läuft's?" Erklären Sie die Gründe dafür („… um sicher zu sein, dass Sie alles haben, was Sie brauchen und wir ein gutes Ergebnis erreichen…"). Dann erscheinen Sie nicht als Kontrolleur, der dem anderen nicht vertraut.

Vereinbaren Sie, dass Sie sofort informiert werden, wenn die Deadline möglicherweise nicht eingehalten wird Engagierten Mitarbeitern fällt es oft schwer, zuzugeben, dass etwas möglicherweise nicht rechtzeitig fertig wird. Lieber versuchen sie mit allen Mitteln, es selbst zu schaffen. Dabei könnten Sie ihnen doch helfen, einen Ausweg zu finden. Falls derjenige, an den Sie delegieren, auch noch für andere Rechtsanwälte,

Steuerberater oder Wirtschaftsprüfer arbeitet, sollten Sie deshalb sicherstellen, dass er für Ihren Auftrag genügend Zeit hat. Klären Sie ab, dass er sich mit Ihnen abspricht, bevor er noch weitere Aufgaben (auch von anderen) übernimmt – sofern das die Erledigung der von Ihnen delegierten Aufgabe in irgendeiner Weise berührt. Gehen Sie nicht davon aus, dass der andere das von sich aus macht. Verlangen Sie es ausdrücklich.

Lassen Sie den anderen über seine Prioritäten verhandeln Wenn sich derjenige, an den Sie delegieren, wegen anderer Tätigkeiten überlastet fühlt, dann lassen Sie ihn über seine Prioritäten verhandeln. Andernfalls wird er stark gestresst sein. Zudem wissen Sie sonst auch nicht, welche anderen Aufgaben er aufgrund Ihrer Delegation nicht macht.

Mischen Sie sich nicht ohne wichtigen Grund in die Ausführung ein

Geben Sie Hilfe, falls nötig – aber vermeiden Sie eine Rückdelegation Bleiben Sie erreichbar, falls der andere Hilfe braucht. Sie haben mindestens ebenso viel Interesse daran, dass er erfolgreich ist, wie er selbst. Wenn er um Rat fragt, können Sie ihn coachen und ihm zeigen, wie er nächstes Mal selbst vorgehen kann. Zeigen Sie ihm, wo er sich sonst noch Unterstützung holen kann (innerhalb und außerhalb der Kanzlei). Wenn Ihre Kanzlei ein internes Wissenssystem (Knowledge Management) hat, sorgen Sie dafür, dass jeder in Ihrem Team weiß, wie man es benutzt. Stellen Sie sicher, dass alle Spezialisten in Ihrer Kanzlei damit einverstanden sind, dass sie bei Bedarf von Ihren Teammitgliedern um Rat gefragt werden können.

Besprechen Sie das Ergebnis Bei Anfängern müssen Sie die Arbeit korrigieren, um die Richtigkeit und die Qualität sicherzustellen. Aber lassen Sie den anderen die Korrekturen immer selbst vornehmen! Dadurch kann er lernen und Sie sparen Zeit. Geben Sie dazu immer konkretes Feedback. Sagen Sie nicht nur „Das haben Sie gut gemacht", sondern loben Sie konkrete Details:

- „Ihre Ausführungen zur Wirksamkeit des Vertrages fand ich sehr überzeugend. Das haben Sie wirklich verständlich und logisch präzise formuliert."
- „Sie haben durch Ihre souveräne Art in der Verhandlung unseren Mandanten ziemlich beeindruckt."

Stellen Sie Ihre Mitarbeiter den Mandanten vor Wenn Ihr Mandant glaubt, dass Sie der Einzige sind, der seinen Fall bearbeiten kann, wird er immer nur Sie anrufen und Ihre Zeit in Anspruch nehmen. Stellen Sie ihm deshalb Ihr Team vor. Erklären Sie ihm, wer welche Qualifikation hat und welchen Aspekt des Mandats übernehmen wird. Dann fällt es Ihrem Mandanten leichter, jemandem aus Ihrem Team zu vertrauen, wenn Sie gerade nicht da sind. Legen Sie fest, wie Ihre Mitarbeiter mit dem Mandanten kommunizieren dürfen:

- Wer darf welches Thema mit dem Mandanten besprechen?
- Wie sollen Ihre Mitarbeiter Sie darüber informieren?

Beachten Sie die Präferenzen des anderen Wenn Sie herausfinden, wer in Ihrer Kanzlei oder in Ihrem Team welche persönlichen Präferenzen hat, können Sie die Aufgaben so delegieren, dass jeder zu einem Großteil seiner Arbeitszeit das macht, was seiner Präferenz entspricht. Manche Menschen mögen lieber Aufgaben, bei denen sie rational, logisch und mit vielen Details arbeiten können. Andere dagegen arbeiten lieber intuitiv, kreativ und mit einem Blick für das große Ganze. Beachten Sie diese Präferenzen auch beim Delegieren. Fragen Sie die anderen, was sie sich wünschen und brauchen, wenn Sie eine Aufgabe an sie delegieren. Manche Menschen möchten so viele Fakten und Rahmendaten wie möglich haben. Werden Sie dann sehr konkret mit Zahlen, Daten und Terminen. Legen Sie die gewünschte Qualität des Ergebnisses genau fest. Stellen Sie sicher, dass der andere ein klares Bild von der Aufgabe hat. Wenn Sie dagegen an einen „kreativen Chaoten" delegieren, dann geben Sie am besten nur das gewünschte Ziel vor und lassen dem anderen die Freiheit, eigene Wege zu suchen. Bessern Sie in diesem Fall keine Details nach, sondern würdigen Sie das Gesamtergebnis.

17.2.3 Feedback einholen

Sie können Ihre Fähigkeit zu delegieren dramatisch verbessern, wenn Sie diejenigen, an die Sie delegieren, um Feedback bitten. Geben Sie Ihnen einfach eine Liste mit den in Tab. 17.1 aufgeführten häufigsten Beschwerden und lassen Sie sie ankreuzen, was auf Sie zutrifft:

Zusammenfassung

Wer nicht delegiert, muss alles selbst erledigen. Das bedeutet, dass man länger arbeitet oder nicht alle Aufgaben in der bestmöglichen Qualität erledigen kann. Darüber hinaus fehlt dann häufig Zeit für andere wichtige Dinge wie Akquise oder Fortbildung. Ihre Mitarbeiter können nicht lernen und wachsen – und Sie auch nicht dauerhaft entlasten. Das Vorgehen beim Delegieren ist an sich einfach: Sie überlegen sich, welche Aufgabe bis wann mit welchem Ergebnis erledigt werden soll. Dann sorgen Sie dafür, dass es jemanden gibt, der das für Sie macht. Sie können Ihre Fähigkeit zu delegieren dramatisch verbessern, wenn Sie regelmäßig Feedback einholen.

Tab. 17.1 Die häufigsten Beschwerden beim Delegieren

Thema	0 … 10
Sie erklären nicht genau, wie das Ergebnis konkret aussehen soll. Dadurch weiß ich nicht, was Sie von mir erwarten	
Sie geben mir nicht das Gefühl, dass ich bei Unklarheiten nachfragen darf. Dadurch überlege ich lange hin und her oder setze falsche Schwerpunkte	
Sie geben mir nicht von Anfang an alle erforderlichen Informationen für die Aufgabe, obwohl Sie diese haben	
Sie erklären mir nicht, wofür meine Arbeit gut ist. Das empfinde ich als Misstrauen	
Sie geben mir die Aufgabe und verschwinden, ohne meine aufkommenden Fragen zu beantworten	
Es gibt keine Deadline, bis wann die Aufgabe fertig sein soll	
Die delegierte Aufgabe soll „so schnell wie möglich" gemacht werdet – im Sinne von „Lassen Sie alles andere liegen und machen Sie das!" Ihnen scheint es völlig egal zu sein, was ich sonst noch zu tun habe	
Sie setzen „falsche" Deadlines: Ich gebe alles, um die Frist einzuhalten – und dann wird meine Arbeit doch erst sehr viel später angeschaut	
Die Frist für die Aufgabe ist sehr kurz – aber nur, weil Sie erst jetzt delegieren, obwohl Sie das schon früher hätten machen können	
Die Erwartungen über den zeitlichen Umfang der Aufgabe sind unrealistisch	
Sie mischen sich grundlos in die Ausführung ein	
Sie ändern die Aufgabe nachträglich, ohne dass sich die Umstände verändert haben. Das wäre nicht nötig gewesen, wenn Sie es sich vorher genauer überlegt hätten	
Ich bekomme von Ihnen und Ihren Kollegen für dieselbe Aufgabe unterschiedliche, sich widersprechende Anweisungen	
Ich bekomme kein Feedback für meine Arbeit	
Sie akzeptieren das Ergebnis nur, wenn es genauso (formuliert) ist, wie Sie es gemacht hätten. Dadurch brauche ich sehr viel Zeit, um mich in Ihre Gedanken hineinzuversetzen	
Ihr Feedback klingt so, als wäre ich nicht kompetent (genug)	
Dieselbe Aufgabe wird noch an jemand anderen vergeben	
Sie delegieren an jeden, der gerade erreichbar ist – ganz egal, ob die delegierte Aufgabe seiner Erfahrung entspricht oder nicht	
Die Aufgaben werden nicht gleichmäßig auf alle Mitarbeiter verteilt	

Mandate effizient bearbeiten

18.1 Die Idee

Als Rechtsanwalt, Steuerberater oder Wirtschaftsprüfer machen Sie jeden Tag im Grunde dieselben Tätigkeiten: Akten bearbeiten, Schriftsätze erstellen und Informationen sammeln. Meistens denkt man nicht weiter darüber nach, welche Strategien man dafür benutzt. Irgendwann einmal hat man ein bestimmtes System entwickelt oder von einem Ausbilder, Kollegen oder Vorgesetzten übernommen und dann einfach beibehalten. Möglicherweise ist Ihr Vorgehen in diesem Bereich ja schon optimal. In der Regel gibt es jedoch immer bestimmte Abläufe, die man noch effizienter und effektiver ausführen kann. Da Sie diese Tätigkeiten jeden Tag ausüben, können Sie schon mit einer kleinen Verbesserung dauerhaft viel Zeit sparen. Das betrifft zum einen die Bearbeitung von Akten.

Beispiel

Auf dem Schreibtisch von Herrn Krüger liegt die Akte „Müller". Es geht um einen Verkehrsunfall. Herr Krüger liest 20 Minuten darin und überlegt, ob er einen weiteren Schriftsatz an das Gericht schicken soll. Allerdings müsste er dann nach weiteren Urteilen recherchieren. Lohnt sich das? Er beschließt, später darüber zu entscheiden und widmet sich einer anderen Sache. Am nächsten Tag liegt die Akte wieder auf seinem Schreibtisch. Herr Krüger blättert wieder ein bisschen darin. Er ist immer noch unschlüssig, was er tun soll. Nach einer Viertelstunde legt er die Akte wieder weg.

Viel Zeit kann es auch kosten, wenn man Schriftsätze im Nachhinein immer wieder umstellt oder sogar nochmals ganz neu verfasst. Der Hauptgrund dafür ist, dass man noch weitere Argumente oder Punkte einfügen will, die nicht in die bisherige Struktur passen.

Bei der Informationsbeschaffung verliert man Zeit, wenn man sich in immer mehr Einzelheiten verläuft und irgendwann den Wald vor lauter Bäumen nicht mehr sieht.

© Springer Fachmedien Wiesbaden 2017
J. Theurer, *Zeitmanagement für Juristen*, DOI 10.1007/978-3-658-14967-3_18

Beispiel

Herr Krüger entschließt sich, noch einen Schriftsatz zu schreiben. Er recherchiert bei Juris. Zunächst findet er zwei OLG-Urteile, die zu seinem Fall passen. Beim Lesen der ersten Entscheidung stößt er auf weitere Fundstellen, die zwar nicht direkt das Thema betreffen, aber möglicherweise noch neue Aspekte liefern. Vorsichtshalber liest er auch diese Urteile. Nach drei Stunden hat er über 250 Seiten ausgedruckt und ganz vergessen, wonach er eigentlich gesucht hat.

Überlegen Sie für sich:

Fragen

Wie viele Akten bearbeiten Sie pro Jahr?

_____

Wie oft befassen Sie sich im Durchschnitt mit einer Akte?

_____

Wie lange befassen Sie sich mit einer Akte pro Durchgang?

_____

Wie gehen Sie im Einzelnen vor, wenn Sie eine Akte bearbeiten?

_____

_____

_____

In wie vielen Fällen legen Sie eine Akte wieder weg, ohne den Fall „bewegt" zu haben?

_____

An welchen Stellen im Umgang mit Akten könnte es noch Optimierungspotenzial gehen?

_____

_____

Wie viele Schriftsätze verfassen Sie pro Woche?

_____

Wie lange schreiben Sie durchschnittlich an einem Schriftsatz?

Mindestens _____ Stunden

Maximal _____ Stunden

Wie gehen Sie konkret vor, wenn Sie einen Schriftsatz verfassen?

_____

_____

_____

Bei wie vielen Schriftsätzen verändern Sie nachträglich nochmals erheblich die ursprüngliche Struktur?

_____

An welchen Stellen beim Verfassen von Schriftsätzen könnte es noch Optimierungspotenzial geben?

_____

_____

Wie gehen Sie konkret vor, wenn Sie Informationen benötigen?

_____

_____

_____

Wie lange recherchieren Sie durchschnittlich pro Woche?

– Im Internet: _____ Stunden

– In Zeitschriften und Kommentaren: _____ Stunden

– Im Gespräch mit anderen Personen: _____ Stunden

– Sonstiges: _____ Stunden

An welchen Stellen beim Sammeln von Informationen könnte es noch Optimierungspotenzial geben?

_____

_____

18.2   Strategien

18.2.1 Den konkreten nächsten Schritt festlegen

Viele Rechtsanwälte, Steuerberater und Wirtschaftsprüfer, die bei der Aktenbearbeitung Zeit verlieren, haben eines gemeinsam: Sie lassen sich die Akte vorlegen, weil ein neues Schreiben eingetroffen ist. Dann lesen sie ein bisschen darin und legen die Akte wieder weg, ohne dass etwas passiert. Am nächsten Tag blättern sie wieder darin. Am übernächsten wieder usw. Dieses Vorgehen kostet viel Zeit und ist ineffizient. Deshalb: Wenn Sie sich mit einer Akte beschäftigen, dann legen Sie immer auch den konkreten nächsten Schritt fest! Legen Sie nie eine Akte zur Seite, bevor Sie nicht entschieden haben, was Sie als nächstes in dieser Sache tun werden.

Was der konkrete nächste Schritt ist, hängt immer vom Stand der jeweiligen Angelegenheit ab:

Tab. 18.1 Beispiel – Der konkrete nächste Schritt

Situation	Der konkrete nächste Schritt
Ein Schriftsatz der Gegenseite ist eingetroffen	Den Schriftsatz lesen
Sie haben einen Schriftsatz gelesen	Entscheiden, ob Sie darauf antworten
Sie möchten auf den Schriftsatz antworten	Das Ziel Ihres Schriftsatzes festlegen
Sie haben das Ziel Ihres Schriftsatzes festgelegt	Überlegen, welche Punkte in dem Schriftsatz angesprochen werden sollen
Sie wissen, welche Punkte in dem Schriftsatz angesprochen werden sollen	Überlegen, welche Informationen Sie noch brauchen
Sie wissen, welche Informationen Sie noch brauchen	Die Informationen beschaffen
Sie haben alle Informationen für den Schriftsatz beschafft	Die Gliederung entwerfen
Die Gliederung für Ihren Schriftsatz steht	Den Schriftsatz diktieren und tippen lassen
Der Schriftsatz ist getippt	Korrektur lesen und ggf. verbessern
Der Schriftsatz ist verbessert	An den Mandanten schicken und um Freigabe bitten
Der Mandant ist mit dem Schriftsatz einverstanden	Den Schriftsatz ans Gericht schicken

- *Wenn das Mandat erledigt ist:* Die Akte schließen und im Archiv ablegen.
- *Wenn im Moment kein weiterer Schritt angezeigt ist:* Einen Termin zur Wiedervorlage bestimmen und im Kalender eintragen.
- *Wenn etwas unternommen werden soll* (z. B. einen Schriftsatz verfassen oder den Mandanten anrufen): Legen Sie den konkreten nächsten Schritt fest und sorgen Sie dafür, dass dieser umgesetzt wird – entweder sofort oder zu einem genau festgelegten Zeitpunkt.

In Tab. 18.1 finden Sie Beispiele für die konkreten nächsten Schritte, nachdem ein Schriftsatz der Gegenseite eingetroffen ist.

Der Vorteil dieser Strategie ist, dass Sie immer genau wissen, was Sie als Nächstes zu tun haben. Dadurch fällt es meistens auch leichter, überhaupt anzufangen. Denn der konkrete nächste Schritt steht nicht wie ein großer Block vor Ihnen, der unabsehbar viel Zeit in Anspruch nimmt. Denken Sie deshalb nicht „Ich muss den Schriftsatz der Gegenseite beantworten". Das ist das Endziel. Davor gibt es jedoch viele kleine Zwischenschritte. Wenn Sie nur den jeweils Nächsten dieser kleinen Zwischenschritte festlegen, wird das ganze Vorhaben sehr viel konkreter und machbarer. Den Schriftsatz zu lesen dauert vielleicht eine halbe Stunde. Das kostet deutlich weniger Überwindung als wenn Sie sich gleich vornehmen, den Schriftsatz zu beantworten.

Auf diese Weise können Sie jedes Mal, wenn Sie die Akte in die Hand nehmen, den nächsten Schritt festlegen. Das bedeutet nicht, dass Sie diesen Schritt sofort ausführen müssen. Manchmal genügt es, zu entscheiden, was der nächste Schritt ist und wann Sie ihn ausführen werden. Dadurch ist sichergestellt, dass Sie diese Akte erst dann wieder in die Hand nehmen, wenn Sie den nächsten Schritt tatsächlich angehen. Die zeitraubenden, unnötigen Beschäftigungen mit der Akte, bei denen nichts passiert, fallen weg.

18.2.2 Schriftsätze effizient erstellen

Was ist das Ziel? Bevor Sie anfangen, einen Schriftsatz zu erstellen, sollten Sie sich klarmachen, was Sie mit diesem Schriftsatz konkret erreichen möchten. Denn vom Ziel des Schriftsatzes hängt ab, welche Informationen und Ausführungen wichtig sind und welche weggelassen werden können. Fragen Sie sich also: Wozu schreibe ich diesen Schriftsatz? Was ist das Ziel? Geht es darum, eine Frist zu wahren? Möchten Sie ein rechtliches Problem vertieft darstellen? Wollen Sie Chaos verbreiten? Oder Ihren Mandanten beeindrucken?

Beispiel

Um zu verhindern, dass ein Kaufpreisanspruch verjährt, genügt es, die Klage schlüssig einzureichen. Auf rechtliche Fragen oder strittige tatsächliche Punkte braucht man nicht einzugehen.

Aber spätestens wenn die Gegenseite den Anspruch bestreitet, muss man doch umfassender zu den rechtlichen und tatsächlichen Gegebenheiten vortragen! Das stimmt. Nur hat dann dieser neue Schriftsatz ein anderes Ziel (z. B. den Richter davon zu überzeugen, dass der Anspruch Ihres Mandanten auf den Kaufpreis begründet ist). Machen Sie sich klar, dass Sie eigentlich überhaupt keine rechtlichen Ausführungen brauchen. Jura novit curia – das Gericht kennt das Gesetz. Wenn in einem Verfahren der Amtsermittlungsgrundsatz gilt, können Sie sich theoretisch sogar die meisten Ausführungen zum tatsächlichen Geschehen sparen. Als gewissenhafter Rechtsanwalt, Steuerberater oder Wirtschaftsprüfer werden Sie das natürlich in der Regel nicht tun. Aber wenn Sie wissen, was Sie mit einem bestimmten Schriftsatz bezwecken, können Sie viel Zeit sparen, indem Sie alles weglassen, was zur Erreichung dieses Zwecks nicht notwendig ist.

Beispiel

Sie vertreten den Beklagten. Die Sache ist sehr verwickelt und es gibt viele Anlagen. Der Anspruch des Klägers ist an sich berechtigt, aber Ihr Mandant möchte Zeit gewinnen. Sie versuchen deshalb, das Gericht und den Gegner durch chaotische Schriftsätze zu verwirren und das Verfahren in die Länge zu ziehen. In diesem Fall werden Sie sich natürlich nicht stundenlang darum bemühen, Ihre Ausführungen möglichst nachvollziehbar zu strukturieren.

Benutzen Sie Vorlagen und Textbausteine Wenn Sie einen Schriftsatz erstellen, brauchen Sie nicht jedes Mal das Rad neu zu erfinden. Als Rechtsanwalt, Steuerberater oder Wirtschaftsprüfer werden Sie nicht dafür bezahlt, möglichst originelle literarische Gedanken aufs Papier zu bringen. Es geht darum, dass Sie die Ziele Ihres Mandanten erreichen. Benutzen Sie deshalb Vorlagen und Textbausteine, die geeignet sind, das zu erreichen. Passendes Material gibt es in Anwaltshandbüchern, Kommentaren und im Internet. Wenn Sie mit anderen Rechtsanwälten, Steuerberatern oder Wirtschaftsprüfern zusammenarbeiten, bietet es sich an, dass Sie ein internes Informationssystem aufbauen. Darin werden Vorlagen für bestimmte Schriftsätze gesammelt. Bei Bedarf kann dann jeder Mitarbeiter auf die schon vorhandenen Schriftsätze zurückgreifen und diese als Entwurf benutzen.

Beispiel

Herr Schulz hat tagelang an dem Entwurf einer Satzung für eine GmbH gebastelt, die speziell auf die Bedürfnisse von kleinen Familienunternehmen abgestimmt ist. Wenn sein Kollege zwei Monate später ebenfalls eine Satzung für ein kleines Familienunternehmen erstellen will, kann er den Entwurf von Herrn Schulz als Vorlage benutzen und muss nicht selbst tagelang daran arbeiten.

Nutzen Sie auch die gegnerischen Schriftsätze, die Sie im Laufe der Zeit erhalten. Wenn Ihnen der Aufbau oder eine bestimmte Formulierung gut gefallen, kopieren Sie die entsprechende Stelle und heften Sie sie in einem eigenen Ordner ab. Und natürlich können Sie sich auch selbst „zitieren". Erstellen Sie Textbausteine für Schreiben, Schriftsätze oder rechtliche Ausführungen, die immer wieder vorkommen. Haben Sie davor keine Scheu – das machen die Richter am Bundesverfassungsgericht und am BGH genauso.

Korrigieren und verbessern Sie Wenn Sie einen neuen Schriftsatz erstellen, dann diktieren Sie am Anfang schnell einen ersten Entwurf. Halten Sie sich dabei nicht lange an einzelnen Formulierungen auf. Lassen Sie manche Stellen einfach frei („[...]") und fügen Sie die fehlenden Informationen später ein. Der Hintergrund dieses Tipps ist: Die meisten Menschen sind sehr gut darin, Dinge zu verbessern (insbesondere Texte). Wenn Sie also erst einmal eine Version des Schriftsatzes haben, fällt es Ihnen wahrscheinlich leicht, diese Version zu verbessern. Verschwenden Sie deshalb am Anfang nicht zu viel Zeit auf einzelne Formulierungen. Erstellen Sie einen Rohentwurf, den Sie nach und nach optimieren. Das entlastet Sie von dem Druck, gleich zu Beginn perfekt sein zu müssen. Außerdem haben Sie so schneller ein Erfolgserlebnis. Sobald der erste Entwurf des Schriftsatzes vor Ihnen liegt, wissen Sie, dass es schon fast geschafft ist. Das motiviert zusätzlich.

18.2.3 Das Zettelsystem

Es gibt viele Möglichkeiten, einen neuen Schriftsatz erstellen. Die Einfachste ist es, sich vorab ein paar Notizen zu machen und dann alles weitgehend aus dem Kopf zu diktieren.

Das ist bei kurzen Schriftsätzen meistens ohne Weiteres möglich. Wird es umfangreicher, kann dieses Vorgehen allerdings dazu führen, dass der Schriftsatz unübersichtlich wird oder dass Sie ihn später nochmals komplett neu gliedern und diktieren müssen. Das können Sie mit einem einfachen, effizienten System vermeiden, das der Rechtsanwalt und Buchautor Benno Heussen so beschreibt:

Texte erstellen mit dem Zettelsystem
- *Schritt 1:* Besorgen Sie sich Blätter im DIN A5, A6 oder A7 Querformat.
- *Schritt 2:* Schreiben Sie jeden Gedanken, der Ihnen zu dem Thema einfällt, auf einen eigenen Zettel.
- *Schritt 3:* Wenn Sie genügend Gedanken gesammelt haben, räumen Sie Ihren Schreibtisch frei.
- *Schritt 4:* Gliedern Sie das Thema durch Zwischenüberschriften (jeweils auf einem eigenen Zettel).
- *Schritt 5:* Nehmen Sie den bislang ungeordneten Stapel der Zettel mit Ihren Gedanken und legen Sie jeden Zettel zu der passenden Zwischenüberschrift. Falls viele Zettel bei einer Überschrift sind, untergliedern Sie gegebenenfalls mit weiteren Zwischenüberschriften.
- *Schritt 6:* Bringen Sie die einzelnen Kapitel auf Ihrem Schreibtisch in die richtige Reihenfolge.
- *Schritt 7:* Gehen Sie jetzt jedes Kapitel einzeln durch. Legen Sie die dazugehörigen Zettel untereinander in die Reihenfolge, in der Sie den Schriftsatz diktieren wollen. Falls Sie dabei Lücken im tatsächlichen oder rechtlichen Bereich entdecken, schließen Sie diese durch weitere Zettel.
- *Schritt 8:* Diktieren Sie die einzelnen Kapitel.

Diese Vorgehensweise hat einige Vorteile: Zum einen können Sie am Anfang völlig spontan und kreativ arbeiten. Keine Idee, die Ihnen kommt, während Sie sich mit dem Fall beschäftigen, geht verloren. Das beruhigt und entlastet Ihr Gehirn. Indem Sie das Thema in Zwischenüberschriften gliedern, geben Sie Ihrem Schriftsatz eine bestimmte Struktur. Dadurch können Sie Lücken und Widersprüche frühzeitig aufdecken und schließen. Selbst wenn Sie den Schriftsatz noch einmal völlig neu strukturieren möchten, können Sie das ohne großen Aufwand tun. Sie verschieben dann einfach die Zettel auf Ihrem Schreibtisch. Bei komplexen Problemen oder wenn Sie einen sehr hohen Qualitätsanspruch haben, können Sie beliebig oft zwischen den Phasen „Ideen sammeln", „ordnen" und „korrigieren" hin- und herwechseln.

18.2.4 Effizient Recherchieren

Nutzen Sie das Internet! In vielen Fällen finden Sie die benötigten Informationen im Internet. Das gilt sowohl für „praktische" Dinge (Wie ist die Adresse eines Gerichts?) als

auch für rechtliche Gesichtspunkte. Wenn Sie sich in einem neuen Rechtsgebiet zurecht-
finden wollen, bietet das Internet die schnellste Möglichkeit herauszufinden, was in dem
betreffenden Gebiet gerade relevant ist. Im Internet erhalten Sie meistens auch gute Hinweise, welche rechtlichen Probleme sich in einer bestimmten Konstellation ergeben.
Zudem finden Sie Gesetze dort oft schneller als wenn Sie zu Ihrer Loseblattsammlung
laufen und darin blättern. Und natürlich können Sie im Internet praktisch jede Gerichts-
entscheidung der letzten 70 Jahre nachlesen und ausdrucken. Die Entscheidungen des
Bundesverfassungsgerichts und der anderen Obergerichte erhalten Sie sogar kostenlos
auf den Webseiten des jeweiligen Gerichts oder auf Webseiten wie jurion.de. Komfor-
tabler ist es jedoch häufig, wenn Sie bei Juris oder Beck online recherchieren. Das kostet
zwar etwas, aber dadurch sparen Sie meistens auch viel Zeit.

Beispiel

Sie möchten eine Entscheidung des OLG Frankfurt a. M. von 1953 lesen. Angenommen Ihre Kanzlei hat sämtliche Jahrgänge der NJW in ihrer Bibliothek. Während Sie
zur Bibliothek laufen, die Ausgabe von 1953 suchen, kopieren und wieder in Ihr Büro
zurückkommen, vergehen zehn Minuten. Bei einem Stundensatz von 200 € „kostet"
dieser Gang also mehr als 30 €. Wenn Sie dagegen das Urteil online recherchieren
und ausdrucken, benötigen Sie dafür nur zwei Minuten.

Setzen Sie sich Grenzen Machen Sie sich beim Recherchieren Folgendes klar: Es gibt
heute nahezu unbegrenzt viele Informationen. Jedes Jahr werden tausende von Gerichtsentscheidungen veröffentlicht. Sie sind zeitlich gar nicht in der Lage, alles zu lesen, was
für ein bestimmtes Mandat relevant sein könnte. Dafür gibt es einfach zu viele Entschei-
dungssammlungen, Kommentare, Monographien, Festschriften, Handbücher, Dissertationen, Habilitationen und Fachzeitschriften. Setzen Sie sich deshalb zu Beginn Ihrer
Recherche eine zeitliche und inhaltliche Grenze. Nach der Rechtsprechung des BGH
genügt es, wenn Sie die aktuelle obergerichtliche Rechtsprechung kennen. Suchen Sie
deshalb online nach aktuellen Entscheidungen zu Ihrem Fall und lesen Sie ggf. noch
in einem Kommentar nach. Falls Sie noch mehr recherchieren müssen, werden Sie das
schnell merken. Es geht nur darum, am Anfang nicht zu viel Zeit zu verlieren. Falls Sie
bei Ihrer Recherche auf eine Entscheidung oder eine andere interessante Information sto-
ßen, die jedoch nicht unmittelbar zu dem passt, wonach Sie gerade suchen, dann notieren
Sie sich das und machen Sie mit Ihrem ursprünglichen Plan weiter. Sobald Sie damit fertig sind, überlegen Sie sich für jeden neuen Punkt auf Ihrer Liste: Ist es sinnvoll, für die
Recherche zu diesem Punkt weitere Zeit zu investieren?

Aktivieren Sie Dritte Falls Sie für Ihre Arbeit auf die Mitwirkung von anderen Personen angewiesen sind, gehen Sie aktiv auf diese zu. Lassen Sie nicht zu, dass Sie tagelang
nicht an einem Fall weiterarbeiten können, weil Ihr Mandant die benötigten Informationen nicht zur Verfügung stellt. Haken Sie regelmäßig nach. Riskieren Sie es, zu nerven. Rufen Sie notfalls jeden Tag an und fragen Sie, wo die Informationen bleiben.

Machen Sie sich klar, dass Sie sich vor Ihrem Mandanten nicht klein machen müssen, nur weil er Sie bezahlt. Das gleiche gilt auch gegenüber Richtern. Während meiner Tätigkeit als Rechtsanwalt hatte ich einen Fall, der seit mehreren Jahren beim Landgericht Potsdam anhängig war, ohne dass etwas passierte. Es hatte schon zwei Richterwechsel gegeben und auch der jetzige Bearbeiter versprach bei gelegentlichen schriftlichen Sachstandsanfragen nur, „bald" etwas zu unternehmen. Doch nichts geschah. Irgendwann habe ich dann begonnen, den Richter jede Woche zweimal persönlich anzurufen. Nach vier Wochen wurde relativ zeitnah ein Termin für die mündliche Verhandlung angesetzt.

Zusammenfassung

Als Rechtsanwalt, Steuerberater oder Wirtschaftsprüfer machen Sie jeden Tag im Grunde dieselben Tätigkeiten: Akten bearbeiten, Schriftsätze erstellen und Informationen sammeln. Meistens denkt man nicht weiter darüber nach, welche Strategien man dafür benutzt. In der Regel gibt es jedoch immer bestimmte Abläufe, die man noch effizienter und effektiver ausführen kann. Da Sie diese Tätigkeiten jeden Tag ausüben, können Sie schon mit einer kleinen Verbesserung dauerhaft viel Zeit sparen. Deshalb:

- Legen Sie nie eine Akte zur Seite, bevor Sie nicht entschieden haben, was Sie als Nächstes in dieser Sache tun werden.
- Benutzen Sie Vorlagen und Textbausteine.
- Korrigieren und verbessern Sie.
- Arbeiten Sie mit dem Zettelsystem.
- Nutzen Sie das Internet.
- Setzen Sie sich Grenzen.
- Aktivieren Sie Dritte.

Wenn der Anwalt selbst tippt – geschickte Organisation

19.1 Die Idee

Durch eine geschickte Organisation kann man als Rechtsanwalt, Steuerberater oder Wirtschaftsprüfer viel Zeit sparen. Das betrifft zum einen die „äußeren" Faktoren, insbesondere den Standort der Kanzlei.

> **Beispiel**
>
> Sie sind Fachanwalt für Familienrecht.
> - *Variante 1:* Ihre Kanzlei befindet sich 200 m vom Familiengericht entfernt. Zu Fuß brauchen Sie für diese Strecke 2 min.
> - *Variante 2:* Ihre Kanzlei befindet sich 20 km vom Familiengericht entfernt. Mit dem Auto benötigen Sie inklusive Parkplatzsuche jeweils 20 bis 30 Minuten.

Auch die Art und Weise, wie Sie mit den anderen Mitarbeitern der Kanzlei zusammenarbeiten und wie Sie Ihren Arbeitsplatz einrichten, kann erheblichen Einfluss auf Ihren Zeitbedarf haben.

> **Beispiel**
>
> Wer viele Akten, Schriftsätze und sonstige Dinge kreuz und quer auf seinem Schreibtisch stapelt, verbringt in der Regel mehr Zeit mit Suchen als jemand, auf dessen Schreibtisch sich nur die für den aktuellen Fall benötigten Unterlagen befinden.

Da sich solche organisatorischen Entscheidungen jeden Tag aufs Neue auf Ihre Arbeit auswirken, sparen Sie auf Dauer viel Zeit, wenn Sie hier den richtigen Hebel finden. Welche das konkret sind, hängt immer von Ihrer individuellen Situation ab.

© Springer Fachmedien Wiesbaden 2017
J. Theurer, *Zeitmanagement für Juristen*, DOI 10.1007/978-3-658-14967-3_19

Wie weit ist Ihre Wohnung von Ihrer Kanzlei entfernt?

_____

Wie lange brauchen Sie für den Weg von Ihrer Wohnung zu Ihrem Arbeitsplatz?

Hinweg: _____

Rückweg: _____

Wie lange brauchen Sie von Ihrer Kanzlei bis zu dem Gericht oder Mandant, bei dem Sie regelmäßig tätig sind?

_____

Nach welchen Dingen suchen Sie regelmäßig?

_____

_____

Welche regelmäßig wiederkehrenden Tätigkeiten machen Ihnen keinen Spaß und könnten auch von anderen Personen erledigt werden?

_____

_____

Welche regelmäßig wiederkehrenden Tätigkeiten könnten von anderen Personen schneller oder besser erledigt werden?

_____

_____

Wann müssen Sie regelmäßig warten, weil andere Menschen Dasselbe tun wollen wie Sie?

_____

_____

In welchen Situationen müssen Sie sonst noch regelmäßig warten?

_____

_____

An welchen Stellen Ihrer Organisation könnte es noch Optimierungspotenzial geben?

_____

_____

19.2 Strategien

19.2.1 Ihr Arbeitsplatz

Richten Sie Ihren Arbeitsplatz so ein, dass Sie sich dabei wohlfühlen und alles haben, um effizient, effektiv und gut gelaunt arbeiten zu können. Sorgen Sie dafür, dass Ihr Schreibtischstuhl so beschaffen ist, dass Sie gerne darin sitzen. Stimmt die Raumtemperatur? Ist es hell genug? Macht es Spaß, Ihren Computer einzuschalten? Richten Sie Ihren Schreibtisch so ein, dass Sie damit gut arbeiten können. Sorgen Sie dafür, dass das Arbeitsmaterial in Griffweite ist. Legen Sie jeweils nur die Akte auf den Schreibtisch, an der Sie gerade arbeiten. Platzieren Sie alle anderen Akten außer Sichtweite, aber in Griffweite von Ihrem Schreibtischstuhl. Dadurch werden Sie nicht von den anderen Mandaten abgelenkt und können sich ganz auf die aktuelle Sache konzentrieren.

Viel Zeit können Sie in der Regel sparen, wenn Sie Kommentare und Fachzeitschriften online lesen. Die Suchfunktion ist meistens schneller als das manuelle Blättern. Falls Sie jedoch lieber mit Büchern arbeiten, sorgen Sie dafür, dass die Exemplare, die Sie öfters benutzen, in Griffweite von Ihrem Arbeitsplatz sind. Platzieren Sie die anderen Bücher in einem Regal möglichst weit weg von Ihrem Schreibtisch. Dadurch vermeiden Sie, unnötig abgelenkt zu werden. Falls Sie ein Buch mehrmals aus dem entfernten Regal holen, stellen Sie es in das Regal an Ihrem Schreibtisch. Sortieren Sie die Bücher, die Sie nur selten oder gar nicht benutzen, regelmäßig aus.

19.2.2 Nicht auf das Tippen von Diktaten warten

Eine ungeschickte interne Organisation kann dazu führen, dass man regelmäßig warten muss. Der Klassiker: Ein diktierter Schriftsatz wird nicht zeitnah getippt.

Beispiel

Die Sekretärin von Frau Mandlikova macht jeden Tag um 17 Uhr Feierabend. Frau Mandlikova ist jedoch in der Regel bis 18 Uhr vor allem mit der Beantwortung von neuen Anfragen per E-Mail oder Telefon beschäftigt. Wenn sie dann um 20 Uhr einen Vertragsentwurf fertig diktiert hat, muss sie bis zum nächsten Tag warten, bis er getippt ist.

Was kann man in so einem Fall tun? Nehmen Sie sich zunächst die Zeit, darüber nachzudenken, wie Sie diesen Prozess in Ihrer individuellen Situation am besten optimieren können. In der Regel gibt es immer mehr als eine Möglichkeit.

Blockweise arbeiten Wenn man eingehende Anfragen nicht mehr sofort beantwortet, sondern blockweise, hat man tagsüber immer wieder Freiräume, um Schriftsätze und Vertragsentwürfe zu diktieren. Während die Sekretärin das dann tippt, beantwortet man die zwischenzeitlich eingegangenen Anfragen.

Längere Sekretariatszeiten Wenn auch am Abend noch eine Sekretärin da ist, muss man nicht bis zum nächsten Tag warten, bis das Diktat getippt ist.

Diktiersoftware Mit einer Diktiersoftware hat man das Ganze sofort als geschriebenen Text vor sich. Das funktioniert mittlerweile sehr gut. So habe ich zum Beispiel das Manuskript für dieses Buch mit Dragon NaturallySpeaking geschrieben.

Selber tippen Wer das Zehnfingersystem beherrscht und die richtigen Shortcuts kennt, kann seine Schriftsätze auch schnell selbst schreiben.

19.2.3 Antizyklisch vorgehen

Häufig kann man schon dadurch Wartezeiten reduzieren oder Aufgaben schneller erledigen, indem man bestimmte Dinge außerhalb der allgemeinen Stoßzeiten macht.

Fahrtzeiten reduzieren Wenn Sie morgens und abends zu derselben Zeit unterwegs sind wie die meisten anderen Pendler, stehen Sie häufiger im Stau. Gehen Sie deshalb antizyklisch vor. Legen Sie Ihren Arbeitsbeginn so, dass Sie nicht in den Berufsverkehr kommen. Beginnen Sie entsprechend früher oder später als bisher. Überlegen Sie, was in Ihrer Situation am meisten Sinn macht.

Beispiel

Die Kanzlei von Herrn Trotha ist 30 km von seiner Wohnung entfernt. Bei guter Verkehrslage dauert die Fahrt 30 min. Bisher fährt er um 7.30 Uhr los. Durch den Berufsverkehr steht er regelmäßig im Stau. Herr Trotha erreicht die Kanzlei meist um 8.30 Uhr.

- *Alternative 1:* Fahrtbeginn ist 8.30 Uhr. Um 9.00 Uhr ist Herr Trotha in der Kanzlei. Wenn er zu Hause bereits eine halbe Stunde arbeitet, braucht er abends nicht länger zu bleiben.
- *Alternative 2:* Wenn Herr Trotha um 7.00 Uhr losfährt, ist er um 7.30 Uhr im Büro. Dann kann er abends eine Stunde früher aufhören.

Konzentriert arbeiten Wenn Sie ungestört arbeiten möchten, können Sie das am besten dann tun, wenn die potenziellen „Störer" noch nicht oder nicht mehr an ihrem Arbeitsplatz sind. Passen Sie Ihre Arbeitszeit an. Je nach Ihrer persönlichen Leistungskurve können Sie früher anfangen und dann auch entsprechend früher aufhören. Oder Sie fangen später an und hören später auf. In der Zeit zwischen 7.00 Uhr und 9.00 Uhr bzw. zwischen 19.00 Uhr und 21.00 Uhr werden Sie mit Sicherheit seltener unterbrochen.

Essen gehen Wenn Sie schon vor 11.45 Uhr oder erst ab 13.00 Uhr zum Mittagessen gehen, werden Sie in der Regel schneller bedient.

Telefonieren Finden Sie heraus, wann Ihre Mandanten am besten zu erreichen sind. Normalerweise ist in den meisten Unternehmen von 9 bis 11.30 Uhr und von 14 bis 16 Uhr am meisten los. Wenn Sie außerhalb dieser Stoßzeiten anrufen, ist die Wahrscheinlichkeit größer, dass Ihr Gesprächspartner da ist und Zeit hat. Wenn Sie kurz vor der Mittagspause oder dem Feierabend anrufen, steigt zudem die Chance, dass das Gespräch kürzer wird.

19.2.4 Mehr Delegieren

Heutzutage können Sie praktisch jede Tätigkeit an externe Anbieter delegieren. Überlegen Sie, welche Aufgaben und Tätigkeiten andere Personen möglicherweise schneller und besser erledigen als Sie selbst.

Beispiel

Herr Balder möchte mit einem neuen Flyer für seine Kanzlei werben.

- *Variante 1:* Er macht alles selbst. Zunächst besorgt er ein Design-Programm und arbeitet sich ein. Dann feilt er an dem Text und sucht die passenden Bilder zusammen. Und schließlich beauftragt er eine Druckerei. Das Ganze kostet 1.000 € und dauert 30 Stunden.
- *Variante 2:* Herr Balder beauftragt eine professionelle Agentur. Dieser muss er nur zu Beginn mitteilen, was ihm wichtig ist. Der Rest geschieht ohne sein Zutun. In diesem Fall investiert er in den Flyer 4.000 € und zwei Stunden Zeit

Durch die Beauftragung von (externen) Fachleuten können Sie in vielen Bereichen Zeit sparen:

- Erstellung der Webseite
- Marketingmaßnahmen
- Buchhaltung
- Steuererklärung
- Sekretariatsarbeiten
- Reinigungsservice (auch für zu Hause!)

Das kostet zwar Geld, aber wenn Sie in der eingesparten Zeit mehr Umsatz machen, kommt es zu einer Win-win-Situation.

Natürlich können Sie auch bestimmte fachliche Aufgaben delegieren, zum Beispiel den Einzug von Forderungen (sofern zulässig) oder die Teilnahme an einer mündlichen Verhandlung (Verkehrsanwalt). Oder Sie engagieren einen Ghostwriter, der Ihnen Aufsätze für Fachzeitschriften, Vorträge oder Präsentationen erstellt. Im Internet finden Sie leicht entsprechende Agenturen. (Aber Vorsicht bei Doktorarbeiten!)

19.2.5 Der richtige Standort

Durch die Wahl des richtigen Standorts können Sie auf Dauer viel Zeit sparen. Sie möchten Familienrecht machen und werden viele Gerichtstermine haben? Dann eröffnen Sie Ihre Kanzlei am besten in der Nähe des Familiengerichts. Stellen Sie sich vor, wie viel Zeit und Nerven Sie im Laufe der Jahre sparen, wenn Sie das Gericht in zwei Minuten zu Fuß erreichen und nicht jedes Mal 20 Minuten mit dem Auto fahren und dann noch zehn Minuten einen Parkplatz suchen müssen.

Wenn Ihre Kanzlei bereits existiert und 20 km von dem Gericht entfernt ist, an dem Sie viermal die Woche auftreten – überlegen Sie, welche Vor- und Nachteile ein (zweites) Büro in der Nähe des Gerichts hätte. Vielleicht können Sie Ihre bisherigen Kanzleiräume mit einem Kollegen teilen. Dann wären Sie weiterhin an Ihrem bisherigen Standort präsent.

19.2.6 Die Aufgaben effektiv verteilen

Grundsätzlich gilt: Wie schnell jemand eine bestimmte Aufgabe erledigt, hängt davon ab, wie sehr er dafür qualifiziert und motiviert ist. Wer sich häufig mit Dingen beschäftigen muss, die ihm keinen Spaß machen oder die andere Personen schneller oder besser erledigen könnten, verliert dabei tendenziell Zeit.

Beispiel

Herr Maxim hasst es, PowerPoint-Präsentationen zu erstellen. Trotzdem benötigt er jetzt für einen Vortrag eine neue Präsentation.
- *Variante 1:* Er kümmert sich selbst darum. Das dauert zehn Stunden.
- *Variante 2:* Sein Referendar kennt sich gut mit PowerPoint aus. Um ihm das Thema zu erklären und für die Nachbesprechung braucht er nur zwei Stunden.

Sorgen Sie dafür, dass jeder Mitarbeiter die Aufgaben und Tätigkeiten bearbeitet, bei denen er den meisten Nutzen bringt. Gerade in größeren Kanzleien kommt es vor, dass Rechtsanwälte Dinge erledigen müssen, die genauso gut auch von einem Nicht-Juristen gemacht werden könnten.

Beispiel

Frau Drossel ist seit mehreren Jahren im Bereich M&A tätig. Im Rahmen einer Due Diligence sitzt sie eine Woche lang jeden Tag zehn Stunden im Datenraum und diktiert Unterlagen ab. Das frustriert sie. Zudem bleibt ihre ganze andere Arbeit liegen. Dagegen würde sich ein Referendar freuen, wenn er diese „spannende" Tätigkeit machen darf.

In den meisten Kanzleien wird heute immer noch erwartet, dass jeder Rechtsanwalt, Steuerberater oder Wirtschaftsprüfer ein Allrounder ist. Um Partner zu werden, muss man fachlich top sein, erfolgreich Akquise betreiben und seine Mitarbeiter so führen, dass diese möglichst viel Umsatz machen. Doch nicht jeder ist in jedem Bereich gleich gut. Während der eine es liebt, ständig unterwegs zu sein und neue Mandanten zu akquirieren, arbeitet ein anderer lieber tagelang allein in seinem Büro, um fantastische neue rechtliche Lösungen zu finden. Und ein Dritter kann Teams so organisieren und motivieren, dass alle gerne zusammenarbeiten und ihr Bestes geben. Warum sollte jeder zwingend auch in den Bereichen tätig werden, in denen er sich nicht so wohl fühlt? Stellen Sie sich vor, wie viel Zeit gespart werden könnte, wenn jeder hauptsächlich das macht, was er am besten kann und was ihm am meisten Spaß macht…

Welchen Anteil Ihrer Zeit bringen Sie mit den einzelnen Bereichen?

– Fachliche Tätigkeit: _____ %

– Akquise: _____ %

– Mitarbeiterführung: _____ %

Welcher Bereich (fachliche Tätigkeit, Akquise, Mitarbeiterführung) liegt Ihnen am besten?

_____

Wie könnten Sie es schaffen, mehr Zeit in Ihrem Lieblingsbereich zu verbringen?

_____

_____

_____

Zusammenfassung

Durch eine geschickte Organisation kann man als Rechtsanwalt, Steuerberater oder Wirtschaftsprüfer viel Zeit sparen. Das betrifft zum einen die „äußeren" Faktoren, insbesondere den Standort der Kanzlei. Doch auch die Art und Weise, wie Sie mit den anderen Mitarbeitern der Kanzlei zusammenarbeiten und wie Sie Ihren Arbeitsplatz einrichten, kann erheblichen Einfluss auf Ihren Zeitbedarf haben. Da sich solche organisatorischen Entscheidungen jeden Tag aufs Neue auf Ihre Arbeit auswirken, sparen Sie auf Dauer viel Zeit, wenn Sie hier die richtigen Hebel finden. Welche das konkret sind, hängt immer von Ihrer individuellen Situation ab. Deshalb:
- Organisieren Sie Ihren Arbeitsplatz richtig.
- Vermeiden Sie es, auf das Tippen von Diktaten zu warten.
- Gehen Sie antizyklisch vor.
- Delegieren Sie mehr.
- Wählen Sie einen passenden Standort.
- Verteilen Sie die Aufgaben effektiv.

Auf die Plätze, fertig... – nichts mehr Aufschieben

20

20.1 Die Idee

Menschen haben die Fähigkeit, Dinge aufzuschieben. Anders als Tiere können wir auf einen kurzfristigen Genuss verzichten, um dafür später einen größeren Vorteil zu erreichen. Das ist grundsätzlich sehr nützlich, denn nur wer aufschieben kann, erreicht auch langfristige Ziele.

> **Beispiel**
>
> Während Ihres Studiums und Ihrer Ausbildung haben Sie viel gelernt und einige (Probe-)Klausuren geschrieben. Obwohl diese Tätigkeiten in der Regel keinen größeren Genuss mit sich bringen, haben Sie über Monate und Jahre ihretwegen immer wieder auf angenehmere Beschäftigungen verzichtet. Und das war auch sinnvoll – denn sonst wären Sie jetzt nicht Rechtsanwalt, Steuerberater oder Wirtschaftsprüfer.

Allerdings kann die Fähigkeit, eine Aufgabe auf später zu verschieben, auch Nachteile haben. Das wird insbesondere in Haftungsfällen deutlich.

> **Beispiel**
>
> Rechtsanwalt Baier erhält den Auftrag, einen Kaufpreisanspruch einzuklagen, der bald verjährt. Er hat gerade viel zu tun und verschiebt deshalb die Erstellung des Schriftsatzes immer wieder. Nach zwei Wochen freut sich der Käufer: Er muss nicht zahlen – Rechtsanwalt Baier schon.

© Springer Fachmedien Wiesbaden 2017
J. Theurer, *Zeitmanagement für Juristen*, DOI 10.1007/978-3-658-14967-3_20

Doch in den falschen Situationen aufzuschieben kostet nicht nur Geld, sondern häufig auch Zeit. Denn je mehr Dinge unerledigt sind, desto mehr Konzentration verschwenden wir damit. Man denkt zwar nicht ständig aktiv daran, aber immer wieder kommen einem die aufgeschobenen Aufgaben doch in den Sinn und man setzt sich (zumindest kurz) damit auseinander. Das kostet auf Dauer Konzentration und auch Zeit.

> **Beispiel**
>
> Herr Schwan arbeitet an einem komplizierten Schriftsatz. Gerade ist ihm eine gute Lösung für ein Problem eingefallen. Bevor er sie notieren kann, fällt sein Blick zufällig auf das Foto seiner Frau. Ihm fällt ein, dass er immer noch kein Geburtstagsgeschenk für sie hat. Er beschließt, das gleich heute Abend nach der Arbeit zu erledigen. Wenn er schon um 19 Uhr geht, haben die Geschäfte noch eine Stunde auf. Am besten parkt er dann direkt im Zentrum. Dann könnte er auch gleich noch tanken und… Schon ist die gute Idee von vorhin weg. Jetzt muss sich Herr Schwan wieder bewusst auf den Schriftsatz konzentrieren und erneut in die Sache eindenken.

Wer viele Dinge über einen längeren Zeitraum aufschiebt, läuft zudem Gefahr, sich mit der Zeit immer schlechter zu fühlen. Der Anblick einer schier endlosen To-Do-Liste kann zu erheblichem Stress bis hin zur Panik führen. Wenn sich seit Tagen ein Berg von Akten im Büro stapelt, kann die Lust aufs Arbeiten schon beim Betreten der Kanzlei vergehen. Manche fühlen sich dann hilflos und als Versager. Andere haben Gewissensbisse oder können nicht mehr richtig schlafen. Und schließlich muss man manchmal wesentlich mehr Zeit für eine bestimmte Aufgabe aufwenden, wenn sie zu lange liegen geblieben ist.

> **Beispiel**
>
> Wer eingehende Schriftsätze nicht gleich in die zugehörige Akte einsortiert, sondern wahllos auf seinem Schreibtisch stapelt, muss diese dann später erst wieder aus dem Chaos heraussuchen.

Um Dinge nicht länger aufzuschieben, hilft es, sich zunächst einmal bewusst zu machen, was eigentlich dahintersteckt. Meistens geht es dabei um bestimmte Gefühle oder Glaubenssätze. Vielleicht fühlen Sie sich von einer bestimmten Aufgabe gelangweilt. Oder Sie haben Angst, dabei zu versagen. Vielleicht denken Sie, dass man erst einmal alle kleineren Aufgaben erledigen sollte, bevor man mit den wichtigen Dingen beginnt. Oder Sie sind davon überzeugt, dass Sie in einer bestimmten Situation einfach noch nicht richtig arbeiten können (zu laut, zu warm, zu kalt).

Fragen

Welche Aufgaben schieben Sie immer wieder auf?

_____

_____

_____

Was haben diese Aufgaben gemeinsam?

_____

_____

_____

Warum verschieben Sie diese Aufgaben immer wieder?

_____

_____

_____

Was denken Sie in dem Moment, in dem Sie entscheiden, die Aufgaben zu verschieben?

_____

_____

_____

Welche Nachteile hat es, wenn Sie die Aufgaben verschieben?

_____

_____

_____

Wie rechtfertigen Sie es vor sich selber, die Aufgaben zu verschieben?

_____

_____

_____

Wie würden Sie es Ihren Kollegen, Freunden oder Vorgesetzten erklären, dass Sie die Aufgaben verschieben?

_____

_____

_____

Was ist der Auslöser, dass Sie die Aufgaben irgendwann dann doch erledigen?

_____

_____

_____

Welche Aufgaben möchten Sie in Zukunft nicht mehr verschieben?

_____

_____

_____

20.2 Strategien

20.2.1 Lächerlich kleine Teile

Für den Fall, dass Sie eine Aufgabe immer wieder deshalb aufschieben, weil sie mit einem größeren Aufwand verbunden ist, schlägt der Autor Zach Davis folgende Strategie vor: Zerlegen Sie das Vorhaben in viele, lächerlich kleine Teile. Nehmen Sie sich dann nur vor, den ersten lächerlich kleinen Schritt zu gehen. Beginnen Sie dann am besten sofort oder zumindest möglichst rasch.

Beispiel

Für die Erstellung eines längeren Vertrags könnte man folgende Handlungen als „ersten lächerlich kleinen Schritt" ansehen:
- stichwortartig die wichtigsten Regelungen des Vertrags formulieren
- im Internet nach Vertragsentwürfen recherchieren
- sich 20 Minuten in das Rechtsgebiet einlesen
- den Mandanten anrufen und fragen, bis wann der Vertrag fertig sein soll

Überlegen Sie für sich:

Fragen

Welche Aufgabe verschieben Sie, weil Sie mit einem größeren Aufwand verbunden ist?

_____

Was könnte in diesem Fall der erste lächerlich kleine Schritt sein? Finden Sie mindestens drei Möglichkeiten.

_____

_____

_____

20.2.2 30 Minuten täglich

Wenn Sie häufig kleinere Dinge aufschieben, dann probieren Sie Folgendes: Reservieren Sie sich jeden Tag 30 Minuten. In dieser Zeit beschäftigen Sie sich dann nur mit den Kleinigkeiten, die sonst immer zu kurz kommen.

Beispiel

- alte E-Mails löschen
- die NJW lesen
- die Schubladen aufräumen
- Entspannungsübungen

Überlegen Sie für sich:

Fragen

Welche Kleinigkeiten schieben Sie immer wieder auf?

_____

_____

_____

Wann könnten Sie sich am geschicktesten regelmäßig 30 Minuten dafür reservieren?

_____

20.2.3 Gute Gründe finden

Wenn Sie eine bestimmte Aufgabe immer wieder aufschieben, dann fragen Sie sich, ob Sie das wirklich machen wollen – und falls ja: Warum? Ist es Ihnen persönlich wirklich wichtig? Entspricht die Aufgabe Ihren tiefsten Werten und Überzeugungen? Oder glauben Sie nur, Sie müssten das erledigen, weil es eine andere Person so will oder weil man das halt so macht?

Beispiel

Möchten Sie wirklich von sich aus einen LL.M. machen oder eine Doktorarbeit schreiben? Oder möchten Sie damit nur den Erwartungen der Leute in Ihrer Kanzlei oder Ihrer Familie entsprechen?

Es gibt zwei verschiedene Arten von Gründen, um sich zu motivieren: Bei „Hin-zu"-Gründen überlegt man sich, welche Vorteile es hat, wenn man die Aufgabe erledigt. Bei „Weg-von"-Gründen malt man sich aus, was alles Schlimmes passiert, wenn man die

Aufgabe nicht erledigt. Finden Sie heraus, was bei Ihnen stärker wirkt. Sind Sie motivierter, wenn Sie sich einen erwünschten Zustand vorstellen? Oder hilft Ihnen eher der Gedanke daran, sich von einem unangenehmen Zustand zu entfernen? Probieren Sie es aus. Dann können Sie gezielt nach Gründen suchen, die Ihrer bevorzugten Motivationsrichtung entsprechen.

Beispiel

Frau Köpf schiebt schon seit Tagen einen Berufungsschriftsatz vor sich her. Als „Hinzu"-Motivation hilft ihr die Vorstellung, wie zufrieden der Mandant sein wird, wenn der Schriftsatz eingereicht und der Prozess gewonnen ist. Wenn sie dieses Mandat erledigt hat, hat sie auch endlich genügend Fälle für ihren Fachanwaltstitel. Sie sieht schon die neuen Visitenkarten vor sich. Zudem wird sie sich mit dem Honorar aus diesem Fall einen zweiwöchigen Urlaub auf Hawaii gönnen. Als „Weg-von"-Motivation stellt sich Frau Köpf vor, was alles passieren kann, wenn sie den Schriftsatz nicht rechtzeitig fertig macht: Sie verpasst die Frist zur Einlegung der Berufung. Der Mandant verliert den Prozess wegen ihrer Nachlässigkeit und verklagt sie auf Schadensersatz. Ihre Haftpflichtversicherung kündigt den Vertrag. Sobald sich das herumgesprochen hat, verliert sie viele weitere Mandanten. Bald schon ist sie insolvent und ohne Zulassung.

Überlegen Sie für sich:

Fragen

Welche Aufgabe schieben Sie im Moment vor sich her?

_____

Welche „Hin-zu"-Gründe gibt es, diese Aufgabe jetzt endlich anzupacken?

_____

_____

_____

Welche „Weg-von"-Gründe gibt es, diese Aufgabe jetzt endlich anzupacken?

_____

_____

_____

Was motiviert Sie stärker: „Hin-zu" oder „Weg von"?

_____

20.2.4 Ihre Glaubenssätze überlisten

Manchmal hindern uns (unbewusste) Glaubenssätze daran, mit einer Aufgabe anzufangen:

„Es muss perfekt sein" Wenn Sie der Meinung sind, dass man eine Aufgabe immer möglichst perfekt machen sollte, dann klären Sie vorher ab, was genau von Ihnen erwartet wird. Verschwenden Sie nicht unnötig Zeit damit, eine Aufgabe perfekt zu machen, wenn das nicht notwendig ist. Es genügt, wenn Sie die Aufgabe so erledigen, wie es von Ihnen erwartet wird. Machen Sie die Aufgabe lieber nur zu 80 % gut als zu 100 % gar nicht.

> **Beispiel**
>
> Sie sollen ein Gutachten zu § 263 StGB erstellen. Diese Aufgabe liegt schon seit Wochen wie ein Berg vor Ihnen. Über den Betrugstatbestand wurden schon ganze Habilitationen verfasst. Damit könnten Sie sich Jahre beschäftigen. Fragen Sie Ihren Auftraggeber deshalb zunächst, auf welche Aspekte es ihm ankommt und in welcher Tiefe er das Gutachten haben möchte. Und natürlich auch, was als Ergebnis herauskommen soll.

„Entweder mache ich es ganz oder gar nicht" Sie glauben, dass man mit einer Sache nur dann beginnen sollte, wenn man sie auch an einem Stück komplett erledigen kann? Dann zerlegen Sie die Aufgabe in kleinere Zwischenschritte. Bestimmen Sie für jedes Zwischenziel eine Deadline und fangen Sie einfach an.

„Unter Druck bin ich am besten" Wenn Sie glauben, dass Sie unter Druck am besten arbeiten, dann verlegen Sie den Abgabetermin oder die Frist einfach gedanklich vor.

Die Frist für den Schriftsatz läuft nächsten Freitag ab. Tun Sie einfach so, als würde die Frist schon am Mittwoch ablaufen.

„Ich weiß nicht so recht, ob ich das eigentlich will" Wenn Sie nicht anfangen, weil Sie unsicher sind, ob es das Richtige für Sie ist, dann machen Sie sich Folgendes klar: Im Leben weiß man nie, was kommt. Man kann sich nicht für alles absichern. Fangen Sie einfach an und schauen Sie, was passiert.

Herr Amann grübelt seit Tagen darüber nach, ob er Telefonakquise ausprobieren soll. Einerseits hat er von Kollegen gehört, dass es durchaus zu neuen Mandaten führen kann. Andererseits bekommt er bei dem Gedanken daran feuchte Hände. Er ist schließlich Rechtsanwalt und kein Versicherungsvertreter. In diesem Fall gilt: Hören Sie auf zu grübeln! Rufen Sie an. Wenigstens einmal. Alles Weitere wird sich dann zeigen.

„Das ist doch easy, das hat noch Zeit" Wenn Sie glauben, dass Sie eine Aufgabe locker erledigen können und deshalb erst später anfangen möchten – dann machen Sie es trotzdem sofort. Was weg ist, ist weg. Jede erledigte Aufgabe gibt Ihnen ein gutes Gefühl und entlastet Ihr Gehirn.

„Zuerst muss ich schnell noch etwas anderes machen" Wenn Sie das Gefühl haben, dass Sie zuvor noch etwas anderes unbedingt erledigen müssen, dann setzen Sie Prioritäten. Erledigen Sie zunächst die wirklich wichtigen Dinge. Und merken Sie sich: Nur weil Sie eine Aufgabe aufgeschoben haben, müssen Sie diese nicht als Ausgleich ganz besonders perfekt erledigen!

Welcher Glaubenssatz führt bei Ihnen dazu, dass Sie manche Aufgaben immer wieder aufschieben?

_____

Wie könnten Sie diesen Glaubenssatz überlisten?

_____

20.2.5 Swish

Im Neurolinguistischen Programmieren (NLP) gibt es eine ganze Reihe von Methoden, wie man sich selbst dazu bringen kann, bestimmte Aufgaben anzupacken. Eine besonders effektive Strategie ist der „Swish":

- *Schritt 1:* Bestimmen Sie die Aufgabe, zu der Sie sich motivieren möchten.
- *Schritt 2:* Denken Sie dann an etwas anderes, das Sie sehr gerne machen. Schließen Sie die Augen und visualisieren Sie es. Nehmen Sie die Submodalitäten wahr: Ist das Bild hell oder dunkel? Farbig oder schwarz-weiß? Klein oder groß? Sehen Sie es als Film oder als Standbild? An welcher Position nehmen Sie das Bild wahr? Links oder rechts von Ihnen? Oben oder unten? Nah oder fern? Geben Sie dem Bild einen Namen (z. B. „Bild 1").
- *Schritt 3:* Stellen Sie sich jetzt vor, wie Sie die Aufgabe erledigen, die Sie bislang aufgeschoben haben. Visualisieren Sie das ebenfalls. Geben Sie auch diesem Bild einen Namen (z. B. „Bild 2").
- *Schritt 4:* Denken Sie jetzt wieder an Bild 1. Nehmen Sie es deutlich war.
- *Schritt 5:* Stellen Sie sich in der Mitte von Bild 1 eine Miniaturausgabe von Bild 2 vor.
- *Schritt 6:* Lassen Sie nun Bild 2 sehr schnell größer werden, sodass es in Bild 1 hineinwächst und dieses überdeckt. Achten Sie darauf, dass Bild 2 an derselben Position und mit den gleichen Submodalitäten erscheint wie Bild 1.
- *Schritt 7:* Stellen Sie sich dann eine weiße Leinwand vor.
- *Schritt 8:* Wiederholen Sie die Schritte 4 bis 7 einige Male. Stellen Sie dabei fest, wie Sie immer motivierter werden, wenn Sie jetzt daran denken, die Aufgabe zu erledigen.

Tipp: Steigern Sie die Geschwindigkeit, mit der Bild 2 in Bild 1 hineinwächst mit jedem Durchgang. Zu Beginn können es durchaus fünf Sekunden sein. Die letzten Durchgänge sollten jedoch kürzer als eine Sekunde dauern.

20.2.6 Vertragsstrafe versprechen

Wenn Sie wirklich sichergehen möchten, dass Sie eine Aufgabe nicht länger aufschieben, schließen Sie mit einem Kollegen einen schriftlichen Vertrag. Verpflichten Sie sich darin, die Aufgabe bis zu einem konkreten Zeitpunkt zu erledigen. Für den Fall, dass Sie das nicht tun, versprechen Sie dem anderen eine Vertragsstrafe.

Beispiel

Ich verpflichte mich, bis zum 20. Mai drei Vorträge für potenzielle neue Mandanten zu halten. Falls ich das nicht mache, werden 1.000 € Vertragsstrafe fällig.

Alternativ dazu können Sie dem anderen das Geld auch vorher geben, verbunden mit der Auflage, dass er es Ihnen wieder zurückgibt, wenn Sie die Aufgabe rechtzeitig erledigen. Sollten Sie feststellen, dass Sie lieber die Vertragsstrafe bezahlen als die Aufgabe rechtzeitig anzugehen, dann erhöhen Sie einfach die Dosis. Irgendwann kommen Sie an einen Punkt, an dem es Sie mehr schmerzt, die Vertragsstrafe zu bezahlen als die Aufgabe zu erledigen. Wichtig: Diese Strategie funktioniert nur, wenn Ihr Vertragspartner die fällige Vertragsstrafe dann auch tatsächlich eintreibt, sodass Sie einen real spürbaren Verlust haben. Deshalb sind gute Freunde, Familienangehörige oder Untergebene dazu meistens nicht geeignet. Wenden Sie sich an jemanden, der nicht darauf angewiesen ist, dass Sie ihn mögen. (Gerne können Sie in diesen Fällen auch auf mich zukommen.)

Fragen

Zu welcher Aufgabe können Sie sich extrem schlecht motivieren und verschieben sie immer wieder?

_____

Wie hoch müsste die Vertragsstrafe sein, damit Sie die Aufgabe jetzt sofort erledigen? 20 €? 100 €? 5.000 €?

_____

Wem trauen Sie zu, eine solche Vertragsstrafe bei Ihnen tatsächlich durchzusetzen?

_____

Zusammenfassung

Menschen haben die Fähigkeit, Dinge aufzuschieben. Anders als Tiere können wir auf einen kurzfristigen Genuss verzichten, um dafür später einen größeren Vorteil zu erreichen. Das ist grundsätzlich sehr nützlich, denn nur wer aufschieben kann, erreicht auch größere, langfristige Ziele. Allerdings kann die Fähigkeit, eine Aufgabe auf später zu verschieben, auch Nachteile haben. Je mehr Dinge unerledigt sind, desto mehr Konzentration verschwenden wir damit. Man denkt zwar nicht ständig aktiv daran, aber immer wieder kommen einem die aufgeschobenen Aufgaben doch in den Sinn und man setzt sich (zumindest kurz) damit auseinander. Das kostet auf Dauer Konzentration und auch Zeit. Dagegen helfen folgende Strategien:

- Lächerlich kleine Teile
- 30 Minuten täglich
- Gute Gründe finden
- Ihre Glaubenssätze überlisten
- Swish
- Vertragsstrafe versprechen

Nein sagen

21

21.1 Die Idee

Wer andere dazu bringt, eine Aufgabe zu übernehmen, muss das nicht selbst tun. Deshalb versuchen viele Menschen regelmäßig, Ihnen Aufgaben zu übertragen. Oft ist das für beide Seiten von Vorteil: Sie erledigen als Rechtsanwalt, Steuerberater oder Wirtschaftsprüfer für Ihre Mandanten deren rechtliche oder steuerliche Angelegenheiten schneller und besser als diese es jemals selbst tun könnten. Dafür erhalten Sie dann Ihr Honorar. In diesen Fällen kommt es zu einer Win-win-Situation. Daneben gibt es jedoch auch die Fälle, in denen man sich zu einer Aufgabe „überreden" lässt. Eigentlich möchte man mit der Angelegenheit nichts zu tun haben, aber aus irgendeinem Grund lässt man sich dann doch breitschlagen.

Beispiel

Herr Pottka ist Rechtsanwalt am BGH. Er bearbeitet seine Fälle stets sehr sorgfältig und tiefschürfend. Deshalb kommt er meistens nicht vor 22.30 Uhr nach Hause. Auch am Wochenende ist er häufig im Büro. Dadurch leiden sowohl seine Gesundheit als auch sein Familienleben. Er hat sich vorgenommen, etwas kürzer zu treten und nicht mehr jeden Fall zu übernehmen. Heute hat er die Anfrage für ein neues Mandat erhalten. Der Streitwert beträgt nur 2.000 €, aber die Angelegenheit ist juristisch anspruchsvoll. Trotzdem könnte Herr Pottka nur nach dem RVG abrechnen. Er schätzt, dass er mindestens zwei Wochen für dieses Mandat braucht. Drei andere BGH Anwälte haben es vor ihm abgelehnt, in dieser Sache tätig zu werden. Obwohl sich alles in ihm sträubt, übernimmt er die Angelegenheit.

Manchmal übernimmt man eine Aufgabe wirklich freiwillig und bringt sich dadurch selbst in Zeitnot.

© Springer Fachmedien Wiesbaden 2017
J. Theurer, *Zeitmanagement für Juristen,* DOI 10.1007/978-3-658-14967-3_21

Beispiel

Als Frau Juley gefragt wird, ob sie die diesjährige Weihnachtsfeier der Kanzlei organisieren möchte, sagt sie begeistert zu. Erst später wird ihr klar, wie viel Zeit dafür erforderlich ist.

Ganz egal, ob man sich freiwillig meldet oder den Überredungskünsten der anderen erliegt – wer in bestimmten Situationen nicht Nein sagen kann, verliert viel Zeit. Dadurch entsteht Stress. Man wird unkonzentriert und macht Fehler. Häufig liefert man eine schlechtere Qualität ab als man eigentlich könnte. Zudem besteht die Gefahr, dass die eigenen wichtigen Aufgaben auf der Strecke bleiben.

Doch warum fällt es uns oft schwer, gegenüber anderen Menschen Nein zu sagen und die Übernahme einer Aufgabe abzulehnen? Dafür gibt es mehrere Ursachen. Häufig spielen dabei (unbewusste) Glaubenssätze und Ängste eine Rolle:

„Wenn ich Nein sage, dann

- geht der Mandant zu einem anderen Rechtsanwalt/Steuerberater/Wirtschaftsprüfer."
- mache ich keine Karriere."
- werde ich nie Partner."
- zeigt das mangelnde Leistungsbereitschaft und fehlendes Pflichtbewusstsein."
- bin ich ein Versager."
- bin ich egoistisch."
- verderbe ich die Stimmung im Team."
- hilft mir auch niemand mehr."

Des Weiteren haben psychologische Untersuchungen gezeigt, dass Menschen auf bestimmte (unbewusste) Schlüsselreize wie auf Knopfdruck reagieren und dann das tun, was der andere möchte:

Reziprozität Wenn uns jemand einen Gefallen tut, haben wir in der Regel das Bedürfnis, dieser Person ebenfalls einen mindestens gleichwertigen Gefallen zu tun. Deshalb bekommt man zum Beispiel in vielen Restaurants vor der Rechnung noch eine kleine Süßigkeit oder einen Verdauungsschnaps spendiert. Denn dadurch steigt die Höhe des Trinkgeldes signifikant an.

Autorität Wenn wir glauben, dass jemand in der Hierarchie über uns steht, werden wir tendenziell das tun, was diese Person von uns verlangt. Deshalb trauen sich viele nicht, ihrem Vorgesetzten etwas abzuschlagen.

Sympathie Wenn wir jemanden sympathisch finden, sind wir in der Regel geneigt, das zu tun, was diese Person von uns möchte.

Soziale Bewährtheit Wir tendieren dazu, das zu tun, was alle anderen auch machen. Die Mehrheit wird schon wissen, was richtig ist.

Konstanz Im Normalfall mögen wir keine Menschen, deren Verhalten nicht vorhersehbar ist. Deshalb versuchen auch wir, uns immer möglichst konstant zu verhalten. Aus diesem Grund fällt es uns so schwer, zu etwas „Nein" zu sagen, das wir bis jetzt noch nie abgelehnt haben. Sobald wir uns vornehmen, unser Verhalten zu ändern, hören wir im Kopf schon die vorwurfsvollen Stimmen der anderen: „Was ist denn mit dir los? So kennen wir dich gar nicht. Du hast das doch immer gemacht…"

Verknappung Wenn wir glauben, dass etwas besonders knapp oder schwierig zu erlangen ist, wächst unser Verlangen danach. Dasselbe gilt, wenn man befürchtet, eine einmal erlangte Position zu verlieren. Dann sind wir tendenziell bereit, (fast) alles zu tun, um das knappe Gut zu erlangen oder den Verlust zu verhindern.

Diese Schlüsselreize haben sich in der Vergangenheit als sehr brauchbar erwiesen. Allerdings leben wir heute in einer anderen Umgebung als vor 40.000 Jahren. Zudem können die Schlüsselreize von anderen Personen dazu benutzt werden, um uns gezielt zu manipulieren Es besteht deshalb die Gefahr, dass wir aufgrund der Schlüsselreize Aufgaben übernehmen, obwohl wir das eigentlich gar nicht möchten.

Beispiel

Um einen frisch angestellten Rechtsanwalt dazu zu bringen, länger zu arbeiten als nach den gesetzlichen Bestimmungen zulässig, muss man ihm keinen ausdrücklichen Befehl erteilen. In der Regel genügt es, einen der Schlüsselreize zu aktivieren:

- „Wir arbeiten hier alle jeden Tag mindestens zwölf Stunden. Und Sie sind doch jetzt auch einer von uns." (*soziale Bewährtheit*)
- „Zugegeben, zwölf Stunden am Tag sind nicht wenig. Aber während Ihrer Anwaltsstation haben Sie uns doch schon gezeigt, dass Sie in der Lage sind, überdurchschnittlich viel zu leisten." (*Konsistenz*)
- „Sie müssen es auch mal so sehen: Im ersten Jahr kosten Sie uns wesentlich mehr als Sie Umsatz machen. Angesichts Ihres fürstlichen Gehalts ist es doch nur fair, wenn Sie auch ein bisschen länger arbeiten, oder?" (*Reziprozität*)
- „Wer nicht überdurchschnittlich viel leistet und mehr Umsatz macht als die anderen, bleibt bei uns nicht lange." (*Verknappung*)

Manchmal übernimmt man eine Aufgabe, zu der man besser „Nein" gesagt hätte, auch aus einem der folgenden Gründe:

- Es klingt so spannend.
- Man überschätzt seine zeitlichen Ressourcen.
- Man unterschätzt den zeitlichen Aufwand für die Aufgabe.
- Man hat vergessen, dass man bereits einen anderen Termin hat.
- Man genießt das Gefühl, von anderen gebraucht zu werden.
- Man sucht nach einem Vorwand, um seine eigentlichen Aufgaben nicht angehen zu müssen.

- Man wird überrumpelt.
- Man befürchtet, sein „Nein" nicht vernünftig begründen zu können.

Fragen

In welchen Situationen fällt es Ihnen schwer, eine Aufgabe abzulehnen?

_____

_____

_____

Welche Glaubenssätze oder Ängste könnten dafür verantwortlich sein?

_____

_____

_____

Auf welche Schlüsselreize springen Sie regelmäßig an?

_____

_____

_____

Wann übernehmen Sie freiwillig Aufgaben, die Sie viel Zeit kosten?

_____

_____

_____

Welche Gründe stecken dahinter?

_____

_____

_____

In welchen Situationen würde es Ihnen helfen, besser „Nein" sagen zu können?

_____

_____

_____

21.2   Strategien

Nein zu sagen ist meistens dann schwierig, wenn man nicht bewusst entscheidet, ob man die neue Aufgabe übernehmen möchte. Oder man schafft es nicht, sein Nein unmissverständlich zu artikulieren und dabei zu bleiben. Und genau da liegt auch der Schlüssel zur Lösung dieses „Zeitproblems".

21.2.1   Um Bedenkzeit bitten

Am wichtigsten ist es, dass Sie sich nicht überrumpeln lassen. Entscheiden Sie nicht sofort spontan, wenn Ihnen jemand eine neue Aufgabe aufbürden möchte. Bitten Sie stattdessen erst einmal um eine kurze Bedenkzeit:

- „Darüber muss ich erst nachdenken. Ich melde mich dann in einer Stunde wieder."
- „Das muss ich erst mit … absprechen."
- „Da muss ich erst in meinem Kalender nachsehen."

Überlegen Sie sich dann, ob Sie diese Aufgabe wirklich übernehmen möchten und können. Wenn Sie dann später absagen, wirkt Ihr „Nein" überlegt, sachlich fundiert und damit für den anderen weniger hart. Zudem zeigen Sie, dass Sie zuverlässig sind und sich an Absprachen halten. Für Sie hat diese Strategie den Vorteil, dass Sie sich nicht mehr so leicht überrumpeln und manipulieren lassen. Das wird Ihnen auf Dauer viel Zeit sparen. Darüber hinaus werden Sie sich auch besser fühlen, denn Sie bestimmen selbst über Ihre Zeit. Und wenn Sie lange genug warten, hat sich die Sache wahrscheinlich auch schon von selbst erledigt.

Aber was ist, wenn die Aufgabe vom Chef kommt? Auch dann können Sie theoretisch zunächst um Bedenkzeit bitten. Falls Sie das nicht für sinnvoll erachten oder wenn Ihr Chef letztlich darauf besteht, dass Sie diese Aufgabe erledigen, dann ist es in der Regel sinnvoll, das auch zu tun. Sollten Sie damit auf Dauer nicht klar kommen, müssen Sie sich Ihre Prioritäten bewusst machen und die entsprechenden Konsequenzen ziehen.

21.2.2   Entscheiden: Ja oder Nein?

Machen Sie sich zunächst klar, dass Sie grundsätzlich jede Aufgabe ablehnen können, die andere an Sie herantragen. Allerdings geht es beim Neinsagen nicht darum, ab sofort jede neue Aufgabe abzulehnen. Denn dann bräuchten Sie ja gar nicht als Rechtsanwalt, Steuerberater oder Wirtschaftsprüfer zu arbeiten. Sie sollten jedoch in den Fällen bewusst entscheiden können, in denen Sie nicht von vornherein vertraglich oder gesetzlich verpflichtet sind, eine bestimmte Aufgabe zu übernehmen. Fragen Sie sich deshalb:

- Was bringt es mir, wenn ich diese Aufgabe übernehme?
- Will ich diese Aufgabe übernehmen?
- Was kann ich nicht tun, wenn ich diese Aufgabe übernehme?
- Welche Konsequenzen kann es (schlimmstenfalls) für mich haben, wenn ich ablehne?
- Brauche ich dann später wieder viel Zeit, um die Beziehung zu dem anderen zu kitten?
- Wie würde jemand anderes in dieser Situation entscheiden (Mein Chef, meine Frau, Mahatma Gandhi, Julius Cäsar, Donald Trump)?
- Was würde ich von jemandem denken, der in dieser Situation „Nein" sagt?

Wenn Sie sich dafür entscheiden, die Aufgabe abzulehnen, dann müssen Sie das Ihrem Gegenüber auch kundtun. Die folgenden Strategien helfen Ihnen, Ihr „Nein" selbstbewusst und nachdrücklich zu formulieren und dabei zu bleiben.

21.2.3   Die Bitte des anderen wertschätzen

Viele Menschen haben Angst, Nein zu sagen, weil sie befürchten, dass sich Ihr Gegenüber dann persönlich angegriffen fühlt. In diesem Fall können Sie Ihr Nein so verpacken, dass Sie die Bitte des anderen zwar wertschätzen, aber trotzdem hart in der Sache bleiben. Bekunden Sie Ihr Bedauern, vertrösten Sie den anderen und sagen Sie nicht für alle Zeiten ab: „Ich würde ja gerne…, aber im Moment geht es leider gar nicht." Dadurch zeigen Sie, dass Sie grundsätzlich schon helfen möchten, aber jetzt gerade nicht in der Lage sind.

Häufig hilft es auch, wenn Sie Ihr Nein mit einem gewissen Verständnis für die Situation des anderen kombinieren: „Ich weiß, dass Sie gerade sehr im Stress sind und viel zu tun haben. Das ist wirklich bewundernswert, wie Sie das alles schaffen. Deshalb tut es mir umso mehr leid, dass ich Ihnen gerade jetzt nicht helfen kann." Falls der andere hartnäckig bleibt und einen anderen Zeitpunkt vorschlägt, sagen Sie: „Ich befürchte, da geht es auch nicht." Fragt der andere dann weiter, wann Sie wieder Zeit haben, sagen Sie: „Das kann ich jetzt noch nicht genau abschätzen." Und wenn der andere gar nicht locker lässt, lächeln Sie ihn oder sie an und sagen dann mit einem Augenzwinkern: „Sie brauchen sich gar nicht anzustrengen, Sie kriegen mich nicht rum."

21.2.4   Eine Frage des Prinzips

Wenn Sie dem anderen deutlich machen, dass Sie die Aufgabe nicht deshalb ablehnen, weil Sie ihm nicht helfen möchten, dann wird er sich auch nicht persönlich angegriffen fühlen. Zeigen Sie, dass Sie sich bewusst entschieden und eine klare Haltung haben. Das geht am einfachsten mit Grundsatzerklärungen: „So etwas mache ich grundsätzlich nicht."

- „Ich übernehme grundsätzlich nur familienrechtliche Fälle."
- „Ich vertrete grundsätzlich nur Arbeitnehmer."
- „Ich verbringe das Wochenende grundsätzlich mit meiner Familie."
- „Ich rechne grundsätzlich nur nach Stundensätzen ab."

21.2.5   Anfragen von vornherein verhindern

Eine Anfrage, die gar nicht erst an Sie gestellt wird, müssen Sie auch nicht ablehnen. Verhindern Sie deshalb möglichst viele Anfragen schon von vornherein. Das können Sie erreichen, indem Sie die anderen „erziehen". Machen Sie Ihren Mandanten, Vorgesetzten und Kollegen von Anfang an klar, was Sie von Ihnen erwarten können. Andernfalls kann es sein, dass die anderen unrealistisch hohe Erwartungen an Sie haben und höchste Leistungen in kürzester Zeit verlangen. Beugen Sie dem vor, indem Sie klar sagen, was Sie in welcher Zeit leisten werden.

- Klären Sie Ihre Mandanten darüber auf, dass Sie Anfragen im Normalfall innerhalb von 24 Stunden beantworten, nicht aber sofort.
- Sagen Sie Ihrem Chef, dass Sie mittwochs um 18 Uhr zum Sport gehen und deshalb an diesem Tag nur in extremen Notfällen länger bleiben werden.

Eine andere Strategie, mit der Sie Anfragen verhindern können, besteht darin, so zu tun, als wären Sie bereits verplant. Tragen Sie dazu einen Termin in Ihren Terminkalender ein. Falls dann jemand mit einer neuen Aufgabe an Sie herantritt, können Sie ohne zu lügen sagen: „Das geht leider nicht, denn ich habe schon einen anderen Termin." Das „mit mir selbst" denken Sie sich nur.

21.2.6   „Hm…"

Falls Sie doch einmal von einer Anfrage überrumpelt werden, gibt es einen Erste-Hilfe-Tipp: Sagen Sie zuerst nur „Hm…" und tun ein paar Sekunden so, als würden Sie sich die Sache gerade überlegen. Dann sagen Sie „Nein". Auf diese Weise glaubt der andere, Sie hätten sich die Sache überlegt und nicht seinetwegen persönlich abgelehnt. Dadurch ist das Nein für ihn leichter zu akzeptieren.

21.2.7   Auf ein Gesetz berufen

Wenn Sie etwas partout nicht machen möchten, können Sie sich auf ein Gesetz berufen, das es Ihnen leider nicht erlaubt, die Aufgabe zu übernehmen. Als Rechtsanwalt, Steuerberater oder Wirtschaftsprüfer sollte es Ihnen relativ leicht fallen, eine passende Norm zu finden.

Beispiel

- Ihr Vorgesetzter möchte, dass Sie dauerhaft zwölf Stunden am Tag arbeiten. Lehnen Sie das unter Verweis auf § 3 ArbZG ab.
- Die Organisation der Weihnachtsfeier können Sie ablehnen, weil Sie „im Moment viele Fristsachen" haben.
- Ergiebig sind meistens auch Standesregeln, Generalklauseln oder das Grundgesetz (z. B. Art. 4 – Glaubens- und Gewissensfreiheit).

21.2.8   Das Nein richtig ausdrücken

Haben Sie das Gefühl, dass Ihr Nein von den anderen nicht richtig ernst genommen wird? Dann verändern Sie die Art und Weise, wie Sie die Ablehnung vermitteln.

Die richtigen Worte Machen Sie den anderen schon durch die Wortwahl klar, dass Ihr Nein nicht verhandelbar ist. Vermeiden Sie deshalb Begriffe, die Ihre Absicht verwässern:

- „Eigentlich habe ich jetzt gar keine Zeit…"
- „Normalerweise mache ich so etwas nicht…"
- „Ich muss gerade ziemlich viel erledigen."

Wenn Sie den anderen persönlich ansprechen, klingt das nicht nur verbindlicher und freundlicher, sondern es wirkt auch bestimmter: „Herr Kantzidis, leider…" Sagen Sie auch nicht zu viel. Und vor allem: Rechtfertigen Sie sich nicht! Versuchen Sie nicht, dem anderen detailliert die Gründe für Ihre Ablehnung darzulegen. Denn wenn der andere dann wirklich hartnäckig nachfragt und auf Ihren Gründen herumreitet, werden Sie meistens doch einknicken und Ja sagen.

Die richtige Betonung Sagen Sie das „Nein" am besten in Ihrem ganz normalen Tonfall, mit fester Stimme und Augenkontakt. Klingen Sie weder aggressiv noch rechtfertigend oder entschuldigend. Und wichtig: Heben Sie am Ende des Satzes nicht die Stimme. Denn sonst klingt Ihre Aussage wie eine Frage und für den anderen hört es sich so an, als seien Sie sich ihrer Sache nicht sicher. Das erhöht die Gefahr, dass Ihr „Nein" nicht akzeptiert wird.

Die richtige Körpersprache Machen Sie mit Ihrer Körpersprache deutlich, dass Sie Ihr Nein wirklich ernst meinen. Wenn Sie die Schultern einziehen oder dem Blick des anderen ausweichen, erweckt dass bei Ihrem Gegenüber den Eindruck, dass Sie nicht wirklich von sich überzeugt sind. Dasselbe gilt, wenn Sie Unterlagen, die zu der Aufgabe oder Tätigkeit gehören, trotzdem entgegennehmen oder nicht zusammen mit dem Nein zurückgeben. Da wir bei widersprüchlichem Verhalten der Körpersprache meistens mehr Gewicht geben als der Stimme oder dem Inhalt der Aussage, wird der andere vermuten, dass Sie wahrscheinlich nicht bei Ihrem Nein bleiben werden. Dann sind weitere Diskussionen vorprogrammiert.

Je öfter Sie Nein gesagt haben, desto leichter fällt es Ihnen. Nutzen Sie deshalb jede Möglichkeit, das Neinsagen zu trainieren. Beginnen Sie in einfachen Situationen:

- „Kommst Du mit in die Kantine?" – „Nein, heute nicht."
- „Kann ich kurz mal an den Kopierer? Ich habe nur fünf Seiten." – „Nein, ich muss auch kopieren."

Vor schwierigen Situationen hilft es, wenn Sie sich in Gedanken vorstellen, wie Sie souverän und selbstsicher Nein sagen werden. Erinnern Sie sich an Situationen, in denen Sie erfolgreich Nein gesagt haben. Stellen Sie sich das gute Gefühl vor, dass Sie dabei gespürt haben.

21.2.9 Direkt Nein sagen

Die höchste Stufe haben Sie erreicht, wenn Sie einfach Nein sagen, sobald Sie eine Aufgabe nicht übernehmen möchten. Dann können Sie all die oben beschriebenen Floskeln weglassen. Machen Sie sich dazu klar, dass Sie das Recht haben, eine Bitte oder Anfrage jederzeit und ohne Begründung abzulehnen. Es ist ganz allein Ihre Entscheidung. Es geht um Ihre Lebenszeit. Sie müssen die Folgen tragen. Bedenken Sie: Jedes Mal, wenn Sie von anderen eine Aufgabe übernehmen, können Sie in dieser Zeit nicht das tun, was Sie eigentlich vorhatten.

Zusammenfassung

Wer andere dazu bringt, eine Aufgabe für ihn zu übernehmen, muss das nicht selbst tun. Deshalb versuchen viele Menschen regelmäßig, Ihnen Aufgaben zu übertragen. Oft ist das für beide Seiten von Vorteil. Aber es gibt auch Fälle, in denen man sich zu einer Aufgabe überreden lässt. Eigentlich möchte man mit der Angelegenheit nichts zu tun haben, aber aus irgendeinem Grund lässt man sich dann doch breitschlagen. Ganz egal, ob man sich freiwillig meldet oder den Überredungskünsten der anderen erliegt – wer in bestimmten Situationen nicht Nein sagen kann, verliert viel Zeit. Dagegen helfen folgende Strategien:

- Um Bedenkzeit bitten
- Entscheiden: Ja oder Nein?
- Die Bitte des anderen wertschätzen
- Eine Frage des Prinzips
- Anfragen von vornherein verhindern
- „Hm…"
- Auf ein Gesetz berufen
- Das „Nein" richtig rüberbringen
- Direkt „Nein" sagen

Konzentrationsfähigkeit und Stressresistenz steigern – mehr Synapsen durch Brainkinetik®

22

22.1 Die Idee

Das menschliche Gehirn ist ein extrem leistungsfähiger „Super-Computer". Allerdings entstand es zu einer Zeit, in der die Lebensbedingungen der Menschen völlig anders waren als heute. Manche Eigenschaften des Gehirns, die vor 40.000 Jahren das Überleben unserer Vorfahren gesichert haben, wirken sich heute nachteilig auf die Tätigkeit als Rechtsanwalt, Steuerberater oder Wirtschaftsprüfer aus: Zum einen kann das Arbeitsgedächtnis nur relativ wenige Informationen gleichzeitig verarbeiten. Sobald man bei einer Tätigkeit unterbrochen wird, gehen die aktuell gespeicherten Informationen verloren und müssen nachträglich wieder zusammengesucht werden. Das kostet Zeit. Sogar viel Zeit, denn unser Gehirn ist für neue Reize sehr anfällig, sodass wir uns oft und gerne unterbrechen lassen. Doch mit jedem neuen Reiz steigt das Erregungsniveau. Irgendwann werden dadurch die höheren Funktionen der Aufmerksamkeit in unserem Gehirn gehemmt und bestimmte Gehirnbereiche einfach abgeschaltet. Dann kann man Störungen nicht mehr ausblenden und nur noch schlecht zwischen Wichtigem und Unwichtigem unterscheiden. Das Bewusstsein springt wahllos zu jedem neuen Reiz hin. Man schafft es nicht mehr, konsequent bei der Sache zu bleiben, die man eigentlich tun wollte. Stattdessen ist man immer weniger konzentriert und macht mehr Fehler. Es fällt immer schwerer, auf die abgespeicherten Informationen zurückzugreifen. Alles dauert länger. Wenn jetzt noch das Gefühl hinzukommt, die Kontrolle über die Situation zu verlieren, gerät man vollends in Stress. Dadurch steigt das Erregungsniveau weiter und man kommt in einen Teufelskreis.

In Kap. 5 haben Sie bereits einige Gegenstrategien kennengelernt. Sie können Reize minimieren oder gezielt Ihre Konzentrationsfähigkeit steigern. Ein anderer Ansatz beruht auf dem Umstand, dass einzelne Bereiche des Gehirns getrennt voneinander oft problemlos funktionieren. Sobald aber mehrere Gehirnbereiche zusammenarbeiten sollen, entsteht Stress. Dann werden bestimmte Einzelfunktionen aufgrund mangelnder Gehirnverbindungen („Synapsen") nicht mehr richtig ausgeführt.

© Springer Fachmedien Wiesbaden 2017
J. Theurer, *Zeitmanagement für Juristen,* DOI 10.1007/978-3-658-14967-3_22

Beispiel

Das aktive Denken findet im vorderen Gehirnbereich statt. Die „Grobdaten" und unsere Wahrnehmungszentren (z. B. das Hörzentrum und die visuelle Wahrnehmung) befinden sich im hinteren Bereich. Wenn Sie einen Vortrag vor anderen Personen halten, müssen Sie aktiv denken (= vorderer Gehirnbereich). Die Informationen über das, was Sie sagen, müssen Sie dazu Sekundenbruchteile vorher in einem anderen Bereich Ihres Gehirns abrufen (z. B. im hinteren Gehirnbereich). Sobald man in Stress gerät und die Verbindung zwischen vorderem und hinterem Gehirnbereich nicht mehr richtig funktioniert, kommt es zum Blackout: Man weiß nicht mehr, was man sagen wollte.

Je mehr Verbindungen es zwischen den einzelnen Gehirnbereichen gibt, desto besser arbeiten diese zusammen. Dadurch steigt auch die Leistungsfähigkeit des Arbeitsgedächtnisses. Dieses behält zwar nach wie vor nur 7 ± 2 Informationen auf einmal, aber die gespeicherten Informationseinheiten werden größer. Dank der höheren Konzentrationsfähigkeit kann man länger an einer Aufgabe arbeiten, ohne sich ablenken zu lassen. Man schafft es auch, schneller zwischen verschiedenen Aufgaben zu wechseln (z. B. wenn man während eines Diktats durch einen Telefonanruf unterbrochen wird). Das wiederum reduziert den Stress. Man macht weniger Fehler und erledigt seine Aufgaben schneller und besser.

Eine besonders effektive Möglichkeit, mehr Gehirnverbindungen aufzubauen, ist das Gehirnintegrationstraining „Brainkinetik®". Brainkinetik® wurde von dem Gesundheits- und Leistungscoach Josef Mohr entwickelt. Mit speziellen Bewegungsübungen wird das Gehirn dabei immer wieder vor völlig neue Herausforderungen gestellt. Um diese bislang unbekannten Aufgaben lösen zu können, müssen neue Synapsen geschaffen werden. Diese Synapsen können dann auch für die Lösung geistiger Aufgaben bei der Tätigkeit als Rechtsanwalt, Steuerberater oder Wirtschaftsprüfer genutzt werden. Ausgangspunkt von Brainkinetik® ist die Erkenntnis der Gehirnforschung, dass man bestimmte Gehirnfunktionen über bestimmte Tätigkeiten und Bewegungen konkre beeinflussen kann.

Beispiel

Wenn Sie Ihre rechte Hand bewegen, wird dadurch Ihre linke Gehirnhälfte aktiviert. Wenn Sie einen Satz sprechen, wird dadurch Ihr vorderer Gehirnbereich aktiviert.

Natürlich ist das nur eine grobe Einteilung. Da jeder Mensch seine ganz individuellen Gehirnverbindungen hat, können im Einzelfall auch andere Gehirnbereiche beteiligt sein. An dieser Stelle ist nur wichtig, dass man jeden Gehirnbereich durch eine bestimmte Bewegung aktivieren kann. Dabei gilt grundsätzlich Folgendes:

- Die rechte Gehirnhälfte aktiviert man durch eine Bewegung mit der linken Körperhälfte.
- Die linke Gehirnhälfte aktiviert man durch eine Bewegung mit der rechten Körperhälfte.
- Den vorderen Gehirnbereich aktiviert man durch eine Bewegung vor dem Körper.
- Den hinteren Gehirnbereich aktiviert man durch eine Bewegung hinter dem Körper.

Tab. 22.1 Übersicht Gehirnbereich – Bewegung

Gehirnbereich	Bewegung
Rechts/oben/vorne	Linker Arm/linke Hand vor dem Körper
Links/oben/vorne	Rechter Arm/rechte Hand vor dem Körper
Rechts/unten/vorne	Linkes Bein/linker Fuß vor dem Körper
Links/unten/vorne	Rechtes Bein/rechter Fuß vor dem Körper
Rechts/oben/hinten	Linker Arm/linke Hand hinter dem Körper
Links/oben/hinten	Rechter Arm/rechte Hand hinter dem Körper
Rechts/unten/hinten	Linkes Bein/linker Fuß hinter dem Körper
Links/unten/hinten	Rechtes Bein/rechter Fuß hinter dem Körper

- Den oberen Gehirnbereich aktiviert man durch eine Bewegung mit dem Arm oder der Hand.
- Den unteren Gehirnbereich aktiviert man durch eine Bewegung mit dem Bein oder dem Fuß.

Durch Brainkinetik® werden alle drei Gehirndimensionen in vielfältigen Kombinationen trainiert und miteinander vernetzt:

- Lateralität (rechte und linke Gehirnhälfte)
- Fokussierung (vorderer und hinterer Gehirnbereich)
- Zentrierung (oberer und unterer Gehirnbereich)

Dazu wird das Gehirn gemäß den drei Dimensionen in acht verschiedene Bereiche eingeteilt. Für jeden dieser Bereiche gibt es eine Bewegung, die ihn aktiviert (Tab. 22.1):

Beispiel

Um die Verbindung des Gehirnbereichs rechts/oben/vorne mit dem Gehirnbereich links/unten/hinten zu stärken, macht man eine Übung, bei der gleichzeitig der linke Arm vor dem Körper eine Aufgabe ausführt und das rechte Bein hinter dem Körper. Die einfachste Möglichkeit dafür ist, dass Sie Ihren linken Arm vorstrecken und gleichzeitig das rechte Bein nach hinten strecken. Dann holen Sie beide Körperteile wieder zur Mitte heran und strecken Sie erneut aus.

Die Brainkinetik®-Übungen können flexibel auf jedes Leistungsniveau angepasst werden. Sie eignen sich deshalb sowohl für Kinder, Schüler und Studenten als auch für Berufstätige und Profisportler. Aber auch Senioren und sogar Menschen mit Demenz profitieren davon ganz erheblich. Die Komplexität und der Schwierigkeitsgrad der Übungen können beliebig gesteigert werden. Dadurch ist es möglich, jedes Gehirn individuell bis an seine Leistungsgrenze und darüber hinaus zu fordern und zu fördern. Wenn Sie also sich und den Menschen in Ihrer Kanzlei etwas Gutes tun möchten, bieten Sie einmal pro Woche ein Brainkinetik®-Training an. Schon nach vier Wochen werden sich die ersten größeren Fortschritte einstellen. Über ein spezielles kinesiologisches Testverfahren lässt sich darüber hinaus feststellen, ob und in welchem Bereich individuelle Blockaden vorliegen. Dann kann man diesen Bereich gezielt trainieren.

22.2 Strategien

Im Folgenden stelle ich Ihnen einige der effektivsten Übungen vor. Es genügt, wenn Sie einmal pro Woche 45 Minuten trainieren. Machen Sie mit einer Übung erst weiter, wenn die vorherige klappt. Haben Sie Spaß dabei und denken Sie daran: Immer, wenn Sie verwirrt sind, lernt Ihr Gehirn etwas Neues.

22.2.1 Übungen für die rechte und linke Gehirnhälfte

Grundübung
1. Nehmen Sie in jede Hand einen Jonglierball. Die Arme sind parallel zueinander (Abb. 22.1).
2. Werfen Sie beide Bälle gleichzeitig und parallel zueinander hoch. Die Bälle dürfen sich nicht kreuzen (Abb. 22.2).
3. Sobald die Bälle in der Luft sind, kreuzen Sie die Arme (Abb. 22.3).
4. Fangen Sie die Bälle mit gekreuzten Armen (Abb. 22.4).
5. Werfen Sie die Bälle mit gekreuzten Armen wieder hoch (Abb. 22.5).
6. Sobald die Bälle in der Luft sind, halten Sie die Arme wieder parallel.
7. Fangen Sie die Bälle mit parallelen Armen (entspricht Abb. 22.1)
8. Führen Sie die Übung nun im ständigen Wechsel ohne Unterbrechungen durch.

Durch die Grundübung wird die Verbindung der rechten und der linken Gehirnhälfte gestärkt. Wenn Sie damit zunächst Schwierigkeiten haben, dann ist das kein Problem. 99 % aller Menschen werfen die Bälle zunächst quer durch den Raum. Sobald Sie die Grundübung beherrschen, können Sie sich freuen: Jetzt haben sich zwischen Ihrer rechten und Ihrer linken Gehirnhälfte neue Verbindungen entwickelt, die Sie auch für entsprechende Denkvorgänge nutzen können. Gehen Sie jetzt einen Schritt weiter und steigern Sie die Anforderungen.

Variieren Sie die Grundübung

• Beim Kreuzen der Arme ist immer der rechte Arm oben.
• Beim Kreuzen der Arme ist immer der linke Arm oben.

Abb. 22.1 Grundübung
Ausgangsstellung

- Beim Kreuzen der Arme ist einmal der rechte Arm oben und beim nächsten Mal der linke Arm.
- Gehen Sie zusätzlich in unterschiedlichem Tempo vorwärts.
- Gehen Sie zusätzlich in unterschiedlichem Tempo rückwärts.
- Drehen Sie sich zusätzlich im Uhrzeigersinn.
- Drehen Sie sich zusätzlich gegen den Uhrzeigersinn.
- Sagen Sie bei jedem Überkreuzfangen eine Zahl in der Reihenfolge 1, 2, 3, 4 usw.
- Sagen Sie bei jedem Überkreuzfangen eine Reihenfolge aus dem kleinen Einmaleins auf (2, 4, 6, ….; 3, 6, 9…).
- Sagen Sie bei jedem Überkreuzfangen einen Buchstaben in alphabetischer Reihenfolge (a, b, c, …).
- Sagen Sie bei jedem Überkreuzfangen ein Wort mit einem Anfangsbuchstaben in alphabetischer Reihenfolge (Anton, Berta, Cäsar, …).

Abb. 22.2 Bälle parallel
hochwerfen

- Sagen Sie bei jedem Überkreuzfangen ein Wort mit einem Anfangsbuchstaben in alphabetischer Reihenfolge aus einem bestimmten Bereich (z. B. Städte: Aachen, Berlin, Chemnitz, …).
- Sagen Sie bei jedem Überkreuzfangen eine Zahl und beim Parallelfangen ein Wort mit einem Anfangsbuchstaben in alphabetischer Reihenfolge (1, Anton, 2, Berta, 3, Cäsar, …).

Liniensprünge (links – rechts) Legen Sie ein Seil vor sich auf den Boden. Stellen Sie sich mit beiden Füßen parallel rechts neben das Seil.

1. Springen Sie mit dem linken Bein links neben das Seil, ohne dabei das rechte Bein abzusetzen.
2. Springen Sie mit dem rechten Bein rechts neben das Seil, ohne dabei das linke Bein abzusetzen.

Abb. 22.3 Arme kreuzen

3. Springen Sie mit beiden Beinen links neben das Seil. Achten Sie darauf, dass Sie mit beiden Beinen gleichzeitig den Boden berühren.
4. Springen Sie mit dem rechten Bein rechts neben das Seil, ohne das linke Bein abzusetzen.
5. Springen Sie mit dem linken Bein links neben das Seil, ohne das rechte Bein abzusetzen.
6. Springen Sie mit beiden Beinen rechts neben das Seil. Achten Sie darauf, dass Sie mit beiden Beinen gleichzeitig den Boden berühren.
7. Wiederholen Sie diese Übung beliebig oft.

Zu Beginn machen die meisten Menschen intuitiv eine kurze Pause, wenn Sie mit beiden Beinen den Boden berühren: 1 - 2 - 3 - Pause - 4 - 5 - 6 - Pause - 1 - 2 - 3 - Pause - … Führen Sie diese Übung jedoch immer in einem gleichmäßigen Rhythmus aus: 1 - 2 - 3 - 4 - 5 - 6 - 1 - 2 - 3 - …

Als Nächstes können Sie immer mit demselben Bein anfangen (z. B. bei 1. und 4. immer mit dem linken Bein springen). Dann kommt es zu „Überkreuzsprüngen".

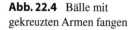

Abb. 22.4 Bälle mit gekreuzten Armen fangen

22.2.2 Übungen für die vorderen und hinteren Gehirnbereiche

Liniensprünge (vor – zurück) Legen Sie ein Seil vor sich auf den Boden. Stellen Sie sich mit beiden Füßen parallel hinter das Seil (Abb. 22.6).

1. Springen Sie mit dem linken Bein vor das Seil, ohne dabei das rechte Bein abzusetzen (Abb. 22.7).
2. Springen Sie mit dem rechten Bein hinter das Seil, ohne dabei das linke Bein abzusetzen (Abb. 22.8).
3. Springen Sie mit beiden Beinen vor das Seil. Achten Sie darauf, dass Sie mit beiden Beinen gleichzeitig den Boden berühren (Abb. 22.9).
4. Springen Sie mit dem linken Bein hinter das Seil, ohne das rechte Bein abzusetzen.
5. Springen Sie mit dem rechten Bein vor das Seil, ohne das linke Bein abzusetzen.
6. Springen Sie mit beiden Beinen hinter das Seil. Achten Sie darauf, dass Sie mit beiden Beinen gleichzeitig den Boden berühren.
7. Wiederholen Sie diese Übung beliebig oft.

Abb. 22.5 Bälle mit
gekreuzten Armen
hochwerfen

Zu Beginn machen die meisten Menschen intuitiv eine kurze Pause, wenn Sie mit beiden
Beinen den Boden berühren: 1 - 2 - 3 - Pause - 4 - 5 - 6 - Pause - 1 - 2 - 3 - Pause - …
Führen Sie diese Übung jedoch immer in einem gleichmäßigen Rhythmus aus: 1 - 2 - 3 -
4 - 5 - 6 - 1 - 2 - 3 - …

Wenn das klappt, können Sie variieren:

- Beginnen Sie immer mit dem rechten Bein.
- Beginnen Sie abwechselnd mit dem rechten und dem linken Bein.

22.2.3 Übungen für die oberen und unteren Gehirnbereiche

Ball fangen mit Ansage Für diese Übung brauchen Sie einen Partner. Stellen Sie sich im
Abstand von ein bis drei Metern parallel zueinander hin, mit Blickrichtung zum Partner
(Abb. 22.10).

Abb. 22.6 Liniensprünge –
Ausgangsstellung

Ihr Partner wirft Ihnen den Ball zu und macht dabei eine Ansage. Sie fangen den Ball dann entsprechend der Ansage (vgl. Abb. 22.11). Beginnen Sie mit den Ansagen „1" und „2":

- „1" bedeutet, dass Sie den Ball mit der rechten Hand fangen und gleichzeitig das rechte Bein vorstellen (= mit dem rechten Bein einen Schritt nach vorne machen).
- „2" bedeutet, dass Sie den Ball mit der linken Hand fangen und gleichzeitig das linke Bein vorstellen.

Wenn das funktioniert, können Sie die Übung durch weitere Ansagen komplexer machen:

- „3" bedeutet, dass Sie den Ball mit der rechten Hand fangen und gleichzeitig das linke Bein vorstellen.
- „4" bedeutet, dass Sie den Ball mit der linken Hand fangen und gleichzeitig das rechte Bein vorstellen.

Schon diese vier Kombinationen sind ziemlich anspruchsvoll. Wenn Sie noch mehr möchten, erhöhen Sie einfach die Zahl der verschiedenen Ansagen:

Abb. 22.7 Mit dem linken
Bein vorspringen

- „5" bedeutet, dass Sie den Ball mit der rechten Hand fangen und gleichzeitig das rechte Bein nach hinten stellen.
- „6" bedeutet, dass Sie den Ball mit der linken Hand fangen und gleichzeitig das linke Bein nach hinten stellen.
- „7" bedeutet, dass Sie den Ball mit der rechten Hand fangen und gleichzeitig das linke Bein nach hinten stellen.
- „8" bedeutet, dass Sie den Ball mit der linken Hand fangen und gleichzeitig das rechte Bein nach hinten stellen (Abb. 22.11).

Weitere Variationsmöglichkeiten
- Verwenden Sie für die Ansagen andere Begriffe (1 = blau, 2 = rot, 3 = grün, …).
- Machen Sie die Ansagen als Rechenaufgaben („1 + 2", „7 − 3", „Wurzel aus 25").
- Lassen Sie die Quersumme bilden („31" = 3 + 1 = 4; „724" = 7 + 2 + 4 = 13 = 1 + 3 = 4)
- Verändern Sie Ihre Ausgangsposition: Stellen Sie sich mit dem Rücken zu Ihrem Partner (Abb. 22.12). Bei den Ansagen von „1" bis „8" drehen Sie sich über die rechte Schulter (im Uhrzeigersinn) und fangen dann den Ball. Bei den Ansagen von „9" bis „16" drehen Sie sich über die linke Schulter (gegen den Uhrzeigersinn) und fangen den Ball. Bezüglich des Fangens entspricht „9" der Ansage „1", „10" der Ansage „2" usw.

Abb. 22.8 Mit dem rechten
Bein zurückspringen

- Machen Sie bei der zuletzt beschriebenen Variation zwei Ansagen: Die erste Information sagt an, ob Sie sich über die rechte oder über die linke Schulter drehen. Die zweite Information bestimmt, mit welcher Hand Sie den Ball fangen und mit welchem Bein Sie welchen Schritt machen. Dabei gilt Folgendes: Falls die erste Information ein Tier ist, drehen Sie sich über die rechte Schulter, in allen anderen Fällen über die linke. Die zweite Information ist eine Zahl zwischen 1 und 8 und entspricht den oben beschriebenen Varianten.

Beispiel

- Bei der Ansage „Fuchs 2" müssen Sie sich über die rechte Schulter drehen, den Ball mit der linken Hand fangen und das linke Bein vorstellen.
- Bei der Ansage „Tisch 7" müssen Sie sich über die linke Schulter drehen, den Ball mit der rechten Hand fangen und das linke Bein nach hinten stellen.

Abb. 22.9 Mit beiden Beinen
vorspringen

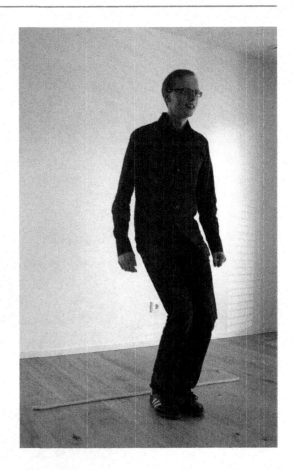

Durch immer neue Ansagen können Sie diese Übung beliebig komplex machen.

Grundübung und Liniensprünge kombiniert Als weitere Steigerung können Sie die
Grundübung mit den Liniensprüngen in sämtlichen Variationen beliebig kombinieren.

- Stellen Sie sich mit beiden Füßen parallel hinter das Seil. Halten Sie in jeder Hand
  einen Ball.
- Beginnen Sie mit den Liniensprüngen vor und zurück.
- Sobald Sie mit den Beinen im Rhythmus sind, beginnen Sie, mit den Händen die
  Grundübung auszuführen.
- Achten Sie darauf, die Liniensprünge weiter im gleichen Rhythmus durchzuführen.

Abb. 22.10 Ball
fangen mit Ansage –
Ausgangsstellung

Abb. 22.11 Ansage „8" –
Linke Hand fängt, rechtes
Bein nach hinten stellen

Abb. 22.12 Variante –
Ausgangsstellung

Zusammenfassung

Das menschliche Gehirn ist ein extrem leistungsfähiger „Super-Computer". Allerdings entstand es zu einer Zeit, in der die Lebensbedingungen der Menschen völlig anders waren als heute. Manche Eigenschaften des Gehirns, die vor 40.000 Jahren das Überleben unserer Vorfahren gesichert haben, wirken sich heute nachteilig auf die Tätigkeit als Rechtsanwalt, Steuerberater oder Wirtschaftsprüfer aus. Doch je mehr Verbindungen es zwischen den einzelnen Gehirnbereichen gibt, desto besser arbeiten diese zusammen. Dadurch steigt auch die Leistungsfähigkeit des Arbeitsgedächtnisses. Dank der höheren Konzentrationsfähigkeit kann man länger an einer Aufgabe arbeiten, ohne sich ablenken zu lassen. Man schafft es auch, schneller zwischen verschiedenen Aufgaben zu wechseln (z. B. wenn man während eines Diktats durch einen Telefonanruf unterbrochen wird). Das wiederum reduziert den Stress. Man macht weniger Fehler und erledigt seine Aufgaben schneller und besser. Eine besonders effektive Möglichkeit, mehr Gehirnverbindungen aufzubauen, ist das Gehirnintegrationstraining „Brainkinetik®".

Weiterführende Literatur

Allen, David: Wie ich die Dinge geregelt kriege: Selbstmanagement für den Alltag, überarbeitete Neuausgabe 2015

Busmann, Johanna: Chefsache Mandantenakquisition: Erfolgreiche Akquisestrategien für Anwälte, 2012

Davis, Zach: Vom Zeitmanagement zur Zeitintelligenz, 2. Auflage 2013

Davis, Zach: Zeitmanagement für gestiegene Anforderungen: 70 Fragen und Antworten zum effektiveren Umgang mit zeitlichen Ressourcen, 2012

Dilts, Robert B.: Die Magie der Sprache: Sleight of Mouth – Angewandtes NLP, 5. Auflage 2016

Heussen, Benno: Time Management für Anwälte: Selbstorganisation und Arbeitstechniken, 4. Auflage 2014

Klein, Stefan: Zeit: Der Stoff aus dem das Leben ist – Eine Gebrauchsanleitung, 2008

Martens, Jens-Uwe: Praxis der Selbstmotivierung: Wie man erreichen kann, was man sich vornimmt, 2011

Mohr, Josef: Im Gleichklang der Kräfte: Gesundheit leben – Leistung optimieren – Ziele erreichen, 2005

Nussbaum, Cordula: Organisieren Sie noch oder leben Sie schon? Zeitmanagement für kreative Chaoten, 2012

O'Connor, Joseph/Seymour, John: Neurolinguistisches Programmieren: Gelungene Kommunikation und persönliche Entfaltung, 22. Auflage 2015

Richards, Gary: Time Management Handbook for Lawyer: How-to Tactics That Really Work, 2013

Seiwert, Lothar: Wenn Du es eilig hast, gehe langsam – Mehr Zeit in einer beschleunigten Welt, 16. Auflage 2012

Seul, Shireley: Zeitmanagement für Faule, 2011

© Springer Fachmedien Wiesbaden 2017

J. Theurer, *Zeitmanagement für Juristen,* DOI 10.1007/978-3-658-14967-3